Filosofia

PARA

LEIGOS®

Edição de Bolso

Filosofia

PARA LEIGOS®

Edição de Bolso

por Martin Cohen

ALTA BOOKS
EDITORA
Rio de Janeiro, 2015

Filosofia Para Leigos, Edição de Bolso

ISBN: 978-85-7608-919-3

Impresso no Brasil — Edição revisada conforme o Acordo Ortográfico da Língua Portuguesa de 2008.

Produção Editorial
Editora Alta Books

Gerência Editorial
Anderson Vieira

Produtores Editoriais
Claudia Braga
Thiê Alves

Assistente Editorial
Letícia de Souza

Supervisão Editorial (Controle de Qualidade)
Sergio de Souza

Supervisão Editorial (Gráfica)
Angel Cabeza

Design Editorial
Aurélio Corrêa

Marketing Editorial
Hannah Carriello
marketing@altabooks.com.br

Gerência de Captação e Contratação de Obras
J. A. Rugeri
Marco Pace
autoria@altabooks.com.br

Vendas Atacado e Varejo
Daniele Fonseca
Viviane Paiva
comercial@altabooks.com.br

Ouvidoria
ouvidoria@altabooks.com.br

Equipe Editorial
Carolina Giannini
Christian Danniel
Gerd Dudenhoeffer
Jessica Carvalho
Juliana de Oliveira
Silas Amaro

Copidesque com Tradução
Wendy Campos

Revisão Gramatical
Juliana Mendes

Diagramação
Joyce Matos

Dados Internacionais de Catalogação na Publicação (CIP)

C678f Cohen, Martin.
Filosofia para leigos : edição de bolso / por Martin Cohen. - Rio de Janeiro, RJ : Alta Books, 2015.
256 p. : il. ; 17 cm. - (Para leigos)

Tradução de: Philosophy for dummies.
ISBN 978-85-7608-919-3

1. Filosofia. 2. Filosofia - História. 3. Ética. 4. Filosofia - Ciência. I. Título. II. Série.

CDU 1
CDD 100

Índice para catálogo sistemático:
1. Filosofia 1

(Bibliotecária responsável: Sabrina Leal Araujo - CRB 10/1507)

ALTA BOOKS EDITORA
Rua Viúva Cláudio, 291 — Bairro Industrial do Jacaré
CEP: 20970-031 — Rio de Janeiro
Tels.: 21 3278-8069/8419
www.altabooks.com.br — e-mail: altabooks@altabooks.com.br
www.facebook.com/altabooks — www.instagram.com/altabooks

Sobre o Autor

Martin Cohen é escritor e editor de livros filosóficos em tempo integral. Ensinou e pesquisou filosofia em diversas universidades no Reino Unido e na Austrália, mas é mais conhecido por seus livros, nos quais advoga e desenvolve um método de ensino da filosofia por vezes conhecido como *modularidade*. Essa é uma técnica (que é muito apropriada para o estilo *Filosofia Para Leigos*) na qual grandes problemas complexos são desmembrados em partes, que são, cada uma, independentes e autossustentadas (tanto quanto possível). Ele foi originalmente incentivado à prática por George MacDonald Ross, para quem foi pesquisador em um ambicioso projeto, nos anos de 1980, visando mudar a forma como a filosofia é ensinada em universidades do Reino Unido e deixá-la menos "atravancada" e mais prática.

Entre os primeiros livros de Martin estão *101 Problemas de Filosofia*, *101 Dilemas Éticos*, *Filosofia Política*, *Wittgenstein's Beetle and Other Classic Thought Experiments*, *Casos Filosóficos* e *Mind Games*.

Além de professor universitário e pesquisador, Martin também é professor de nível fundamental, tendo ensinado em escolas de Yorkshire e Staffordshire, para crianças a partir dos sete anos. Ele continua defensor da "filosofia para crianças", e seus livros da série "101" são populares entre muitos professores.

Embora seu livro *Casos Filosóficos* retrate uma imagem nada lisonjeira de Karl Marx, Martin entende que o "sentido da filosofia", como disse Marx, não é meramente interpretar o mundo, mas mudá-lo, e ele esteve envolvido com muitas questões de ética e ambiente.

Agradecimentos

O estilo *Para Leigos* não permite notas de rodapé (o que é, sem dúvida, correto — sai para lá, nota de rodapé!), nem mesmo notas finais. No entanto, isso pode ser um convite para tomar emprestado sem dar reconhecimento. Então esta seção é um esforço para compensar algumas das muitas pessoas que realmente devem ser reconhecidas, visto que, de fato, este livro não é todo feito de minhas próprias ideias, mas meramente da destilação da leitura, pesquisa e discussões com outros. Aqui está apenas um pouco desse pessoal filosófico, de cujas ideias me beneficiei e tentei comunicar a um novo público:

Brenda Almond, Gideon Calder, Anna Cohen, James Danaher, Pierre-Alain Gouanvic, Wendy Hamblet, Trevor Jordan, Colin Kirk, Mary Lenzi, Yuli Liu, George MacDonald Ross, Tom Morris, Chris Onof, Andrew Porter, John Sellars, Daniel Silvermintz, Dean D'Souza, Steven Thornton, Zenon Stravinides e Brad Weslake.

Na parte da produção, também devo agradecer a todos aqueles "leigos profissionais" da Wiley — notoriamente, Nicole Hermitage, que me apresentou à ideia *Para Leigos*, e Simon Bell, que me aturou muito pacientemente com minha incredulidade ocasional quanto às exigências do "Estilo Para Leigos". Gostaria de agradecer também aos vários leitores do manuscrito, especialmente a Zenon, por seus cuidadosos comentários, correções e conselhos.

Sumário

Introdução

Filosofia Para Leigos! Que tal isso? Na verdade, não parece muito certo. *Filosofia Para Pessoas Pensativas*, talvez. *Filosofia Para Gênios*. Sim, gosto desse jeito. Mas *Filosofia Para Leigos*, não. Porque a filosofia tem um certo toque de classe: tem um certo status bem grandioso. Você não acha? Quantos geógrafos, químicos ou astrônomos antigos são citados carinhosamente todos os dias, não apenas por interesse histórico, mas como *autoridades*? Os filósofos certamente são. Quantos sujeitos podem sobreviver simplesmente com reimpressões, sem terem que produzir novo material? A filosofia é assim. Nós preferimos ler as palavras de um filósofo antigo, ou, pelo menos, de um filósofo falecido altamente conhecido, a ouvir as últimas ideias de algum professor vivo que, muito provavelmente, não será lembrado em mil anos.

Então, sim, a filosofia tem um lado um tanto pesado, sério, e é adequada àqueles sujeitos sérios, graves. Porém, essa é só uma forma de vê-la. Ela é também um assunto surpreendentemente atraente. Afinal, quantos Cafés Geográficos há por aí? Encontros informais de jovens discutindo geografia nos bares? Não muitos. Mas há jovens discutindo filosofia. E quantas pessoas correm para fazer um curso com a finalidade de ensinar, digamos, química para crianças muito novas — chamando isso de Química Para Crianças, talvez? Mas a Filosofia Para Crianças (quer dizer, menores de sete anos) decolou mesmo — e os pequenos a adoram!

O que é ainda mais notável é que os "pequenos" são muito bons nisso. E é por isso que *Filosofia Para Leigos* não é uma ideia tão estúpida. As verdadeiras questões e as reais ideias da filosofia pertencem a todos, e ela sempre esteve tradicionalmente um pouco presa a seu pedestal, um tanto cheia demais de seu jargão obscuro, termos em latim e assim por diante, então, há muitas razões para esmiuçá-la um pouquinho e devolvê-la para os lugares onde começou, as arenas públicas, como uma busca de todos. Espero, ao término deste livro, tê-lo convencido de que você também pode "filosofar" — e, igualmente importante, que alguns daqueles especialistas em filosofia, cujos livros chatos podem tê-lo afastado antes, não estejam tão no topo do assunto quanto acham que estão. Subversivo? Bem, sim. Mas isso é filosofia. É por isso que ela importa. E é por isso que todo mundo deveria se interessar por ela.

Sobre Este Livro

Filosofia Para Leigos oferece duas coisas a você. Primeiro, os fatos essenciais — o básico — de 3.000 anos de pessoas filosofando. E segundo, oferece as ferramentas de métodos e técnicas para lidar com problemas e perguntas traiçoeiras. Essas ferramentas são o que, de fato, tornam a filosofia valiosa, visto que podem ser utilizadas igualmente bem ao longo da vida, não apenas em problemas filosóficos tradicionais.

Convenções Utilizadas Neste Livro

Para ajudá-lo a tirar o máximo deste livro, sigo algumas convenções:

- O *itálico* enfatiza e destaca novas palavras ou termos estranhos que definirei em seguida.
- Eu não dou *datas* o tempo todo, por exemplo, em relação aos filósofos ou seus livros, exceto quando sinto que é diretamente útil à passagem.

Só de Passagem...

O livro está dividido em cinco partes. Essas partes, assim como os capítulos, podem ser lidas em qualquer ordem. Da mesma forma, dentro de cada capítulo, o uso extensivo de notas laterais, títulos e subtítulos convida e permite que você entre e saia do texto. Não há necessidade de ler este livro de cabo a rabo, simplesmente pegue ideia por ideia, debate por debate. E faça muitas pausas para pensar, claro!

Você verá vários ícones sobre o texto que você pode ler ou deixar para lá: espero que goste do ícone "Ideia de Jerico", que, é claro, não é sério, e que confira o "Experiência de Pensamento" sempre que ele aparecer.

Penso que...

Ao escrever este livro, pensei algumas coisas sobre quem você é:

- Você é curioso e motivado a descobrir mais sobre filosofia, mesmo que não esteja 100 por cento certo de como fazê-lo.
- Tem a mente aberta e não alcançou a plenitude de opções sólidas — especialmente as filosóficas.
- Está interessado em saber sobre as ligações entre diferentes tradições e ideias filosóficas.
- Está aberto à ideia de que a filosofia é um campo bem amplo, que vai das ciências naturais e sociologia até as buscas tradicionais por cursos padrão de faculdade.

Além disso, não presumi muito; espero. Este livro é para você, quer tenha sete ou setenta anos, seja Ph.D. ou membro do parlamento.

Ícones Utilizados Neste Livro

Espalhados pelo livro, você verá vários ícones para guiá-lo em seu caminho. Os ícones são uma forma da *Para Leigos* de chamar atenção para algo importante, interessante ou que você precisa saber para ficar atento.

Partes essenciais de informação que compensam uma olhada melhor.

Isto é coisa que, talvez, você queira guardar em seu banco de memórias — as melhores partes da filosofia.

Os filósofos adoram sua terminologia obscura e linguajar exclusivo. Este ícone dará as traduções claras e diretas.

É o outro lado da moeda — isto é, coisas que, talvez, você queira apagar do seu banco de memórias, mas não fique tentado a fazê-lo, essas ideias ainda têm influência e são parte da história da filosofia.

Estes são cenários imaginários que investigam problemas filosóficos de uma maneira mais científica.

Pequenos pedaços de informação para suavizar seu entendimento.

Daqui para Lá, de Lá para Cá

Organizei este livro de forma que você possa ler o que bem entender quando quiser. Em geral, contudo, você encontrará o que deseja ler no Sumário. Ou se preferir ler de uma maneira mais convencional, a Parte I dará a você o básico para começar do zero na filosofia e irá direcioná-lo a outros pontos no livro, onde encontrará informação mais detalhada em assuntos nos quais esteja particularmente interessado.

Boa sorte e… feliz filosofia!

Parte I

O que É Filosofia?

Nesta parte...

Filosofia é um nome bem bacana para um assunto bem bacana. A maioria de nós não precisa saber qualquer coisa a respeito, você pode pensar. Jardinagem, como dirigir carros, talvez um pouco de informática hoje em dia, mas Filosofia? Acorde-me quando o professor sair!

Mas a Filosofia não é chata nem inútil de jeito nenhum. Esta parte explica por que você pode achar incrivelmente útil ler o resto do livro e por que apreciaria descobrir tudo sobre todas aquelas questões filosóficas estranhas, desafios e ideias. Pronto? Então chega mais!

Capítulo 1

Do que Trata a Filosofia?

Neste Capítulo

- Uma abordagem leve sobre alguns enganos a respeito da Filosofia
- Captando algumas das grandes ideias
- Retornando à história antiga e explorando a origem das ideias filosóficas fundamentais

Neste capítulo, descobrimos "o que é a Filosofia" — e o que era também (que não é a mesma coisa). Resolvemos imediatamente um dos maiores problemas da Filosofia — o conhecimento — e vemos as experiências de uma galinha gananciosa e uma meia furada.

Definindo o Trabalho

Filosofia é a "terra de ninguém" entre a ciência e a teologia, sob ataque de ambos os lados.

— Bertrand Russel

Ou, como os filósofos podem preferir, ciência e religião são, na verdade, duas fatias de pão, com a filosofia sendo o saboroso recheio entre elas. Os cientistas reduzem o mundo à "matéria", o transformam em uma máquina e destroem o livre-arbítrio e o propósito. Por outro lado, os tipos espirituais, que buscam um propósito e a liberdade de encontrá-lo, são atraídos para religiões e todas aquelas atividades "irracionais", como Astrologia e assistir TV. E eles não sentem a menor necessidade de realizar algo. Entre os dois campos, parece que não sobra muito espaço para a Filosofia!

Vista de fora, a filosofia parece ser um assunto bem peculiar, para não dizer sem sentido, cheio de charadas não respondidas e perguntas como "O rei da França é careca?" ou "Aquela mesa existe?", o que ninguém em seu juízo perfeito faria.

De fato, os cursos de filosofia, frequentemente, começam (como se determinados a refutar o ponto, mas inadvertidamente apenas o reforçando) perguntando "O que é filosofia?" — uma pergunta que nenhum estudo com respeito próprio normalmente precisaria fazer. Ainda assim, filósofos certamente parecem gostar de fazer essas perguntas com "o que é"; e fazê-las sobre seu próprio tema parece ser a coisa certa. O ponto para eles, no final das contas, é fazer perguntas, não respondê-las.

Então, o que é filosofia?

Filosofia é um assunto sem um conteúdo em particular e não cobre nenhuma área específica. É, sim, um tipo de cimento intelectual que tenta unir o restante do edifício intelectual.

Ou, colocando de outra forma, a filosofia é um tipo de estrume. Faça uma pilha grande em qualquer lugar e ele apodrecerá e começará a feder. Mas espalhe-o por aí e ele se tornará surpreendentemente útil. Essa foi a visão de alguns defensores da filosofia no final do século passado. Ao mesmo tempo, pessoas de todo o mundo ocidental perguntavam "Qual é o sentido da filosofia?" e decidiram que não havia um. As pessoas estavam começando a ver departamentos de filosofia fazendo treinamentos para perguntas esquisitas e impossíveis de serem respondidas ou repetir pedaços de textos antigos como perda de tempo. À fria luz da retração econômica, críticos consideraram desperdício de dinheiro os esforços de filósofos sérios em investigar os seguintes problemas sagrados da filosofia e outros similares:

- Como eu sei que existo?
- Como eu sei que Deus existe?
- Como eu sei que o mundo existe?
- A neve é branca?

- Se uma árvore cair em uma floresta e não houver ninguém para ouvir, ela faz algum som?

Então, qual é o sentido da filosofia?

Por outro lado, os esforços dos práticos para encontrar um sentido em suas áreas — médicos, advogados, astrônomos, físicos, químicos, historiadores, linguistas, qualquer um precisa fazê-lo — sempre pareciam voltar a certas perguntas paradoxais ou traiçoeiras, que são, essencialmente, bem, filosóficas. Então, mesmo que a filosofia como hobby das classes abastadas tenha sido jogada fora, entrou em cena a filosofia como estudo prático — na forma de minicursos para a ética médica ou empresarial ou como pensamento crítico e (para os cientistas) teorias de espaço e tempo.

E isso foi, de certa forma, o retorno às raízes da filosofia — porque, para os gregos antigos (que inventaram a palavra, mas, certamente, não a atividade, não importa o que você leia por aí!), a Filosofia é um guia de ação —, que ajuda a responder a perene questão: "O que eu devo fazer?".

Amando a Sabedoria

Faz bastante sentido para muitas mentes filosóficas hoje em dia evitar o uso da palavra filosofia e, em vez disso, estudar questões práticas.

O médico pode querer dar uma olhada em perguntas como:

- Quando começa a "vida"?
- O que é consciência?

O empresário pode querer ponderar a respeito de charadas como:

- Quando empresas de sucesso se tornam monopólios?
- As organizações têm a obrigação de distribuir riqueza?

E físicos e químicos podem se perguntar:

- O tempo pode retroceder?
- Há em Marte uma forma de água composta de três átomos de hidrogênio e dois de oxigênio (H3O2 em vez de H2O) — e, se houver, ainda é água?

Eventualmente todo mundo começa a se perguntar:

- Unicórnios têm um ou dois chifres?
- Todos os solteiros são (realmente) homens não casados?

Mas aguenta aí! Isso não está ficando um pouco como os antigos e tradicionais cursos de filosofia? As perguntas não são nem um pouco práticas! O que mudou? E a resposta é, claro, nada. Os filósofos, no final das contas, não gostam de mudança. Eles gostam de verdade e certeza. Gostam de problemas nos quais sejam os únicos especialistas. Ainda assim, mesmo que "filósofos profissionais" estejam relutantes em mudar, quando os práticos olham o tema, os fundamentos da filosofia tornam-se mais claros.

Guias recentes sobre "o que é a filosofia"

Está se perguntando o que a filosofia realmente é? Esses quatro escritores oferecem algumas das respostas mais populares:

> "O que é filosofia? Esta é uma pergunta notavelmente difícil. Uma das formas mais fáceis de respondê-la é dizer que filosofia é o que os filósofos fazem e, então, apontar os escritos de Platão, Aristóteles, Descartes... e outros filósofos famosos."
>
> — Nigel Warburton em *O Básico da Filosofia*

"Filosofia, substantivo. O assunto deste dicionário. Aqueles que a estudam discordam até hoje sobre como deveriam definir seu campo."

— Geoffrey Vesey e Paul Foulkes em seu *Dicionário de Filosofia*

"Filosofia é pensar sobre o pensar."

— Richard Osborne em *Filosofia Para Principiantes*

"O que é filosofia? Muitas pessoas que estudam e pesquisam sobre o assunto durante anos não concordariam com uma definição... Assim como você só pode aprender a nadar entrando na água, só pode saber o que acontece em filosofia envolvendo-se com ela. Todavia, para descrever a filosofia, vamos experimentar pelo menos uma sugestão plausível que cobre a maior parte, se não tudo, do que as pessoas engajadas em pensar e escrever sobre o tema fazem constantemente. A sugestão é que a filosofia é o estudo da justificativa."

— John Hospers em *An Introduction to Philosophical Analysis* ("Uma Introdução à Análise Filosófica", em tradução livre)

De todas, a primeira não passa do que filósofos de verdade chamam de *argumento circular* — imediatamente levanta a questão: se filosofia é o que os filósofos fazem, então o que torna alguém um filósofo? Claramente é fazer filosofia. E a única resposta possível para essa pergunta é: a coisa que torna alguém filósofo é fazer filosofia. Certamente parece plausível, mas a resposta leva à um círculo.

A segunda resposta é francamente uma encheção de linguiça. Mas poupa muita chateação ao escritor (optei por essa resposta quando editei um dicionário também)!

A terceira resposta é mais artística, mas está, simplesmente, errada.

A quarta resposta é mais complicada, mas, basicamente, diz que filosofia é o estudo das razões que as pessoas têm para pensar como pensam — para mergulhar um pouco mais fundo em um ou outro assunto. E, talvez, então, por mais inadequada que pareça, essa última resposta pode ainda ser a melhor. Isso porque foi a única que ficou de pé depois que as outras foram derrubadas.

A filosofia não é um corpo de conhecimento com um conjunto de "respostas" a perguntas comuns que devem ser aprendidas. A filosofia é uma técnica, uma forma de desembaralhar e examinar a realidade para que não só você a compreenda um pouco melhor, mas para que possa atuar mais efetivamente, alcançar seus objetivos mais completamente e viver um pouco melhor. E não é contradição dizer que, cada vez mais, nos dias de hoje, encontramos os verdadeiros filósofos não em departamentos de filosofia empoeirados, debruçados sobre os lançamentos equivocadamente chamados de "filosofia", cheios de retalhos de linguagem (discutindo sobre as definições de palavras) e matemática não muito boa (lógica filosófica), mas em hospitais, em tribunais, laboratórios de física — em qualquer lugar, menos lá em cima nas torres de marfim.

Por outro lado, e certamente para muitos colegas professores, os livros e artigos de filosofia são textos importantes nos quais os filósofos apresentam os frutos de seu trabalho intelectual — abundantes em "teorias", como a da identidade corpo-mente, e também super teorias ou abordagens teóricas, como o Idealismo e o Materialismo. Para muitos professores de "filosofia", o trabalho consiste não apenas na apresentação de uma técnica, mas também na apresentação de um corpo de pensamento desenvolvido no decorrer do milênio pelo uso dessa técnica.

Decidindo o que Conta como Conhecimento "Real"

É claro que filósofos profissionais *podem* ajudar a encontrar respostas também — quando querem. De fato, filósofos podem ter um papel especial como uma espécie de árbitro ou juiz em disputas que surgem dos fundos de pesquisa ou prática em todos os outros assuntos ou áreas. Eles podem entrar em uma área sem o ônus de muitas presunções e esclarecer o fundamental. E o que poderia ser mais fundamental do que decidir o que conta como conhecimento ao invés de meras crenças ou superstições? Porque ninguém gosta de pensar que sabe algo quando há uma chance de outra pessoa mostrar, mais tarde, que estava errado. Muitos "fatos" são assim — coisas que você acha que sabe, mas que, na realidade, só as aceita em razão da confiança na pessoa (ou livro, ou programa de TV) que lhe conta, em vez de realmente saber. Há muito poucas coisas que você pode saber diretamente, por conta própria.

Por exemplo, "saber" que você pode morder uma maçã porque ela é crocante, diferente de uma pedra, que é muito dura; ou saber que o sol nascerá amanhã. Ambas as situações parecem seguras o suficiente para contar como "coisas que você sabe", mas você nem imagina que os filósofos discutem até por isso. Seu argumento é que ambas suposições amparam-se em nada além de experiências passadas, e experiências passadas não são um guia confiável.

O filósofo britânico do século XX Bertrand Russel conta uma história legal de algumas galinhas para ilustrar esse problema. Essas aves domesticadas têm um pequeno galinheiro do lado de fora da casa da fazenda, e, todas as manhãs, a esposa do fazendeiro vem e joga um punhado de grãos para elas. A cada manhã, portanto, faz sentido para as aves correr para fora do galinheiro e dar o primeiro cacarejo com os deliciosos grãos. Essa é a teoria da galinha sobre o assunto, pelo menos. Mas um dia (sem que as galinhas saibam) a esposa do fazendeiro está planejando fazer uma canja. Faz sentido sair correndo do galinheiro em direção à esposa do fazendeiro aquela manhã?

Na realidade, não faz sentido a galinha fazer qualquer coisa senão esconder-se nos fundos do galinheiro aquela manhã, mas não há evidência retirada de experiências passadas que pudesse demovê-la dessa suposição, e, ao contrário, há muitas evidências que a apoiariam! Isso é o que os filósofos chamam de *problema de indução*, que é uma forma complicada de raciocinar, baseando-se na presunção de que o que você já viu fala sobre o que encontrará a seguir. As pessoas fazem isso o tempo inteiro, mas, filosoficamente, isso não é válido; na verdade é altamente ilógico.

Um diálogo entre duas galinhas

Imagine uma conversa entre duas galinhas que estão pensando se deixam a segurança de seu galinheiro em uma manhã.

Galinha 1: Eu não vou sair (pelos grãos); não confio naqueles fazendeiros.

Galinha 2: Por que não? Eu confio neles. Ontem eles nos deram grãos, anteontem nos deram grãos, no dia anterior a este nos deram grãos... Eles nos deram grãos por todo o tempo até onde me lembro! Galinha, eu acho que eles vão nos dar alguns grãos hoje!

(continua)

(continuação)

Galinha 1: Bem, sei não, esses são apenas fatos sobre o passado. Não provam nada do que vai acontecer desta vez. Não é nenhum tipo de prova lógica, é?

Galinha 2: Eu me lembro de ter ouvido em algum lugar que o filósofo britânico John Locke disse uma vez: "O homem que, nas tarefas comuns da vida, não admitir nada além de demonstração direta não terá certeza de nada no mundo senão de perecer rapidamente".

Galinha 1: (Impressionada.) Bem, sim, mas eu tenho um palpite de que hoje os fazendeiros estão planejando nos matar! Eu não vou sair até que você me convença de que sem dúvidas é seguro.

Galinha 2: Bem, agora, minha covarde amiga, eu tenho uma teoria que chamo de "Princípio da Conservação da Crença", que diz que só se pode aceitar certas crenças básicas sem prova absoluta se descartá-las exigisse jogar fora muitas de suas outras crenças. Crenças são seu mapa indispensável da realidade que nos orienta no decorrer do dia. Conhecimento, por outro lado, é um apoio a mais.

(A Galinha 2 deixa o galinheiro e é esganada pela esposa do fazendeiro, que estava preparando o almoço de domingo.)

DICA

Por que pessoas seguem linhas ilógicas de raciocínio? A resposta é (como diz John Locke) porque elas não têm escolha. Se você só agisse em relação a coisas que "realmente sabe" serem verdadeiras, não agiria em muitas coisas.

DICA

Na prática, muitas pessoas diriam que, dada a fragilidade humana, é suficiente para dizer que você sabe algo se:

- Você acredita ser verdade
- Você tem uma boa e relevante razão para sua crença e
- A coisa em que você acredita saber é, na verdade, como você acredita — você está certo!

Isso é conhecimento como o que os filósofos chamam de "crença verdadeira justificada". É assim chamada porque você acredita, essa é a "porção de crença"; você tem uma razão para sua crença, essa é a porção de justificativa; e (o que mais?) é verdade, essa é a porção (adivinha!) de "verdade". Selecionar conhecimento é fácil! Contudo, em muitos casos, como naquele da Galinha 2 (veja o box anterior), algumas alegações satisfazem todas as três condições e, ainda assim, você poderia sentir que não contam como conhecimento real — que precisa de algo mais para torná-lo absolutamente certo (no Capítulo 9, abordo o que poderia ser esse "algo mais").

Esmiuçando Três Tipos de Conhecimento

Há várias maneiras diferentes de saber se algo existe. Você pode saber um fato, conhecer um amigo e pode saber pintar ou amarrar os cadarços:

- **Saber que** essa fruta é saborosa, que dois mais dois são quatro, que o tempo estará bom amanhã
- **Saber (como)** andar de bicicleta, ler, conferir provas lógicas
- **Saber (conhecer) por familiaridade** a melhor maneira de evitar o trânsito na hora do rush, uma boa loja de queijos, os vizinhos

O primeiro tipo de conhecimento é o que mais interessa aos filósofos, mesmo que fiquem só no que conta como conhecimento, em oposição à mera crença ou ao julgamento de valor.

Você pode achar que separar fatos de opinião é bem simples, mas se já é complicado ao ler o jornal de hoje, imagina com um pouco de filosofia! Por exemplo, você pode pensar que seu lugar no espaço e tempo é certo, mas muitos físicos diriam, falando estritamente, que não há nenhuma resposta absoluta ou verdadeira e que é mais uma questão de convenção. Ou você pode achar que o apresentador da previsão do tempo que diz que choverá amanhã não sabe realmente se choverá ou não — mas se ele estiver certo, e daí? Ele sabia realmente?

Os filósofos são inclinados a estreitar a tarefa de definir conhecimento às alegações mais simples, mesmo que, no final, não passem de tautologia (a mesma coisa dita duas vezes). Eles preferem que as pessoas digam coisas como "maçãs são maçãs". Afaste-se dessas alegações simples e pode cometer um erro. Por exemplo, "maçãs são frutas" só é seguro de ser dito porque todo mundo concorda que, bem, maçãs são frutas, mas você sofrerá se disser "tomates são frutas"! Atenha-se a "tomates são tomates" e não errará...

No final, a busca por conhecimento é simplesmente procurar sentido em diferentes tipos de crenças. Colocando desta forma, está claro que há diferentes tipos de conhecimento, assim como há diferentes tipos de crença. Talvez a distinção mais importante para a filosofia esteja entre fatos e opiniões — ou, para usar um jargão ouvido com mais frequência, entre alegações objetivas e subjetivas:

- *Alegações objetivas* tratam de coisas que "estão lá" no mundo, sobre as quais você sabe pela impressão sensorial, experiência e medição. Isto é, o que os filósofos chamam de *conhecimento empírico*.
- *Alegações subjetivas* baseiam-se em coisas como suas opiniões pessoais, valores, julgamentos e preferências. São alegações que dão propósito e significado à sua vida, embora, normalmente, os filósofos desde Platão deem a elas um status mais baixo do que o dado às objetivas.

Explorando o Mundo Físico à Sua Volta

As pessoas frequentemente pensam que os filósofos se preocupam apenas com ideias e abstrações e deixam o mundo físico para o pessoal com menos cérebro, como, bem, os cientistas. E se pode facilmente traçar esse preconceito (porque é isso que realmente é) até a figura mais importante da filosofia antiga: o próprio Platão. Mas Platão não conseguiu persuadir Aristóteles, que passou quase 20 anos estudando com ele, que era o caso de preocupar-se somente com ideias. Ao contrário, o método de Aristóteles para obter conhecimento era começar a olhar à sua volta, tanto para a evidência física quanto para a opinião convencional da época (algo que seu chefe, Platão, particularmente desprezava!).

Uma das experiências mais influentes de Aristóteles foi decidir se a Terra estava — ou não — fixa, imóvel no centro do Universo.

Na realidade, em torno de 2.000 anos atrás, todos diziam que a Terra era plana e fixa no espaço. Por que pensavam isso? Bem (você não adivinharia), é porque os filósofos os convenceram através de argumentos. Agora todo mundo diz que a Terra é uma esfera girando em torno do Sol. Se você acha que isso está correto, pode contar com pelo menos um exemplo de como "todo mundo" pode estar errado. E isso mostra o quão incrivelmente influente a Filosofia pode ser, tanto de forma positiva como negativa.

Mas, de fato, houve algum debate sobre tudo isso entre os antigos, e um deles, Arquimedes, declarou (em *O Contador de Areia*) saber de um parceiro, chamado Aristarco, que havia lançado um livro que consistia de certas hipóteses, incluindo algumas noções impressionantes como estas:

- As estrelas e o Sol não se movem.
- A Terra gira em círculo ao redor do Sol, estando este no centro da órbita.
- A distância entre a Terra e as estrelas fixas é enorme.

O livro de Aristarco, contudo, perdeu a batalha de ideias, mesmo que sua teoria da Terra móvel tenha sido influente o suficiente para um ex-pugilista chamado Cleantes, que, entre outras coisas, foi líder dos estoicos na Grécia antiga (os *estoicos* foram um grupo de filósofos cujos nomes acabaram por parar na linguagem do dia a dia, significando pessoas que eram boas em suportar dor!). Cleantes recomendou a condenação de Aristarco devido à

> *...culpa de impiedade por colocar em movimento o lar do universo [e] supor que o céu permanece em repouso e a Terra gira em uma elipse, enquanto gira, ao mesmo tempo, em seu próprio eixo...*

Felizmente, Aristarco nunca foi condenado, embora pareça que seu livro tenha desaparecido. Ao contrário, foi uma obscura teoria de outros muitos filósofos antigos — os pitagóricos —, que supunha a Terra e o Sol orbitando um "fogo central", que veio a desafiar a impressão costumeira de que os humanos viviam em uma rocha imóvel em torno da qual os céus e o Sol giravam. Platão foi muito influenciado pelos pitagóricos e, ele mesmo dá indicações (no *Timeu*) da ideia, ousada para a época, de que a Terra poderia girar em seu próprio eixo.

Testando se a Terra está se movendo

A ideia de Aristarco de que a Terra poderia mover-se estava claramente pegando! Você sabe que Aristarco estava certo, é claro, e Cleantes e todos os outros nos séculos seguintes estavam errados. A história de como a filosofia levou as pessoas a acharem que a Terra (e, assim, a própria humanidade) estava realmente fixa, imóvel no centro do universo, é motivo para cautela.

Tudo se resume a um argumento filosófico colocado por Aristóteles em um relato particularmente vago chamado "Nos Céus". Ele começa lembrando a seus leitores de que aqueles "pitagóricos" acham:

> *...que no centro do universo há fogo, enquanto a Terra, que é vista como uma das estrelas, move-se em volta em um círculo que produz a noite e o dia...*

Depois, ele rapidamente desconsiderou a ideia, como sendo "impossível". Você pode ver, explica Aristóteles, considerando a evidência visual, notavelmente a de que uma pedra jogada verticalmente para cima cai verticalmente, em vez de cair levemente para um lado, como aconteceria caso a Terra estivesse realizando algum tipo de movimento. De fato, todos os objetos se comportam de forma similarmente muito sensata e não fazem nenhum movimento senão aquele esforço diligente de retornar ao centro do universo. Para Aristóteles, isso provava "que assim acontecia porque a Terra e o universo possuíam o mesmo centro" e deduziu que o planeta não só deveria estar imóvel no espaço, como igualmente imóvel em seu eixo.

É claro que pedras (e outras coisas) caem, sim, diretamente para baixo — mas não pela razão dada por Aristóteles. Tem a ver com o movimento — mas esse conceito não havia sido inventado até então! Isso ilustra o importante princípio filosófico de que o que você observa depende não só do que está "lá fora" (os fatos), mas do que está "aí dentro", em sua cabeça — isto é, o que você observa depende dos seus conceitos e, sim, de suas crenças também. Essa é uma ideia à qual sempre se retorna, seja qual for a parte da filosofia de que se esteja tratando.

É suficiente dizer aqui, por ora, que, quando (uns 400 anos depois) o astrônomo Ptolomeu construiu sua ideia cosmológica, a Terra foi colocada seguramente no centro, imóvel como uma pedra, assim como parece estar na vida cotidiana. E lá permaneceu por milhares de anos, até que outro filósofo-astrônomo, Galileu, revirou tudo, argumentando o contrário.

Pode parecer fácil rir daqueles que diziam que a Terra estava no centro do universo e fazia o Sol e as estrelas passearem obedientemente em torno dela, mas, de muitas maneiras, esta é a forma que a percepção procede. Afinal, considere por um momento sua própria posição no universo. Onde estava você exatamente um minuto atrás? No mesmo lugar? Se estivesse em um trem poderia dizer (astuciosamente): "Não, eu estava a 20 quilômetros de distância!". Mas, se, em vez disso, estivesse parado, quieto em algum lugar, pareceria esquisito dizer: "Ah, eu estava a 100 quilômetros de distância por causa da rotação da Terra que me fez girar". E, mais estranho ainda, você poderia dizer: "Ah, eu estava a 1.000 quilômetros de distância por causa da translação da Terra ao redor do Sol". E, ainda assim, está deixando de lado a translação do sistema solar em torno do centro da galáxia e o afastamento da galáxia de seu local original do Big Bang!

Na realidade, no decorrer dos séculos, esse modelo geocêntrico se mostrou uma ferramenta valiosa para embarcações e navegadores, e mesmo para prever fenômenos celestes, como eclipses. De fato, cientificamente falando, para que faça sentido que os planetas girem em torno do sol, é preciso aceitar toda sorte de ideias estranhas que têm a ver com o que o grande físico do século XX, Albert Einstein, descreveu como objetos celestes caindo pelo "espaço-tempo curvo" — não propriamente uma suposição a que se chega imediatamente pelo senso comum!

Você pode ler mais a respeito das conclusões impressionantes e das não tão impressionantes de Aristóteles nos Capítulos 4 e 8, mas a ideia de que o conhecimento tem que ser baseado na impressão sensorial não era só dele. Um dos filósofos britânicos mais sensatos, John Locke, que escreveu durante o século XVII na Inglaterra, tinha visões igualmente sensatas. Filho sensato de uma família sensata de mercadores de classe média de Somerset, ele foi particularmente influenciado e impressionado pelas novas descobertas da filosofia natural (que é o que hoje chamamos de física) — especialmente aquelas de seu compatriota Isaac Newton.

Uma das visões de senso comum de Locke era a de que podemos reunir todos os 'materiais do conhecimento humano' (isto é, todos os fatos e opiniões que se compartilham sobre o mundo e como ele funciona) do mundo inteiro através da impressão sensorial ou indiretamente, das mesmas fontes, por meio de nosso mundo mental interno, através da *introspecção* — isto é, pensando a respeito (ou meio que lembrando) de coisas que foram vistas, cheiradas ou degustadas anteriormente. Mas isso é correto? Você pode ver algumas das razões para se pensar que reunir conhecimento não é tão simples no final das contas nos Capítulos 10 e 11. Mas, para Locke, é bem simples. Ele acreditava que o cérebro era um tipo de tábula rasa, onde objetos externos e internos deixavam marcas continuamente (na verdade, Locke falava da *mente*, não do *cérebro*). Locke expõe desta forma:

> *Todos aqueles pensamentos sublimes que se elevam acima das nuvens e chegam até a alcançar o próprio céu erguem-se e impulsionam-se daqui; por toda enorme extensão onde a mente vaga naquelas remotas especulações com as quais parece se elevar, ela não mexe nem um pouco além dessas ideias cujo sentido ou reflexão ofereceu para sua contemplação.*

As ideias de Locke foram influentes. Por exemplo, veja a distinção que ele fez entre ideias de qualidades primárias e secundárias:

DETONADOR DE JARGÃO

- As qualidades *primárias* são, de alguma forma, fundamentais e inseparáveis do objeto, sendo solidez, extensão, figura, quer o objeto esteja em repouso ou em movimento, e número.

- As qualidades *secundárias*, por outro lado — cores, cheiros, sons e assim por diante —, são "em verdade", como Locke coloca no Livro II de seu clássico filosófico, *Ensaio Acerca do Entendimento Humano*, nada nos objetos em si, mas meramente "poderes para produzir várias sensações em nós". Uma qualidade secundária do fogo, por exemplo, é que ele provoca dor (sob certas circunstâncias; em outras pode causar calor). A dor não é uma parte essencial do fogo, nem (aguarde, filósofos *adoram* este exemplo!) ser branca é uma parte essencial de ser neve.

As qualidades secundárias são propensas ao erro, podem ser causadas por um estado de espírito, um resfriado ou seja lá o que for. (Ei, tudo parece sem graça hoje, e meu *crumble* de maçã não cheira bem...) Mas, como outro grande britânico (irlandês, para ser preciso), bispo George Berkeley, logo apontou, pode-se dizer o mesmo das qualidades primárias, como tamanho e peso. Por exemplo, objetos podem parecer menores quando distantes ou uma bolsa pode parecer pesada quando se está cansado.

DICA

O objetivo do bispo era lembrar às pessoas de que o senso comum frequentemente está errado. Contudo, a visão de Locke, de que o mundo físico consiste somente de matéria em movimento, tornou-se a base aceita de teorias de som, calor, luz e eletricidade. E, ainda hoje, quando a mecânica quântica funciona com princípios totalmente diferentes, muito da compreensão das pessoas segue sua forma de pensar, errada (baseada em falsas crenças!) ou não.

Procurando a Meia de Locke

Mas é só até aí que vai o senso comum.

EXPERIÊNCIA MENTAL

John Locke reconheceu isso quando propôs um cenário onde sua meia favorita fura. Ele ponderou se seria a mesma meia após receber um remendo no furo. Se sim, então, ainda seria a mesma meia após receber um segundo ou mesmo um terceiro remendo? Seria ainda, de fato, a mesma meia muitos anos depois, mesmo que todo o material da meia original houvesse sido substituído por remendos?

O problema o preocupou ao menos um pouco, porque, se a meia fosse a mesma apesar de todas aquelas mudanças práticas, só o seria uma vez que algo acima e além da "percepção sensorial" física da meia existisse, definida por seu lugar no espaço e no tempo.

Lendo a teoria de Locke, não muito tempo depois, Berkeley escreveu (em *Princípios do Conhecimento Humano*) que:

> *...quanto àquele furo, estou inclinado a pensar que a maior parte, se não toda, dessas dificuldades que até aqui têm entretido os filósofos e bloqueado o caminho até o conhecimento devem-se inteiramente a nós mesmos — que primeiro levantamos poeira e depois reclamamos que não conseguimos enxergar.*

Foi em uma tentativa de espanar um pouco dessa "poeira filosófica" que o bom bispo teve uma das mais esquisitas e mais citadas — e menos compreendidas — teorias filosóficas de todas. Ele divisou a doutrina de que *esse est percipi* ("ser é ser percebido"). Em outras palavras, objetos materiais — tudo no mundo à sua volta — só existem por serem percebidos por seres conscientes. À objeção de que, neste caso, uma árvore em uma floresta, por exemplo, deixaria de existir quando não houvesse ninguém por perto, ele respondeu que Deus sempre percebia tudo. Em sua opinião, esse foi um argumento irrefutável, porém, até então, ele era um bispo.

Sendo místico com o bispo Berkeley

Os melhores escritos de George Berkeley são os diálogos no estilo de Platão, e ele (o bispo) os escreveu ainda em seus vinte e poucos anos. Em um livro chamado *Diálogos de Hylas e Philonous* (publicado em 1713), seu argumento contra os cientistas e seu mundo de matéria inerte e maçante é melhor estabelecido. O livro começa com dois sujeitos discutindo em um estilo de "conversa com taxista": Hyla, que soa como o "taxista" e fala pelo senso comum científico, e Philonous (como um passageiro desafortunado), que expõe a própria visão de

Berkeley. Após alguns comentários amistosos, à maneira de Platão e Sócrates, Hylas diz que seu amigo detém a visão de que *não há matéria*. Pode algo ser "mais fantástico, mais repugnante ao senso comum ou a um ceticismo mais manifesto que isso", ele exclama!

ÓTIMA IDEIA

Philonous tenta explicar que as coisas que agora nós consideramos *dado do sentido* são, na verdade, mentais, como mostra a experiência cotidiana da água morna. Coloque uma mão fria na água e ela parecerá morna; coloque uma mão quente e ela parecerá fria. Hylas aceita esse ponto, mas prende-se à realidade de outros casos cotidianos da experiência de impressão sensorial. Philonous, então, diz que sabores são agradáveis ou desagradáveis e, portanto, mentais, e o mesmo pode ser dito dos cheiros.

Hylas valentemente retruca nesse ponto e diz que sons não viajam pelo vácuo. Disso, ele conclui que [os sons] devem ser "movimentos de moléculas de ar", não trecos mentais, como seu amigo tenta persuadi-lo. Philonous responde que, se for de fato som real, não carrega nenhuma semelhança com o que nós conhecemos por som, então, neste caso, o som pode bem ser um fenômeno mental afinal! O mesmo argumento derruba Hylas quando se trata da discussão de cores, quando percebe que elas também desaparecem sob certas condições, como quando se vê uma nuvem dourada ao pôr do sol, mas de perto não passa de névoa cinza.

Mesmo algo como tamanho varia dependendo da posição do observador. Aqui, o conveniente homem das deixas de Berkeley, Hylas, gentilmente tenta defender o senso comum, dizendo que se deveria distinguir o objeto da impressão, permitindo que, talvez, o ato de perceber esteja totalmente na mente, mas que o objeto material ainda exista. Philonous rapidamente rebate, replicando: "qualquer coisa que seja imediatamente percebida é uma ideia: e alguma ideia pode existir fora da mente?". Em outras palavras, a percepção, digamos, de uma árvore existe apenas na mente — não "lá fora". Mesmo o cérebro de Hylas, sugere Philonous jocosamente, "existe apenas na mente"!

A própria visão de Berkeley é a de que existem bases convincentes e lógicas para concluir que o mundo físico é uma ilusão e apenas mentes e eventos mentais realmente existem. Entretanto, se você estiver começando a achar isso tudo muito louco para se levar a sério e que é melhor ficar com a ciência, pode ter interesse em ouvir que o maior cientista do século XX, o próprio Albert Einstein, explicou (em 1938) ter chegado à conclusão de que:

> *...conceitos físicos são criações livres da mente humana e não são, seja lá como pareça, unicamente determinados pelo mundo externo.*

Einstein foi além e ofereceu sua própria metáfora de um relógio em funcionamento para explicar o problema de tirar um sentido do mundo:

> *Em nossa jornada para entender a realidade, somos um pouco como um homem tentando entender o mecanismo de um relógio fechado. Ele vê a superfície e os ponteiros se movendo, e até escuta o tique-taque, mas não tem como abrir o invólucro. Se for engenhoso, ele pode formar uma ideia de um mecanismo que poderia ser responsável por todas as coisas que ele observa, mas pode ser que nunca tenha certeza de que sua ideia é a única que poderia explicar suas observações. Ele nunca conseguirá comparar sua ideia com o verdadeiro mecanismo e não pode sequer imaginar a possibilidade ou os significados de tal comparação.*

De fato, como Einstein diz, a única forma de abordar verdades centrais da realidade é através da filosofia. O mundo realmente é mais complexo do que as pessoas normalmente acham que é. Não se trata só de filósofos criando mistérios.

Capítulo 2

Descobrindo Por Que a Filosofia Importa

Neste Capítulo

- Veja o que um pouco de filosofia pode fazer quando aplicada
- Obtenha uma nova perspectiva sobre a ciência
- Adquira uma visão ordenada do mundo
- Abraçando a incerteza

> *"E qual é, Sócrates, o alimento da alma?"*
>
> *"Certamente", disse Sócrates, "o conhecimento é o alimento da alma."*
>
> — Platão

Até o final do século XVIII, o que hoje chamamos de ciência era meramente uma ramificação da filosofia, a filosofia da natureza, estudada por pessoas como Copérnico, Kepler, Galileu, Bacon e Descartes. Hoje em dia, apenas os dois últimos figuram em livros de filosofia, e os três primeiros são chamados de astrônomos — mas todos eles fizeram um pouco das duas.

Igualmente (e confusamente), o que as pessoas chamavam então "ciência" chamam agora de filosofia ou "conhecimento do que é necessariamente verdade". De fato, de muitas formas, a ciência começou somente com Isaac Newton, que, assim como fez excelentes descobertas, traçou também um novo sistema de modos de categorizar e nomear coisas, que foi, à sua maneira, tão influente quanto o de Aristóteles 2.000 anos antes. É devido a Newton que, hoje, o mundo não só tem "physiks" (tal qual Newton grafava), como a ciência também.

Lançando as Bases para a Ciência

A suposição central da ciência é a de que o mundo segue regras que podem ser investigadas e identificadas. A mais importante dessas regras é a da causa e efeito. O mundo é ordenado e consistente, e as pessoas supõem que condições idênticas produzirão resultados idênticos. Mas tudo isso é, na realidade, teoria filosófica. A ideia é que, quando se identifica uma regra ou lei da natureza, pode-se fazer previsões acuradas. A previsão de fenômenos, tais como a aparição de cometas e as marés, foi considerada uma grande façanha da filosofia aplicada.

Tales bota as mãos na massa

Uma das coisas que as pessoas gostam de dizer sobre a Filosofia é que ela parece oferecer uma chance para fugir do detalhe sombrio e da decepcionante realidade do mundo cotidiano. Porém, as raízes da filosofia estavam firmemente fincadas no mundo cotidiano.

Um bom exemplo desse gosto antigo por filosofia aplicada é Tales, que viveu por volta de 2.500 anos atrás, onde é hoje a Turquia, e é frequentemente descrito como tendo sido o "verdadeiro" primeiro filósofo (embora esta seja uma alegação bem questionável). Porém, ele certamente tem a honra de ter sido colocado por escritores posteriores entre os Sete Homens Sábios do Mundo Antigo, admirado em particular por sua sabedoria matemática e astronômica, das quais ele fez bom uso prático.

ÓTIMA IDEIA

Mas os filósofos admiram Tales por ter sido pioneiro no estudo das *essências*. Em outras palavras, ele deu início à tendência filosófica de definir as coisas por suas características essenciais, e não por suas aparências superficiais frequentemente enganosas e não confiáveis.

> Tanto Tales quanto, um pouco depois, Aristóteles compartilhavam de uma preferência por identificar propriedades naturais em vez de criar grandes e novas entidades teóricas. Por exemplo, Tales concluiu que a qualidade essencial do mundo era a água, e a essência da alma humana era sua capacidade de agir como um tipo de imã, emitindo um empuxo invisível sobre o corpo, fazendo-o se mover.

A noção de *essência* está conectada à importância acordada por Platão e seus seguidores da busca por definições das coisas. Tales e outros filósofos naturais antigos focaram seus esforços no trabalho sobre a "constituição" das coisas, isto é, do que as coisas eram *feitas*. A constituição do mundo foi pensada para explicar os funcionamentos visíveis dele. Contudo, Platão conta uma história bem diferente em *Teeteto*, um de seus diálogos, de um Tales muito menos prático. Ele descreve o sábio tão ocupado fitando as estrelas uma noite, que caiu em um poço, onde foi visto por uma serva trácia, de passagem pelo lugar, que riu dele! Essa é a caricatura que a maioria das pessoas tem hoje em dia dos filósofos. Mas é uma caricatura — na verdade, a reflexão filosófica é uma parte inseparável da vida.

Filósofos ficando sem Tempo e encontrando o Nada

Outro importante conceito muito debatido pelos filósofos, sem o qual nós, certamente, estaríamos em apuros, é o tempo. Visto que, quando se pensa a respeito (não que muitos de nós o façamos normalmente; falta tempo...), *é* uma coisa muito estranha.

Nas palavras do escritor do século XX, T. S. Eliot, há algo de esquisito a respeito do tempo, sendo: ele consiste de um "padrão de momentos sem tempo". Tudo se dá naquele momento infinitamente breve do presente, a fonte de onde o rio do tempo jorra a partir do nada, produzindo o lago sem fundo do passado. Os eventos, tendo vindo a nado à existência e partido flutuando, são eternamente reais, e o futuro absolutamente não existe.

Encontrando algum espaço

Se o tempo permanece uma criatura escorregadia, então, o que dizer de outra entidade estranha, o espaço? Não o espaço sideral particularmente, cheio de estrelas e galáxias — mas, simplesmente, o espaço vago. O nada. O vazio. Se, hoje em dia, a filosofia do espaço é uma área de estudo negligenciada dos departamentos de filosofia, ela teve importantes seguidores no passado.

Na Grécia Antiga, Demócrito disse simplesmente que o vazio era o que "não era". Aristóteles disse que o espaço era apenas um traço a ser inferido da presença de objetos reais. Platão, que, de modo usual, teve a palavra definitiva sobre esse, assim como em muitos outros assuntos, pensava que o espaço era um tipo de coisa muito especial, nem feito de matéria, como o resto do universo, nem inteiramente abstrato, como ideias e conceitos. Era um meio-termo. Ou, pelo menos, é o que diz o amigo de Sócrates, Timeu, no diálogo que Platão batizou com seu nome: "algo invisível e sem característica, que recebe todas as coisas e compartilha de uma maneira impressionante de tudo que é inteligível".

A única maneira de investigar as propriedades do espaço é por "um tipo de *raciocínio bastardo* (por *bastardo*, Timeu quis dizer que o pensamento não possui nenhuma base racional), que não envolve percepção sensorial" — por exemplo, como por um transe onírico.

Explorando o espaço com o poder do sonho

Este não é o método que vem à mente de muitos pesquisadores hoje em dia! Ele é geralmente evitado por outros filósofos e mesmo físicos, até (mas não necessariamente incluindo) Einstein, que teve suas melhores ideias em sonho — ou enquanto tomava banho.

Em contrapartida, Descartes achava que a razão pura era boa o suficiente para falar sobre o espaço. De fato, no século XVII, no início da era científica, ele propôs que o espaço em si era realmente um tipo de objeto físico, um objeto real composto de um tipo incomum de matéria, que não tem nenhuma das qualidades comuns da matéria (tal qual se conhece), como ser sólida ou ter dimensões.

Por volta de um século depois, Immanuel Kant também pensou que a razão pura era o jeito para se explorar o espaço, ainda que alguns de seus achados — como sua teoria de que existia vida inteligente em todos os planetas, sendo que a inteligência diminuía à medida que se distanciava do Sol — não tenham sido muito impressionantes (mas a maioria dos outros filósofos que analisavam a questão tinha também seus hobbies cósmicos). Contudo, Kant também teve ideias bem mais influentes. Uma tratava de se o espaço era fixo e absoluto (fornecendo uma estrutura para o resto da realidade) ou subjetivo e relativo (dependendo de quais objetos estavam no espaço e do ponto de vista de qualquer observador). Em outras palavras, em relação ao Sol e às estrelas, a Terra gira em torno do Sol em um grande círculo. Porém, em relação à Terra, o Sol e as estrelas é que giram. Há algo no universo que não seja relativo à outra coisa?

Kant examinou essa questão imaginando um universo que consistia de apenas uma coisa: uma luva. Nada mais existe. Agora, o crucial a respeito das luvas é que são exatamente as mesmas se forem medidas — há quatro dedos e um polegar e todas as proporções são idênticas. Porém, como diz Kant, embora você possa virá-la o quanto quiser, se for uma luva para mão esquerda, sempre permanecerá o sendo. Experimente fazê-lo! O desafio de Kant é que, em um universo que consiste de apenas uma luva, será possível dizer se é uma luva para a mão esquerda ou direita — ou não? Se Kant estiver certo, então, sua experiência mental mostra que pelo menos algumas coisas não são relativas e dependentes de outras ou do ponto de vista do observador.

A abordagem original de Platão sobreviveu às versões tanto de Descartes quanto de Kant do espaço como invisível, mas que asseguravam ser permanente e fixo. Isso se dá porque a ideia de Platão possui elementos de relatividade. Quando objetos são impressos em um curso, como Platão coloca de forma bastante misteriosa (mas em uma linguagem certamente adequada às noções mais atuais, como campos de energia), ele consequentemente muda e, mudando, afeta os objetos novamente. "Ele se mexe irregularmente em todas as direções, enquanto é agitado por aquelas coisas e, sendo posto em movimento, por sua vez, as agita." A matéria atua sobre o espaço, e o espaço atua sobre a matéria. A ideia de Platão é basicamente a Teoria da Relatividade Geral de Einstein resumida, 2.000 anos antes do físico desenvolvê-la!

Conhecendo o Mundo Físico

A filosofia não trata, naturalmente, apenas de teorias físicas e compreensões do espaço, do tempo e similares, ela está por trás de teorias da biologia e da sociedade também. Considere a influência da Teoria da Seleção Natural de Darwin, a teoria biológica que vê o mundo como um tipo de campo de batalha no qual os mais rápidos e fortes sobrevivem, enquanto o resto deve perecer. Se você quiser entender como a ciência e a filosofia estão intrinsecamente relacionadas, este é um ótimo lugar para começar.

Essa teoria é tão prática que raramente é considerada "filosófica" hoje em dia. Nos Estados Unidos, é altamente controverso para escolas e faculdades tratá-la como uma teoria e não como fato irrefutável e absoluto. Ainda assim, é teoria, tendo sido sujeitada no passado à significativa revisão e pode (nas melhores tradições científicas) ser alterada e revista no futuro também, ou mesmo ser totalmente descartada! Da mesma forma, a seleção natural como teoria é mais um atestado do poder de ideias filosóficas do que do poder da observação metódica — embora Darwin também tenha realizado um excelente trabalho pioneiro nessa área, esperando oferecer evidência para apoiar sua teoria.

Impondo ordem em um mundo desordenado

Outra parte do objetivo filosófico para encontrar um sentido para o universo é o esforço em descobrir as leis que o governam. Elas são chamadas de leis da natureza. Espera-se que sejam absolutamente verdadeiras.

Na realidade, a real existência de quaisquer leis da natureza é controversa. Newton criou algumas, certamente, como a lei da gravidade, que pareceu funcionar, porém, isso exigiu um pouco de invenção criativa de sua parte, notoriamente os conceitos de espaço e tempo absolutos. Sem esses, sua teoria sobre a mecânica não poderia funcionar.

Já na Alemanha, seu rival contemporâneo, o *polímata* (sabe-tudo) Gottfried Leibniz, zombou de sua abordagem (a de inventar coisas para fazer com que a teoria funcione).

Hoje em dia, desde a Teoria da Relatividade Geral de Einstein, ninguém acha que as "ficções" de Newton realmente existam. Que se saiba: apesar do nome "Teoria da Relatividade Geral", a meta de Einstein era impor uma ordem ao universo. Ele também começou, afinal, estabelecendo a velocidade da luz como constante em todos os lugares o tempo inteiro, e sua teoria conclui por oferecer uma nova entidade teórica chamada *espaço-tempo*. O espaço-tempo é somente tão absoluto quanto qualquer coisa na ciência clássica.

Livre-arbítrio e determinismo

Os *deterministas* pensam que os eventos, inclusive as ações das pessoas, não acontecem por acaso, mas são causados, ou predeterminados, por algo já decidido. A cadeia de eventos é traçada retroativamente de tal forma que, em certo momento, será preciso uma causa primeira, que as pessoas geralmente acham ser de caráter divino. A teoria implica, é claro, que todo o futuro está definido. Os gregos tinham a noção de *moiras*, as personificações vestidas de branco e normalmente descritas como megeras frias, impiedosas e insensíveis (o que é tanto sexista quando preconceituoso com idosos, mas essa é a Grécia Antiga).

Entretanto, Epicuro ofereceu uma ponta de esperança para o povo. Ele modificou o atomismo de Demócrito para incluir o desvio aleatório e indeterminado das partículas da vida. Porém, após Newton (no final do século XVIII) elegantemente demonstrar que seria possível explicar e antecipar os misteriosos movimentos do cosmos por medições aliadas a matemática, o universo foi reduzido, parece, a um brinquedo mecânico, e, com isso, a humanidade, mais uma vez, pareceu ter perdido sua liberdade de agir.

Hoje em dia, a mecânica quântica busca explorar se poderia realmente haver algo no desvio de Epicuro. Porém, nos pontos mais amplos do determinismo, o debate sobre o que é e não é realmente possível fazer continua firmemente sendo uma questão filosófica, e não científica.

Inventando Sistemas e Lógica

A ascensão da filosofia grega foi feita nas asas da matemática, por assim dizer, e a matemática continua fascinando filósofos desde então, sem falar nos esforços dos lógicos para reduzir o pensamento humano a um tipo de notação simbólica. Pitágoras ensinou que todo aprendizado envolvia números, e *Os Elementos* de Euclides, onde ele estabelece definições e axiomas para demonstrar a riqueza de fatos geométricos, tornou-se, por mil anos, o exemplo brilhante do conhecimento puro tão desejado pelos filósofos.

Os gregos imaginavam que a geometria euclidiana era um exemplar de conhecimento puro, com suas regras invioláveis, tais como "linhas paralelas nunca se encontram", "os ângulos de um triângulo sempre somam 180°" e assim por diante. De qualquer forma, a geometria de Euclides é apenas um tipo possível, e há a possibilidade de olhar as coisas de outras maneiras, de modo que linhas paralelas se *encontrem* e os ângulos de um triângulo somem bem mais que 180°. Pense em voar ao redor da Terra, por exemplo. Os ângulos de um triângulo desenhado em um globo somam, sim, mais de 180 graus, e dois aviões voando em um curso paralelo correm um risco considerável de colidir em algum momento!

A palavra grega *axioma* significa, literalmente, "digno de respeito", e os axiomas alegam sê-lo. Os argumentos lógicos, matemáticos e filosóficos em geral dependem de certas suposições subjacentes, sem as quais nenhuma progressão pode ocorrer. Infelizmente, essas suposições são, em geral, tudo menos certas.

Pegue como exemplo os números. O que são essas coisas bobas? Você não pode tocá-los, vê-los, que dirá comê-los... Bem, parece que os primeiros números que as pessoas escreveram foram os inteiros positivos, I, II, III, IIII, IIIII, derivados de montes de pedrinhas ou marcações em gravetos, expressos apenas posteriormente pela notação arábica 1, 2, 3 etc. Os números inteiros positivos são muito úteis e práticos para fazer registros, como quantas ovelhas você tem, e para medir terrenos e prédios. Os egípcios e mesopotâmios logo complicaram as coisas, decidindo que precisavam de frações, também chamadas de *números racionais*, com a inevitável consequência de, não muito tempo depois, Pitágoras e seus seguidores descobrirem os *números irracionais*. Estes não podem ser expressos exatamente nem como fração, nem como decimal, não importa o quanto se prolongue um número, como a raiz quadrada de dois. Conta a lenda que um membro da escola pitagórica foi afogado por revelar a existência de tais números bagunçados, para o horror do público.

A maioria dos paradoxos de Zenão e muito da filosofia do espaço e do tempo envolvem teoria do número. E, assim como Zenão desafiou as suposições de sua época com paradoxos de movimento, muito da ortodoxia da filosofia e da matemática modernas se restringiu a certas convenções numéricas acordadas que, certamente, não são tão antigas ou até mesmo, talvez, tao inevitáveis quanto as pessoas se acostumaram a pensar. Por exemplo, na matemática, o número de pontos em uma reta é sempre o mesmo, não importa quão longa ela seja! Em física, o movimento é uma mistura complicada de três coisas: posição, tempo e lugar; a receita exata para cada uma ainda não está estabelecida.

As leis do pensamento

A filosofia ocidental foi, em grande extensão, fundada sobre leis de pensamento. As pessoas acreditam que seu pensamento deveria se esforçar para eliminar ideias vagas, contraditórias ou ambíguas, e a melhor forma de consegui-lo e, portanto, embasar seu pensamento em ideias claras e distintas, é seguir estritamente as leis do pensamento.

Então, quais são as leis do pensamento? São regras lógicas como:

- As leis da identidade (A é igual A).
- A lei da não contradição (A não é igual a não A).

- A lei do meio excluído (ou A ou não A, mas não ambos, A e não A).

Aff! Que receita intelectual indigesta! Mas, dizendo de outra forma, as leis falam:

- Todas as maçãs são maçãs.
- Se algo não é uma maçã, então não podemos considerá-lo uma maçã.
- Algo não pode ser tanto maçã como "não maçã" ao mesmo tempo.

A despeito do quão pouco essas leis do pensamento pareçam dizer, não ficaram livres de críticas, e filósofos de Heráclito a Hegel levantaram poderosos argumentos contra elas. Voltando às origens, foi Parmênides, um dos filósofos pré-socráticos do século V a.C., que primeiro sonhou com a lei da não contradição: "nunca irá se sustentar que aquilo que não é é". Platão citou essa visão em seu diálogo *Sofista*: "O grande Parmênides do início ao fim atestou... 'Nunca se deve provar que coisas que não são são'". Posso repetir? Certamente. Algo não pode ser ambos, como "ser e não ser uma maçã" ao mesmo tempo.

Pode parecer esquisito que o princípio da não contradição tenha precisado ser inventado, mas parece que, antes de Parmênides, o jeito natural de pensar *era* que tudo era um pouco dos dois.

Fazer de tudo um pouco dos dois tinha sentido para Heráclito, porque ele pensava que, para que algo pudesse mudar, já precisaria conter as sementes daquilo que se tornaria. Por exemplo, a água não é dura como a pedra, mas é dura quando congela. Assim, a água tanto é como não é dura, dependendo da temperatura. Entretanto, Platão e Parmênides estavam focados em coisas melhores que água terrena — eles queriam falar sobre a "verdadeira" água, essência da água. E esta, seguramente, é molhada e aguada, não dura.

Buscando o "verdadeiro" conhecimento com Platão

Os pitagóricos, a antiga escola de filósofos, também pensavam que o verdadeiro conhecimento tinha que ser sobre coisas que não mudassem. Queriam objetos de pensamento que fossem puros, fixos e eternos. E acharam que os encontrariam no mundo abstrato da matemática. Os pitagóricos trabalharam nas qualidades essenciais dos números de zero a dez com zelo religioso, decidindo que nada poderia impedir que o um se tratasse de totalidade, o dois de dualidade e assim por diante.

Foi sua noção de que os números existem em uma realidade paralela mais elevada que inspirou Platão a buscar entidades similares, "perfeitas e imutáveis", no mundo abstrato das formas (ou ideias). Assim, Platão deixa sua considerável autoridade atrás de duas leis: a lei da não contradição e a do meio excluído.

Mas Platão não era bobo. Ele entendeu os problemas com as leis na prática. Em outro de seus diálogos, desta vez *Eutidemo*, Dionisodoro zomba de uma das leis dizendo que, se fosse verdade, então, Sócrates deve ser pai de um cachorro! É assim que ele "prova" isso:

1. **De acordo com as leis do pensamento, algo não pode ser tanto uma coisa em particular e não sê-la (ser tanto A como não A) ao mesmo tempo.**

2. **Sócrates é pai.**

3. **O cachorro tem um pai.**

4. **Algo não pode ser como não ser pai ao mesmo tempo.**

5. **Conclusão: Sócrates deve ser o pai do cachorro.**

Na verdade, caso você esteja se perguntando, Sócrates não era o pai do cachorro, mas é a essa conclusão que as leis o levam. Também não fica bem claro onde a falha está. Platão tenta sair dessa dizendo que a lei está correta, mas que, em nossa realidade terrena, todos os objetos estão enredados. Então, o problema aqui é que o tipo de pai que Sócrates era é diferente do tipo de pai que o cachorro tinha. Resumindo, são dois tipos de pai. Confuso, porém.

A busca por essências

Como Platão, Aristóteles acreditava nas leis do pensamento e considerava que elas ofereciam bases sólidas para todo pensamento correto. Ele tentou arrumar as leis um pouco e deixá-las mais rigorosas, de forma que só fossem aplicadas a certos contextos e momentos. Sugeriu um novo modo de pensar sobre diferentes tipos de coisas no mundo — como os diferentes tipos de animais —, que envolvesse uma noção melhor de suas essências impalpáveis. De fato, um quarto dos escritos de Aristóteles parece se preocupar com a categorização da natureza, particularmente dos animais. O homem, na mente de Aristóteles, é um tipo particular de animal — um animal racional, porque uma pessoa é um tipo de animal, e o que é singular em uma pessoa é sua racionalidade. Bem, era isso que ele achava. Na realidade, muitas pessoas diriam que animais frequentemente são racionais também — eles sabem o que é de seu interesse e utilizam esse conhecimento para fugir de predadores ou fazer abrigos — e, portanto, é preciso uma essência diferente.

Com o desenvolvimento de máquinas no século XVII e a tendência filosófica de perseguir o universo em tais termos, a busca por essas características essenciais tomou um rumo levemente diferente. Em seu *Ensaio Acerca do Entendimento Humano*, John Locke retoma essa questão das essências, usando o exemplo de um morango.

O que é importante a respeito dos morangos? Ser saboroso? A cor vermelha brilhante? Seu aroma? Mas Locke não aceitaria nada disso. Ele achava que a característica importante em relação a um morango não deveria ter nada a ver com seu sabor, cor ou aroma, porque tudo isso é *subjetivo* — isto é, depende do observador. Algumas pessoas acham que o cheiro do morango é doce e delicioso, outras podem achar que têm cheiro de uva azeda. Por outro lado, Locke achava que a forma do morango (tirando sua cor) era *objetiva* — todos deveriam concordar acerca de sua forma.

A lógica inflexível das leis do pensamento, dessa forma, levou os filósofos a criarem um novo tipo de mundo, onde pudessem ter autoridade e uma regra indiscutíveis. Mas que tipo de mundo era esse?

Entendendo as formas misteriosas

A Teoria das Formas de Platão é uma das ideias mais importantes da história da filosofia. O estranho, no entanto, é que não é muito bem compreendida. Ou talvez seja por isso que é tão influente.

A melhor maneira de chegar a um acordo com a teoria é perceber que Platão estava dizendo que as pessoas estão cientes de dois tipos de realidade:

- Uma que é mutável e imprecisa, que é o mundo das coisas ao redor, percebidas pelas impressões sensoriais.
- Uma que é fixa e eterna, embora também um tanto imprecisa, que são seus conceitos e ideias.

Platão usa diversos exemplos para tentar explicar isso, porém, o mais fácil de entender é a beleza. Você pode ver muitas coisas bonitas — como flores ou uma colina arborizada —, no entanto, inevitavelmente, essas coisas "reais" são imperfeitas. As flores murcham e a colina tem uma linha de cabos de alta-tensão atravessando-a. E, de qualquer modo, o que as duas coisas têm em comum, o que as torna bonitas? Então, Platão diz que é preciso ter em mente algo separado com o qual comparar as impressões sensoriais, algo que se vê — ele prefere dizer *reconhece* — tanto nas flores como na colina. Essa é a qualidade de ser bonito. Ele o chama de *forma*, mas, às vezes, as pessoas se referem a isso como ideia ou conceito. Mas uma coisa certa a respeito da forma é que ela não existe em qualquer sentido material corriqueiro — encontra-se apenas em um reino interno, que só pode ser acessado pela razão, ou o que Platão chama de *intelecção* ou *noesis*.

Qual é o sentido de algo que não existe em nenhum sentido material, mas somente dessa maneira intangível? Os cientistas não estão se saindo muito bem sem essas coisas? Entretanto, eles se baseiam muito mais nessas entidades imaginadas para unir e tirar um sentido de tudo do que os demais. Ideias, como espaço e tempo, e conceitos matemáticos, como os números ou o infinito, são todos tão misteriosos e diretamente insondáveis quanto qualquer coisa no estranho universo paralelo das formas de Platão.

A história intelectual do ocidente intentou criar uma compreensão fundada sobre leis universais. Para criar tais leis universais, as pessoas tentaram eliminar todos os objetos de pensamento para os quais essas leis não se aplicam universalmente. E isso é, por si só, irracional, visto que, em geral, há exceções — inclusive para nossas melhores e mais brilhantes regras. Por exemplo, a regra de que a mesma causa sempre resulta no mesmo efeito não se aplica realmente a eventos tanto na ciência quanto na vida social. Pegue um médico que, de forma bem-sucedida, trata um paciente com câncer receitando aspirina — isso seria um exemplo de "efeito placebo", porque a aspirina não cura câncer, mas só o incentivo psicológico de tomar alguns comprimidos (as pesquisas têm reiteradamente confirmado) pode deixar as pessoas melhores! Coisas como o efeito placebo são "irracionais", sim, mas reais.

No século XVIII, as leis ainda causavam tantos problemas aos filósofos, que Immanuel Kant se prontificou a publicar "uma tentativa de introduzir o conceito de quantidades negativas na ciência". Em seu livro, Kant tentou identificar contradições internas em várias teorias muito abstratas, muito metafísicas, derivadas da pura lógica (isto é, teorias que tratavam de coisas que nunca poderiam ser vistas ou mensuradas). Essencialmente, Kant aponta que, embora em lógica ou A ou não A é verdade, na realidade, algo pode tanto ser A como não A. Por exemplo, um corpo tanto pode estar em movimento como estar estático, porque isso depende de quem está observando. Os trens hoje em dia oferecem um bom exemplo disso. Sente-se em um trem e coloque uma xícara de café sobre a mesa. Para você, a xícara não está em movimento. Mas, para alguém observando o trem passar rapidamente, ela certamente está!

Hegel, o sucessor alemão de Kant, também viu o problema e voltou à posição de Heráclito, que era que a mudança, e em particular a contradição e o conflito, era a verdadeira realidade, e o mundo estático e imutável das leis do pensamento era a falsa.

ÓTIMA IDEIA

Hegel, inclusive, atacou especificamente a lei de identidade, apontando que ela, em si, diz muito pouco. O fato é, ele diz, que "A é igual a A" não passa de tautologia e tem pouco significado (uma *tautologia* é a mesma coisa dita duas vezes). Saber que algo é a mesma coisa que algo não nos diz quase nada a respeito dele. A única maneira pela qual uma coisa assume uma identidade é pela *alteridade* ou pelo *que não é*.

Duvidando de Tudo que Você Não Conhece

Buscar certeza e procurar coisas que podemos saber de forma segura é uma velha preocupação da filosofia. Porém, também o é investigar as alegações dos outros para saber as coisas.

Mesmo durante os estimulantes dias de Platão e Aristóteles, os gregos sempre foram céticos tanto a respeito do conhecimento que tinham (isso era realmente bom?) como sobre a possibilidade de um dia saber as coisas. Duas escolas, os *céticos* e os *cínicos*, preocupavam-se com charadas e paradoxos indecifráveis e começaram a ensinar que era impossível encontrar a verdade.

Mas, sem dúvidas, em filosofia, o grande questionador deles todos foi René Descartes, 2.000 anos depois. Descartes diz que, para separar conhecimento verdadeiro de boato não confiável, ilusão de ótica e truques de outras pessoas (inclusive demônios malévolos), deve-se presumir que tudo que dizem, tudo que você vê ou ouve e tudo que não pode ter certeza, é um truque.

Mas Descartes admite que estava apenas brincando de duvidar de tudo para encontrar certa segurança. Foram os antigos céticos gregos que realmente se especializaram em duvidar, e sua conclusão foi a de que ninguém pode realmente estar certo de qualquer coisa. É por isso que são chamados de *céticos*. Descartes é famoso porque, no momento em que todo o conhecimento humano parece ter sido reduzido a meras convenções e suposições otimistas, ele apresentou, com um fantástico floreio, algo que disse *ser* absolutamente confiável e certo — algo de que você pode estar realmente certo! Isso foi provavelmente o maior rebuliço da filosofia.

Capítulo 3

Tornando-se um Pensador Filosófico

Neste Capítulo

- Experimentando algumas técnicas filosóficas
- Saboreando alguns textos filosóficos clássicos
- Pegando algumas dicas e truques para filosofar

Quanto a mim, só sei que nada sei. Porém, outros sabem menos ainda.

— Sócrates

Então, qual é a receita secreta dos grandes filósofos? É uma grande mistura, que não segue nenhuma rota ou método comum. Platão tinha um enorme desprezo pelos seguidores do "senso comum", embora Aristóteles o considerasse o ponto de partida. No século XVIII, o século de dois dos indubitavelmente "maiores" filósofos, um, David Hume, usou o senso comum para guiar suas celebradas indagações, enquanto o outro, Georg Hegel, elaboradamente o rejeitou.

Neste capítulo, abordo algumas das formas com que os filósofos usam argumentos, colocam questões e exploram enigmas como parte do desenvolvimento de suas ideias. No processo, indico as semelhanças e diferenças entre as abordagens de Platão e Sócrates, aprecio a importância da imaginação mesmo no pensamento mais "abstrato" e ressalto algumas das muitas armadilhas intelectuais ao longo do caminho.

Tendo uma Discussão Filosófica

Desde que as pessoas começaram a estudar alguma coisa, mais ainda a filosofia, existe uma tensão entre duas maneiras diferentes de abordar a busca por conhecimento. Na Grécia Antiga, as duas abordagens divergentes são resumidas por duas de suas grandes figuras fundadoras, Platão e Sócrates. O confuso é que a maioria das pessoas conhece Sócrates pelas narrativas de Platão sobre ele, como "estrela" de seus diálogos. Porém, Sócrates certamente teve suas próprias visões, e há outras fontes históricas que descrevem suas ideias, como os escritos de Xenofonte (435—354 a.C.).

Debatendo com Sócrates

O estilo de Sócrates era o dos antigos sofistas gregos, que eram especialistas na arte da retórica, da oratória e do debate. Diferentemente de Sócrates, os sofistas geralmente esperavam pagamento por compartilharem suas habilidades, sendo seu principal mercado os cidadãos abastados que esperavam aprimorar sua performance — quer fosse como políticos ou advogados — em assembleias públicas, que eram a característica central da vida na Grécia Antiga. Então, o método de Sócrates é um pouco como o de um advogado na corte ou de um político em um debate. Ele toma os pontos dos "oponentes" e os amplia, em geral, tentando mostrar que eles têm consequências ridículas ou entram em conflito com algo que já haviam dito. O próprio Sócrates, frequentemente, utiliza a analogia com os esportes de combate (como o pugilismo) para a prática do debate filosófico — no treinamento, a meta não é realmente ferir a outra pessoa, mas aprimorar suas defesas e elevar suas habilidades. O melhor resultado para Sócrates é quando o pupilo consegue derrotar o mestre!

Outro aspecto importante do *Método Socrático* é que o que é dito não é tão importante quanto a forma como é dito — o debate não cuida de fatos ou casos em particular (embora eles possam ser debatidos), mas, sim, da livre fluência e da essência imprevisível em termos de que tópicos possam ou não surgir. Os sofistas, e Sócrates, não se utilizavam muito de leitura e escrita, mas valorizavam a rapidez e a agilidade na fala. Sócrates, até onde todos sabem, nunca escreveu nada e, na realidade, ao que parece desdenhava a prática, considerando-a um embotamento para a mente, que a deixa preguiçosa.

Imaginando as coisas com Galileu

Outra maneira de utilizar perguntas de forma eficaz para expor um ponto é oferecer exemplos imaginários ou "experiências de pensamento". Um dos exemplos mais importantes da história intelectual foi colocado pelo astrônomo Galileu. Aqui, ele demonstra, apenas pelo poder das palavras e ideias, os princípios fundamentais da relatividade — isto é, que todo movimento é "relativo" a um cenário estável.

O objetivo de Galileu com a experiência do navio, posta em seu *Diálogo Sobre os Máximos Sistemas do Mundo,* era explicar por que, se o mundo realmente é uma esfera girando em seu próprio eixo no espaço, não estamos conscientes disso. Em 1632, a ideia de que vivíamos em uma rocha girando em torno do Sol ainda era muito difícil de engolir, e a experiência, hoje lugar-comum, de um movimento suave e constante em uma direção (por exemplo, em um trem, se não em um carro) ainda era algo raro.

"O navio de Galileu" ilustra que apenas saindo da "estrutura local", isto é, neste caso, do navio, que podemos saber o que está imóvel e o que está em movimento. Para perceber o movimento do navio, por exemplo, teríamos que olhar a costa, ou o sol, distanciando-se através da escotilha. Para ver o movimento da Terra, devemos olhar para o céu noturno e o movimento das estrelas.

A experiência mental foi retomada posteriormente de várias formas parecidas por outros físicos, com o objetivo de fazer outras intuições úteis acerca da natureza do universo. Em 1907, Einstein percebeu que estender os mesmos princípios a uma espaçonave acelerando uniformemente demonstraria, de maneira similar, a impossibilidade de distinguir entre o empuxo de uma aceleração constante e o empuxo gravitacional, e, daí, surgiu a Teoria da Relatividade Geral.

Passo a passo com Platão

No trecho extraído de um dos diálogos de Platão, chamado *Mênon*, como seu personagem principal, o filósofo coloca Sócrates com um estilo bem diferente para ilustrar que certos conhecimentos são "intrínsecos" em nós, embora, talvez, precisemos de ajuda para redescobri-los ou "recuperá-los".

O importante a respeito disso é, contudo, que o aprendizado seja desmembrado em pequenas etapas, das quais cada uma deve ser plenamente compreendida e aceita.

O Navio de Galileu demonstra os Princípios da Relatividade

Como parte de um tipo de "diálogo socrático", Salviati pede a seu amigo para tentar um tipo de "experiência mental".

"Tranque-se com algum amigo na cabine principal abaixo do convés de algum navio grande e coloque lá algumas moscas, borboletas e outros pequenos animais voadores. Coloque também uma tigela grande com alguns peixes dentro; pendure uma garrafa que se esvazie gota a gota sobre um vaso.

Com o navio parado, observe cuidadosamente como os pequenos animais voam com velocidade igual a todos os lados da cabine. O peixe nada indiferentemente para todas as direções; as gotas caem no vaso e, ao jogar algo para seu amigo, não precisa fazê-lo com mais força para uma direção ou outra, sendo as distâncias iguais; pulando de pés juntos, irá deslocar-se por espaços iguais em toda direção.

Quando houver observado todas essas coisas cuidadosamente (embora não haja dúvida de que, quando o navio estiver parado, tudo deve acontecer dessa forma), faça com que o navio prossiga com a velocidade que desejar, desde que o movimento seja uniforme e que não haja balanço devido à flutuação. Você não notará a menor mudança em todos os efeitos citados nem poderia distinguir, através desses efeitos, se o navio está em movimento ou parado. Ao pular, irá deslocar-se pelo chão o mesmo espaço que antes, também não dará saltos maiores em direção à popa ou à proa, muito embora o navio este ja movimentando-se rapidamente, a despeito do fato de que, enquanto estiver no ar, o chão sob você esteja indo em uma direção oposta ao seu pulo. Ao jogar algo para seu companheiro, não precisará de nenhuma força a mais para fazê-lo chegar a ele, quer ele esteja na direção da proa ou da popa, enquanto você está no lado oposto.

As gotas cairão como antes no vaso abaixo, sem mover-se em direção à popa, embora, enquanto elas estiverem no ar, o navio desloca-se por um bom trecho. O peixe na tigela nadará para a frente da tigela sem mais esforço do que para trás e irá com igual facilidade em direção a uma isca colocada em qualquer parte na borda da tigela. Finalmente, as borboletas e moscas continuarão seu voo indiferentemente em qualquer direção, não acontecerá de elas ficarem concentradas na direção da popa, como se cansadas por seguir o curso do navio, do qual elas teriam se separado durante longos intervalos por manterem-se no ar..."

De *Diálogos Sobre os Máximos Sistemas do Mundo* (1632).

Academia de Platão

Sócrates foi, certamente, um grande orador, mas Platão, por outro lado, foi tanto um grande escritor como um "palestrante" afiado, ansioso por expor longamente suas teorias e compartilhar suas descobertas. Ele inventou a "Academia", um tipo de faculdade situada em um parque fora dos muros da cidade de Atenas, de que se diz ser o arquétipo de todas as faculdades modernas de ensino superior (é de onde vem o termo "acadêmico" também). Na academia de Platão, a principal forma de ensino era a palestra, que era ouvida passivamente pelos alunos. Os livros de Platão pretendem ser um tipo de notas de palestra.

No diálogo de Platão, *A República*, o ensino da filosofia é colocado no topo da hierarquia do treinamento educacional, que começa na juventude, com atividades físicas (como esporte e treinamento militar), e só termina na filosofia quando os indivíduos chegam ao quinquagésimo ano! Espera-se que o professor de filosofia tenha um ar de sábio ancião, de "barba cinza", como os chineses o chamam.

Enquanto Sócrates esperava aprimorar a forma como as pessoas ativas na vida pública pensavam as questões, Platão objetivava distanciar as "melhores mentes" de preocupações práticas e direcioná-las, ao invés disso, a verdades filosóficas abstratas. Não é à toa que a influência de Platão criou na educação um preconceito contra habilidades práticas em favor de teoria pura. Sócrates oferece suas técnicas para todos, porém, Platão imagina que a contemplação da "verdade, beleza e virtude" só é possível a uma elite altamente educada.

Unindo as duas abordagens

Hoje em dia, as universidades contêm elementos tanto das filosofias educacionais de Sócrates como de Platão. Há palestras, dadas por "experts", acompanhadas por aprendizagem e memorização repetitivas — mas há também "seminários" e oportunidades para discussão e interação. Esse padrão surgiu na Idade Média, em universidades medievais, e persiste desde então. Entretanto, no decorrer dos séculos, houve um desvio regular da *oralidade* em favor da *literatura*. Em outras palavras, distanciou-se daquelas técnicas de escutar e falar que Sócrates tanto prezava em direção à produção de material escrito. Hoje em dia, espera-se que estudantes de filosofia obtenham suas ideias mais importantes de livros e que as "aprendam", resumindo-as em forma de redações. O debate raramente acontece. A consequência é que filósofos "profissionais" são tanto debatedores quanto escritores de discussões banais de questões filosóficas. Pelo menos é assim que a filosofia é ensinada em universidades. Em escolas, é (felizmente) bem mais ativa.

Dando uma Espiada na Mente do Filósofo

Então, o que se passa na mente de um filósofo? Eles pensam de forma diferente do resto de nós, veem realmente o mundo de modo diferente?

A primeira coisa a considerar sobre os grandes filósofos é que eles não são tão diferentes do resto de nós. São egotistas, dogmáticos, claramente ignorantes. Mas, até certo ponto, são pessoas que tentaram se elevar acima dessa herança humana comum e empregar suas vidas em algumas técnicas poderosas de pensamento.

E se fatos filosóficos não têm tanta demanda em lugar algum, habilidades filosóficas são outra questão. A Tabela 3-1 mostra algumas dessas coisas de que esses filósofos *alegam* serem capazes. Entretanto, devemos ter algumas dúvidas!

Tabela 3-1 Habilidades Filosóficas

Habilidades de raciocínio	*Habilidades sociais*
análise e síntese de conceitos e ideias (desmembrá-los em pequenas partes ou, alternativamente, unir fragmentos de ideias para criar outras).	ouvir e tirar um sentido de diferentes pontos de vista (*bem, é isso que filósofos alegam fazer...*).
identificar ideias-chave e suposições ocultas.	trabalhar cooperativamente em equipe, ainda assim apto a trabalhar independentemente.
detectar falhas no raciocínio ou na "lógica" dos argumentos.	refletir sobre as próprias ideias e suposições.
abstrair informação e identificar a estrutura dos argumentos.	dar um passo atrás em questões e sugestões e colocá-las em um contexto social e ético mais amplo.
inventar e pensar em casos traiçoeiros e "contraexemplos" para testar ideias.	

Os Três "As"

Outra forma de ver o pensamento filosófico é como um conjunto de ferramentas. Devemos resumi-las como os "Três As":

- *Análise* — desmembrar questões complicadas e examinar as partes cuidadosamente para melhor compreender a questão ou problema. Quando funciona, é uma ótima ferramenta capaz de "desatar nós mentais" e separar o que é importante do que não é — de entulhos irrelevantes ou problemas paralelos.
- *Avaliação* — particularmente, uma vez que um problema tenha sido desmembrado em suas partes constituintes, os filósofos também precisam parar para avaliar e estimar as alegações e escolher entre explicações rivais e opostas. O

mundo atual está cheio de tais alegações opostas e fontes conflitantes de informação — precisamos ter cuidado especial ao lidar com elas.

- *Argumento* — provavelmente, o que a maioria de nós associa aos filósofos. Conheço vários exemplos de grupos de filósofos profissionais que não conseguem tomar decisões simples, como aonde ir para beber, porque não conseguem evitar transformar isso em uma discussão. Mas "discutir" é o ponto, é assim que as ideias se desenvolvem. E as discussões filosóficas não deveriam ser meramente uma disputa de grito, e, sim, ocasiões em que as pessoas apresentam razões claras para suas crenças e demonstram como as conclusões seguem *ou não* diretamente de suas suposições.

Impressionando as pessoas com paradoxos

Os gregos antigos adoravam desafios (como o do Mentiroso, que, essencialmente, pergunta: "podemos acreditar numa pessoa que nos diz que ela mente o tempo todo?"), que eles utilizavam como ponto de partida para debates sobre grandes questões e que, invariavelmente, são encontrados no cerne das grandes obras filosóficas. Platão e Descartes lutaram de forma parecida com estranhos casos de coisas que pareciam continuar as mesmas em um sentido, mas que mudavam radicalmente em outro. Como, digamos, a cera que perde sua "forma" tão facilmente quando derrete ou a água que parece bem diferente quando congela ou ferve. Elas alteram suas formas físicas, ainda assim, ficamos contentes em dizer que ainda são as mesmas coisas — cera ou água. Pensar nesses casos estranhos encorajou os dois filósofos a supor que a "mente" era mais fundamental do que a matéria física. Outros filósofos também usaram charadas e desafios para expor seus casos. Os argumentos um tanto secos e técnicos de Kant incluem em seu centro quatro desafios ou "antinomias", e um tipo semelhante de coisa encontra-se no cerne da filosofia cética de David Hume.

Paradoxos verdadeiros — por sua própria natureza — são não solucionáveis, mas os filósofos os valorizam de qualquer modo, parte como "exercício", parte como seu papel de disparar novas ideias.

Como Bertrand Russell certa vez disse: "uma teoria lógica pode ser testada por sua capacidade de lidar com desafios, e é um plano completo, ao pensar a lógica, enchemos a mente com tantos desafios quanto possível".

De forma parecida, em ética (veja o Capítulo 13 para uma visão detalhada), e mais geralmente na definição de termos e conceitos, os paradoxos podem ser empregados para reexaminar termos e definições. Pegue, por exemplo, o caso do capitão de um bote salva-vidas superlotado afundando lentamente — sua tarefa é atirar um ou dois passageiros ao mar? O paradoxo é que, se ele não fizer nada, será responsável pelo afogamento de todos no bote, o que é ruim, porém, se ele agir, ainda pode ser responsável por matar inocentes, o que também parece bem ruim. Nesse caso, algumas pessoas poderiam dizer que "os interesses da maioria" tornam aceitável um mal menor, mas outros poderiam argumentar que certos princípios e valores não podem ser comprometidos.

Isso, explica Schopenhauer, deve-se à nossa "vaidade inata, que é particularmente sensível no que diz respeito a nossos poderes intelectuais". Obviamente, uma saída para esse conflito de interesses é garantir que nossas afirmações sejam bem estabelecidas e sensatas. Mas isso, como observa Schopenhauer, exigiria que as pessoas pensassem antes de falar. E, como para muitas pessoas, "a vaidade inata é acompanhada de loquacidade e desonestidade inata", elas precisam falar muito antes de pensar e, mesmo que logo após comecem a perceber que o que disseram está errado, elas continuarão querendo que pareça o contrário. "Então, pelo bem da vaidade, o que é verdadeiro deve parecer falso e o que é falso deve parecer verdadeiro."

Procurando padrões nos dados

Uma das ideias mais interessantes da filosofia é a de que o mundo chega até nós como um grande fluxo de "impressões sensoriais", por si só, insignificantes, que, então, temos que selecionar por meios intelectuais. Especialistas em *neurociência* (ou a ciência de como o cérebro funciona) concordam atualmente que formas, cores, cheiros, todos estão intrinsecamente conectados ao modo como nosso cérebro funciona, de maneira que, quando algo dá errado (digamos, quando uma árvore cai sobre a cabeça de alguém), as pessoas podem começar a "interpretar os dados" das formas mais bizarras. Em um famoso caso descrito por Oliver Sacks, um homem chegou a ponto de começar a ter dificuldade em distinguir sua esposa de seu *chapéu*. Não, literalmente: ele tentava colocar a mulher na cabeça!

Como se pode confundir uma pessoa com um chapéu? Parecia que ambos eram redondos e cobertos de tecido preto. Tais casos destacam como o cérebro funciona, e é uma questão mais para filósofos do que o senso comum poderia permitir.

Hoje em dia, não só filósofos, como biólogos e físicos, assumem que as estruturas conceituais que chamamos de "conhecimento" são, em si, construídas por aprendizes ativos que modelam seu pensamento em reação tanto ao que eles vivenciam como o que acham que vivenciam. O mundo que cada um de nós percebe — para o bem ou para o mal — é singular para nós. E as implicações são mais gerais do que apenas indivíduos tendo problemas para fazer coisas em particular — como se lembrar de fatos, reconhecer pessoas ou continuar caminhando!

Para nos tornarmos pensadores filosóficos, temos que tentar, em primeiro lugar, perceber que tudo que sabemos, tudo que vemos e tudo que "pensamos que pensamos" é mediado por uma série de processos mentais internos e automáticos, que, por sua vez, são afetados por "o que quer que esteja realmente lá fora". Esse desejo de "nos distanciar" de nossos valores e crenças é o primeiro passo para alcançarmos novas ideias e percepções.

Parte II

A História da Filosofia

"Não vá lá fora — é aquele tal de Darwin de novo!"

Nesta parte...

Ah, *História*: é sempre uma boa maneira de olhar para algo que parece complicado — visto que a maioria das coisas começam simples e, depois, acabam ficando confusas com um monte de detalhes a mais, complicações e acréscimos (chameos como quiser). Mas, por incrível que pareça, a Filosofia não é assim. Ela é complicada desde o princípio! Se você consegue entender sobre o que os gregos antigos discutiam, então, pode compreender o que estudiosos mais recentes da Filosofia estão fazendo agora ou — para ser mais exato — o que estão tentando fazer.

De fato, a história da filosofia é muito mais importante, digamos, do que a história da química ou do cinema, ou do que a história da história. A história da filosofia também é assunto atual da filosofia. Saber o que os filósofos pensavam e diziam é saber quais são as questões atuais e, também, muito do que são os possíveis argumentos e estratégias para lidar com elas.

E, nesta parte, depois de perambular pelas antigas pedras da Grécia Antiga, fazemos uma viagem especial ao Extremo Oriente para ver como muitas ideias filosóficas *realmente* se originaram lá. Depois, traço um tipo de mapa filosófico desses palavrórios que fritam nossos neurônios — os "ismos" da Filosofia —, para evitar, exatamente, que façam isto: fritem nossos neurônios!

Capítulo 4

Conhecendo as Filosofias Antigas

Neste Capítulo

- Conhecendo alguns dos grandes nomes do negócio
- Mergulhando na história antiga e explorando as origens das ideias filosóficas essenciais
- Juntando tudo em uma sequência organizada e coesa

Quanto mais você conseguir olhar para trás, mais adiante conseguirá enxergar.

— Winston Churchill

A filosofia é algo peculiar por não ter, realmente, uma linha do tempo — parte do charme do assunto é esse aspecto atemporal das discussões. Onde mais você estudaria textos antigos, escritos por "hippies" e esquisitões há 3.000 anos, com tanto respeito — na verdade até mais — quanto o que se tem pelos últimos livros dos maiores professores de universidades? Bem, suponho que *há* lugares, para não se esquecer de religiões inteiras.

Entretanto, a filosofia é diferente da religião e aproxima-se mais das ciências sobre as quais ela se constrói. E, mesmo que muitos debates filosóficos não tenham respostas óbvias, apenas pontos de vista possíveis, sempre faz sentido, para os filósofos, lembrar-se do que as pessoas disseram no passado. Neste capítulo, abordo o que os antigos pensavam sobre a vida e o universo, porque é um ponto de partida crucial para filósofos posteriores.

Preparando o Terreno com os Primeiros Filósofos Gregos

Uma das coisas engraçadas a respeito da filosofia é que, quanto mais retrocedemos no tempo, mais interessante fica. É claro que há duas razões muito práticas para começar pelos gregos antigos:

- Eles inventaram a palavra *filosofia*, se não exatamente a atividade.
- Quase que toda a filosofia posterior refere-se a seus debates.

A palavra *filosofia* vem do grego *philia*, amor, e *sophia*, sabedoria.

Mas é importante lembrar que os gregos não foram os únicos a fazer as grandes perguntas que constituem a filosofia. Por incrível que pareça, na época em que os gregos começaram a filosofar na Europa, os indianos e chineses, em particular, já faziam o mesmo.

Todos os filósofos descritos nas próximas seções viveram antes de Sócrates e — adivinhe! — são conhecidos como *filósofos pré-socráticos*. Muitas vezes, eles criavam teorias interessantes e até (no caso de Anaximandro) bem à frente de seu tempo, mas a maior parte de seus escritos se perdeu. Restam apenas "fragmentos". Somente com Platão e Aristóteles (um século ou mais depois) é que surgem obras filosóficas e debates completamente documentados.

Apresentando Tales e seu pupilo, Anaximandro

Um dos primeiros filósofos gregos antigos foi Tales, um político e geômetra do porto de Mileto, atualmente a Turquia. Além das espertezas para ganhar dinheiro, ele estabeleceu suas credenciais como amante da sabedoria por prever corretamente o eclipse de 585 a.C. (não se sabe como!). Dando início a uma tendência de teorias grandiosas, unificadoras na ciência, ele alegou que *tudo* no mundo (com o que ele quis dizer o universo) era feito de... Água. Pode não parecer uma teoria filosófica detalhada, mas mostra, sim, como os filósofos pensavam a respeito do mundo muito antes mesmo de a ciência ter início.

Outro importante filósofo pré-socrático foi Anaximandro, uma espécie de pupilo de Tales. Ele é lembrado por sugerir que as pessoas haviam evoluído do peixe — o que o põe 2.000 anos à frente da mais conhecida teoria sobre evolução de Charles Darwin!

Sendo enigmático com Heráclito

Outro exemplo importante dos primeiros filósofos foi Heráclito. Ele viveu logo depois de Anaximandro (por volta de 540–475 a.C.) e foi um aristocrata que vivia na costa Jônia da Grécia. Sua preferência por compor ditos filosóficos curtos, quase contraditórios, concedeu-lhe, posteriormente, o apelido de "O Obscuro". Entre seus misteriosos ditos está o seguinte, sobre rios, que deflagrou a maioria dos debates desde então: "Não se pode entrar no mesmo rio duas vezes". Às vezes esse dito é colocado mais precisamente como: "As águas que fluem por aqueles que entram no mesmo rio serão diferentes".

De qualquer maneira, o que é tão importante nisso? Bem, alguns dizem que isso significa que nada no mundo físico permanece o mesmo, porque, por exemplo, uma flor logo murcha e morre, enquanto, digamos, um vulcão aparece. Dizem que isso sugere que é preciso ignorar o mundo ao redor (percebido por meio dos sentidos) se quisermos encontrar o verdadeiro conhecimento. Quer Heráclito tenha intencionado dizer isso ou não, sua influência levou Platão a rejeitar as informações obtidas no mundo corriqueiro dos sentidos e, a partir daí, veio a própria Teoria das Formas.

E, como muitas das ideias de outros antigos filósofos — de outras formas bastante obscuros —, Heráclito reaparece 2.000 anos mais tarde, quando o filósofo alemão Hegel encontrou no pequeno dito de Heráclito a semente da nova "filosofia do mundo".

Somando Pitágoras

Provavelmente, o pré-socrático mais famoso de todos é o homem em quem você provavelmente esbarrou — talvez sem querer! — na aula de Álgebra: Pitágoras. Ele foi um filósofo muito influente, bem como matemático.

Nascido na ilha de Samos talvez por volta de 570 a.C. (ninguém sabe ao certo), ele era bem versátil — não só deu importantes contribuições na música e astronomia, metafísica, filosofia natural, política e teologia, como também foi a primeira pessoa a levar os conceitos de reencarnação e de céu e inferno para o mundo ocidental. Pitágoras acreditava que essas doutrinas eram uma revelação pessoal de Deus para ele.

Infelizmente para ele, um governante local chamado Polícrates decidiu que ele era subversivo e forçou Pitágoras e seus seguidores a deixarem a ilha. Então, Pitágoras foi para a Itália, onde estabeleceu uma espécie de comunidade filosófica baseada no vegetarianismo, na pobreza e celibato — portanto, nada de carne, dinheiro e sexo.

O evento crucial da vida de Pitágoras foi a invasão do Egito, em 525 a.C., enquanto estava lá para uma visita, aprendendo com sacerdotes, arquitetos e músicos. Ele foi levado à Babilônia (atualmente Iraque) como prisioneiro de guerra, porém, suas experiências não parecem ter sido de todo ruins; durante o tempo em que aguardava que alguém pagasse seu resgate, ele foi apresentado a uma rica tradição de conhecimentos geométricos e matemáticos.

O mais significativo a respeito de toda essa matemática foi o método da dedução. A tradição moderna da prova matemática, base da ciência ocidental, caminha em linha quase direta (via Platão) a Pitágoras. Se não fosse por eles, a filosofia e a busca por conhecimento teriam permanecido firmemente nas mãos dos místicos. Mas essa nova abordagem mostrou que até o conhecimento muito especializado era acessível a todos — bastava que pudessem aprender a pensar sistematicamente. E é disso, claro, que os filósofos se orgulhavam de fazer.

UMA OLHADA MELHOR

Dos antigos como Pitágoras vieram as crenças filosóficas de que se pode investigar e explicar o mundo usando o raciocínio humano e que as leis da natureza podem ser deduzidas puramente pelo pensamento. Até mesmo o filósofo e cientista Isaac Newton, no século XVII, referenciava Pitágoras. A filosofia está por trás da maior parte da ciência moderna — e os físicos modernos ainda debatem a estranha filosofia grega antiga. A ideia-chave é a de que a filosofia é uma investigação (que, posteriormente, veio a se chamar *a priori*) racional.

Um Pratão de Platão (e Sirvamos Sócrates)

As pessoas geralmente consideram Platão (427–347 a.C.) o maior filósofo de todos. Platão nasceu, estudou, ensinou e morreu em Atenas, apesar das muitas viagens no meio-tempo. Como parte de suas viagens, ele visitou os centros comerciais gregos da África e da Itália, absorvendo as estranhas ideias dos pitagóricos, como a de que os números eram mais reais do que gravetos e pedras, e então, em 387 a.C., retornou a Atenas.

Uma história conta que ele foi capturado por piratas e mantido preso para fins de resgate. Quer seja verdade ou não, a segunda metade de sua vida é muito mais tranquila, com o estabelecimento de sua famosa Academia para o estudo da filosofia nos subúrbios do oeste de Atenas. A Academia era um parque ao ar livre onde Platão expunha suas ideias. Hoje em dia, as pessoas dizem que a Academia foi a primeira universidade.

Embora Platão tenha sido, principalmente, um estudioso, em vez de político, houve uma exceção em sua existência como tal. Durante a década de 360 a.C., ele viajou por duas vezes para Siracusa, capital da Sicília grega, para aconselhar o novo rei, Dionísio II. Supõe-se que isso tenha sido sua tentativa de pôr em prática os ideais esboçados em *A República*. Se isso era verdade, a realidade foi desastrosa. Platão não teve sucesso com o rei, que preferiu suas próprias opiniões, e apenas conseguiu livrar-se da situação para retornar à relativa tranquilidade de sua vida como líder da Academia. Há registros de que tenha morrido durante o sono, aos 80 anos, após desfrutar da festa de casamento de um de seus alunos.

Entendendo a conexão Platão/Sócrates

Sócrates está em todas as pequenas peças de Platão — ele é a estrela. Isso é legal, porque o verdadeiro Platão aprendeu filosofia com o verdadeiro Sócrates. Mas é um tanto forçado achar que Platão registra realmente as visões de Sócrates.

Sócrates não gostava de escrever — ele achava que a escrita era inimiga do pensamento — e, portanto, a única maneira de saber sobre ele é por meio dos relatos de outras pessoas. E, comparando esses relatos, vê-se bastante discordância. Contudo, visto que Platão fez de Sócrates o porta-voz de seus debates, a maioria das pessoas concorda que ele foi o filósofo mais influente de todos, apesar do fato de que ninguém está bem certo do que ele disse (muito menos do que pensou...)!

De qualquer modo, ofuscando todos os outros que escreveram sobre Sócrates, está a imagem platônica que criou o Sócrates que os filósofos conhecem e amam. Platão, ele mesmo um idealista, transformou-o em ídolo, quase um santo filosófico, o profeta do "deus Sol", que foi, posteriormente, condenado como herege pelo desprezível governo ateniense por conta de seus ensinamentos.

Descobrindo "A República" de Platão e outras obras

Embora muitas ideias de filósofos antigos tenham se perdido na história, cinco grandes volumes da obra de Platão ainda existem. Muitos estudiosos posteriores a consideram não só como a maior obra filosófica que existe, mas, também, como uma das maiores obras da literatura.

As obras de Platão consistem de uma série de pequenas peças, estreladas por Sócrates, em que estão registradas conversas entre Sócrates e vários outros personagens, frequentemente com espirituosidade, sempre com sutileza. O próprio Platão nunca aparece em qualquer diálogo desses, mas é impossível dizer de quem são as visões ensaiadas ou onde elas se passam. Essas peças exibem a visão de Platão, de Sócrates, de Pitágoras ou...? Atualmente, o mais famoso de todos os diálogos de Platão é *A República*, que esboça uma teoria de governo, e a maioria dos especialistas acha que essa, pelo menos, é a visão de Platão — porém, quer seja ou não sua visão, ninguém jamais levou a receita política muito a sério.

Os escritos de Platão são tão importantes na filosofia, que as pessoas frequentemente fazem referência não só ao diálogo em particular, mas à seção, à subseção — e ao número da linha! É de fato interessante o quanto a coisa toda é loquaz, dado que o livro tem atualmente 2.300 anos! E o estilo do debate é bem intimista — nem se parece muito com um debate! Com uma ou outra exceção, Platão sempre coloca Sócrates vencendo todas as "discussões" muito facilmente, e seus oponentes parecem passar a maior parte do tempo concordando com ele. Na verdade, os personagens, inclusive Sócrates, são apenas convenientes porta-vozes para certos pontos de vista que Platão quis expor de forma vívida.

Seus diálogos, que, aparentemente, registram conversas históricas entre Sócrates e vários concidadãos, vão desde a distinção entre a mente e a matéria, ecoada depois por Descartes (veja o Capítulo 5), até a estranha teoria de *formas* ou ideias celestiais. Isso fica claro no lugar especial que Platão dá à "forma do bem" e sua muito citada, mas, ainda assim, bastante ambígua, alegoria da caverna (ambas em *A República*), que dizia que prisioneiros acorrentados só podem ser libertados quando a luz lançada pelo conhecimento do bem iluminar suas miseráveis existências terrenas.

Pessoas inteligentes, convencionalmente, dividem os diálogos de Platão em três períodos principais:

- Os filósofos acreditam que o primeiro, chamado de *primeiros diálogos* ou *diálogos socráticos*, foi escrito em sua juventude, quando ele ainda devia refletir a respeito da influência de Sócrates. Eles acham que esses são os mais acurados relatos das próprias visões de Sócrates. O principal diálogo desse período é *Apologia*, escrito aparentemente pouco depois da execução de Sócrates.

- O segundo período, chamado de *diálogos médios*, inclui o que os filósofos hoje acreditam ser as mais importantes obras filosóficas, com Platão no auge de seu brilhantismo. São os diálogos de *A República*, o *Simpósio* e *Fedro*. *A República* lida não só com a estrutura e a organização do Estado ideal, como também com a natureza do conhecimento e das formas; o *Simpósio*, ou *O Banquete*, lida com a natureza da beleza, do amor e o significado da vida; e *Fedro* lida com a questão da imortalidade e da alma.
- O terceiro período, chamado de *diálogos de velhice* ou *diálogos lógicos*, consiste de diálogos em que Platão parece mudar de rumo, com interessantes críticas das visões colocadas nas primeiras obras e um pobre e velho Sócrates deixado de lado. Diz-se que os últimos diálogos são *Crítias*, *Leis*, *Filebo*, *Sofista*, *Político* e *Timeu*.

Não se pode levar nada de Platão ao pé da letra. Embora *A República* inclua uma condenação aparentemente clara da poesia e mesmo do sexo (no Estado ideal, os filhos seriam produzidos de uma forma mais controlada e lógica), em *Simpósio* há uma visão completamente diferente. Neste, após descrever os fervores psicológicos que a presença física de uma amante pode criar, Platão mostra *esse* Sócrates dizendo que apenas o amor impede que "as asas da alma" definhem e ressequem, e vai além, escandalosamente considerando *eros* (o amor sexual) um deus!

A única coisa que parece clara sobre as próprias ideias de Platão é que ele tinha uma hierarquia de conhecimento na qual a ética encontra-se no topo, a pura matemática vem em segundo lugar e o conhecimento prático, obtido grandemente pela vivência, em último.

Argumentando com Aristóteles

Aristóteles (384–322 a.C.) nasceu a tempo de conhecer Platão. Ele tentou organizar cada assunto existente com impressionante zelo. Aristóteles, como outros filósofos gregos, não fez nenhuma distinção entre investigações científicas e filosóficas. Interessava-se, particularmente, pela observação da natureza; muito tempo depois, sua biologia foi bastante admirada por Darwin, entre outros.

Quantidades substanciais da obra de Aristóteles sobreviveram e foram muito influentes historicamente. Na realidade, ele escreveu muito mais do que as obras que existem hoje, incluindo alguns diálogos aparentemente muito animados à maneira de seu ilustre predecessor. Nenhum desses resistiu, no entanto, deixando apenas uma seca coletânea pseudocientífica de anotações e teorias. Apesar disso, ele certamente foi o pensador mais influente da Europa durante a Idade Média — muito mais do que Platão ou qualquer um dos outros gregos. Ele foi tão importante que, só no século XIII, o Papa em Roma baniu seus livros não menos do que cinco vezes! Assim como movimentos políticos hoje em dia, o porquê de as ideias de Aristóteles terem sido ofensivas é menos importante do que o fato de que as pessoas as consideravam *merecedoras* de banimento.

Tudo tem um propósito

A teoria preferida de Aristóteles era a de que tudo na natureza tem uma função ou um propósito e, se você descobrir qual é, então, poderá entender tudo. Por exemplo, ele disse que, se você vir os ramos de uma planta curvando-se em direção à luz, então, a explicação é a de que eles estão "buscando a luz". Isso parece certo. Mas o que dizer das pessoas? A função da humanidade é, ele sugere, raciocinar, porque é nisso que as pessoas são melhores do que qualquer outro membro do reino animal. Como ele diz: "O homem é um animal racional". Mas essa abordagem contrasta com a dos cientistas modernos, que tentam explicar as coisas por referência a mecanismos. Eles dizem que a planta se curva em direção à luz porque as células expostas ao sol encolhem, fazendo com que o talo se curve e assim por diante.

Aristóteles marcou o zênite da filosofia grega antiga; depois dele, tudo foi meio que ladeira abaixo. Ele mesmo nasceu 15 anos depois da execução de Sócrates (em 399 a.C.) e teve sorte de estar na Academia de Atenas com Platão. Embora esperasse se tornar o sucessor de

Platão, mas na realidade que assumiu o posto foi o sobrinho de Platão, Espeusipo.

Nitidamente muito indignado depois disso, Aristóteles deixou a Grécia e foi para o local que é hoje a Turquia, onde, pelos cinco anos seguintes, concentrou-se em desenvolver sua filosofia e biologia. Ele, então, retornou à Macedônia, no norte da Grécia, para ser o tutor de um jovem aristocrata — que veio a ser Alexandre, O Grande. Essa poderia ter sido uma oportunidade para que ele espalhasse suas visões políticas, porém, Alexandre não parece ter se interessado muito por ouvir filosofia.

Fazendo sucesso no mundo islâmico

Embora os historiadores frequentemente tratem Aristóteles como braço direito de Platão, durante sua vida e por muitos anos após, ele foi considerado um tanto medíocre. O renomado cético Tímon de Fliunte escarneceu da "triste tagarelice do vazio Aristóteles", e outro grego antigo, Teócrito de Quios, escreve um verso nada lisonjeiro sobre ele, no qual o chama de cabeça oca. Muito provavelmente, esses críticos não concordavam com as visões políticas de Aristóteles, em vez de verem a fraqueza de suas teorias científicas e lógicas. Ou, talvez, tenham simplesmente notado pequenos erros que ele cometeu, como o de que as mulheres têm menos dentes que os homens, o que, é claro, pode ser conferido por qualquer pessoa simplesmente contando.

Felizmente para Aristóteles, seus escritos chegaram ao mundo islâmico, onde foram amplamente estudados. Lá, foi saudado por estudiosos como "o sábio" ou "o Filósofo" (com "F" maiúsculo). As visões de Aristóteles sobre as origens e o funcionamento do universo encaixaram-se bem nos ensinamentos islâmicos, e o fato de ele colocar a mulher como inferior não feriu sua popularidade por lá. Por outro lado, os filósofos islâmicos selecionavam partes dos textos de Aristóteles, usando-os como autoridade quando eram adequados a seus propósitos ou rejeitando suas teorias como "ciência estrangeira" quando não se adequavam. Uma coisa certa, contudo, é que foi por conta desses estudiosos islâmicos que suas ideias ficaram disponíveis para serem redescobertas na Idade Média por monges estudiosos da Igreja Católica e tornaram-se altamente influentes. E, de fato, suas ideias ainda o são.

Escrevendo seu caminho para o reconhecimento

Os filósofos geralmente dizem que os maiores feitos de Aristóteles foram suas leis do pensamento, que foram parte de sua tentativa de colocar a linguagem cotidiana em uma base lógica. Como muitos filósofos contemporâneos, ele considerava que a lógica fornecia a chave para o progresso filosófico. Para Aristóteles, a *lógica* é um conjunto de regras que descrevem como raciocinar corretamente e evita erros. Trata-se de *como* argumentar, não de *o que* argumentar.

Tudo isso parece razoável — mas não acredite! Seu livro, chamado *Analytica Priora*, é a primeira tentativa de criar um sistema de lógica dedutiva formal e *Analytica Posteriora* tenta utilizá-la para sistematizar o conhecimento científico.

Na realidade, aproximadamente um quarto dos escritos de Aristóteles preocupa-se com a criação de sistemas e categorias, sendo que seus trabalhos de maior sucesso (que as pessoas usam até hoje) diziam respeito à natureza, em particular aos animais. Ele catalogou, o que é menos útil, as diferentes formas que a alma assume em diferentes criaturas. Depois, há muita coisa influente sobre a essência do espaço e do tempo, mas eu vou deixar isso para a Parte V. Basta dizer que foi graças a Aristóteles que por mil anos as pessoas acharam que a Terra ficava parada enquanto o Sol, os planetas e todas as estrelas se moviam.

Hoje em dia isso parece risível. Mas as pessoas ainda levam as visões de Aristóteles, certas e erradas, muito a sério. Elas estão expostas em dois livros chamados *Ética a Nicômaco* e *Ética Eudemônica*. *Ética a Nicômaco* é um dos mais influentes livros da filosofia moral, incluindo relatos do que os gregos consideravam as grandes virtudes. Nele, Aristóteles apresentava um "homem de grande alma", que falava com uma voz profunda e calma, e, sabiamente, lembra aos leitores de que "sem amigos, ninguém escolheria viver, mesmo que possuísse todos os demais bens". A ideia principal aqui é de que ser bom significa comportar-se "virtuosamente" — abordo isso com mais detalhes no Capítulo 13.

Encontrando a verdade

Aristóteles diz que o "fim da humanidade" adequado — isto é, aquilo que todo mundo deveria almejar — é a busca pela felicidade. Isso parece bem satisfatório, mas, na realidade, ele utiliza a palavra *eudaimonia*.

DETONADOR DE JARGÃO

Eudaimonia, em grego, significa um tipo muito particular de felicidade. Ela tem três aspectos: além do mero prazer, há a honra política e as recompensas da contemplação.

Muitas das ideias creditadas a Aristóteles, notoriamente o mérito de preencher sua função, de cultivar virtudes e do justo-meio entre dois extremos desejáveis são, na realidade, muito mais velhas. Platão, de fato, expõe todas essas ideias também. Todavia, existe uma importante diferença entre Aristóteles e Platão. É aquela resumida no grande quadro de grandes filósofos pintado pelo italiano Rafael. Nele, Platão aponta para cima, como se indicasse suas formas celestiais. Mas Aristóteles está apontando para baixo, como que dizendo "Não, devemos olhar ao nosso redor!". E a maior influência de Aristóteles encontra-se em sua ideia de que é observando e analisando a evidência física ao redor que se pode descobrir de verdade como o universo funciona.

Capítulo 5

Da Idade das Trevas à Atualidade

Neste Capítulo

- Analisando Deus sob uma ótica filosófica
- Analisando a filosofia por uma ótica cética também
- Tentando transformar filósofos em máquinas pensantes
- Vendo como filósofos analíticos partiram para a matemática

O conceito "Deus" inventado como o conceito antiético na vida — tudo que é danoso, nocivo, caluniador, toda a inimizade mortal à vida colocada em uma terrível unidade!

— Nietzsche

A antiga filosofia é filosofia pura, onde o pensar vem em primeiro lugar, o olhar em segundo, e parece que tudo se segue. É por isso que os mil anos que incluíram o apogeu dos gregos antigos são, para muitos filósofos, a era dourada. Mas eras douradas, como luas de mel, acabam, e neste capítulo falo sobre o que veio depois.

Ao longo de mil anos após a queda do Império Romano, a vida na Europa foi muito menos ordeira, aquelas estradas romanas foram construídas de modo a deixar as casas à prova de bandidos, e a filosofia refugiou-se em monastérios, o que significa que apenas monges ainda liam livros e trocavam teorias. E, naturalmente, as preocupações dos monges centravam-se em Deus. Pensadores religiosos desviaram a filosofia para certos caminhos, uma situação que começou a frustrar filósofos por volta do século XVII, visto que, para eles, parecia que novas invenções e ideias práticas — por exemplo, como governar países — estavam mais interessantes do que nunca. Entre os séculos XVII e XIX, o foco dos debates filosóficos passou dos céus para a Terra, com pensadores como David Hume desconsiderando completamente as antigas formas de pensar.

Porém, mesmo enquanto a filosofia se desvencilhava das amarras religiosas, tentava encontrar para si outro tipo de certeza — a certeza da matemática e da lógica.

Provando a Existência de Deus na Europa Medieval

Para olhar para a maioria das histórias da filosofia, parece que, após a era de ouro dos gregos, a chama do pensamento filosófico, por assim dizer, foi apagada por mil anos, à medida que hordas bárbaras varriam a Europa. Porém isso, é claro, não está bem correto. A filosofia continuou, porém, "sob nova direção" — as ordens religiosas da Igreja Cristã. E esses novos filósofos, sendo pessoas religiosas, tinham prioridades levemente diferentes. Em particular, queriam provar que Deus de fato existia e mostrar como ir para o céu.

Tentando entender Santo Agostinho

Agostinho de Hipona (354–430 d.C.) foi um filósofo bem singular e muito influente. Ele é lembrado pela narrativa muito franca de seus hábitos pessoais, que incluíam fazer muito sexo e roubar pêras. Quanto sexo é muito sexo, então? Simplesmente fazê-lo. Pelo menos se quiser se tornar santo, o que acabou acontecendo, mas só depois de sua morte, é claro. Ele nasceu no norte da África, que era, então, parte do Império Romano, e seu primeiro trabalho apropriado foi ensinar filosofia em Roma e Milão. Só se tornou cristão (como sua mãe) em 387, ano de sua conversão. Ele, então, retornou ao norte da África para encabeçar o ataque a visões religiosas divergentes, que as pessoas consideravam heresias perigosas. Por seu trabalho valioso nesse sentido, foi consagrado bispo da cidade de Hipona em 395, e foi lá, enquanto a cidade estava sitiada pelos vândalos (a tribo germânica, isto é, não apenas pichadores de muros), que ele morreu.

O zelo de Agostinho no combate à heresia explica-se parcialmente pelo fato de que, na juventude, ele mesmo havia sido tentado por uma seita radical conhecida como maniqueísmo, que oferecia aos seus seguidores explicações convenientes para problemas doutrinários, como o corpo físico de Jesus ser apenas uma ilusão, como se Deus estivesse meramente usando o corpo humano como uma capa. Mas foi sua explicação para o problema do mal, uma preocupação de Agostinho por toda sua vida, que mais o atraiu.

Para crentes em Deus, o maior problema do mundo é que ele parece estar bem deteriorado. Se, como a Bíblia diz, Deus é completamente bom, sabe tudo que há para saber e pode fazer tudo que quer (benevolente, onisciente e onipotente), então, por que coisas ruins acontecem a qualquer um? Por exemplo, por que bebês recém-nascidos, que não podem ter ofendido a Deus, adoecem e até morrem?

Para os cristãos radicais como os maniqueístas, a explicação era que o bem e o mal são duas forças rivais, e as almas humanas são seu campo de batalha. Isso era mais ou menos como a visão de Platão também, embora ele acrescentasse a ideia bastante poética de que as almas são partículas de luz que foram aprisionadas na escuridão do mundo material. Agostinho gostou desse negócio, como explica em sua obra mais influente, as *Confissões*.

ÓTIMA IDEIA

A ideia de Agostinho de que males acontecem a pessoas aparentemente normais, porque contrariaram Deus, foi influente.

O famoso dito filosófico de Descartes — "Penso, logo existo" —, na realidade, vem de... Santo Agostinho. Nenhuma grande coincidência aqui, porque ele foi educado por monges agostinianos.

O principal argumento para a existência de Deus que Agostinho oferece começa pela pergunta de se sabemos que nós existimos, apontando que é preciso existir para argumentar que não se existe.

Em seguida, ele vai além e diz que, se você concorda com isso, então, deve estar pronto para argumentar, isto é, discernir um bom argumento de um ruim. Bons e maus argumentos são diferentes. Mas quem os faz dessa maneira? Não somos nós. Assim como 12 mais 12 são 24, quer saibamos somar ou não, o que é verdade não é decidido pelas pessoas, mas determinado por Deus. Ou, pelo menos, é o que ele diz. Deus, dessa forma, torna-se uma espécie de árbitro cósmico, fazendo todos os julgamentos.

Agostinho também é muito bem-conceituado por outro livro, chamado *A Cidade de Deus*. Este foi particularmente elogiado pelos filósofos por supor que a história tem um padrão. Ele também foi intrigante no tocante à sua discussão de tempo, em que conclui que apenas o momento presente existe, frase que se tornou famosa. O preocupante a esse respeito é que o momento presente está sempre se extinguindo e virando passado.

Entendendo Deus: O argumento ontológico

Foi Santo Anselmo (1033–1109), um padre italiano, que acabou se tornando Arcebispo de Canterbury no século XI, que idealizou o argumento ontológico. O argumento, que ele apresentou devotamente na forma de prece a Deus, começa O descrevendo como "sendo a maior coisa que a mente humana pode conceber".

A lógica do argumento é a de que por ser aceito por todos — por definição —, Deus é o ser que há de maior e assim, Deus existe pelo menos nas pessoas que têm este conceito (ou seja, ele existe "no entendimento"), só é preciso um passo além para perceber que Deus existe em realidade, também. Então, que passo é esse? Bem, a terceira parte, sagaz, do argumento esclarece. Ela declara que "algo que existe em realidade, assim como em teoria, é maior do que algo que existe apenas no entendimento". Em uma frase: visto que Deus é o maior, e porque não existir não é tão grande quanto existir, ele deve existir em realidade, assim como em entendimento.

É isso. Os monges consideraram essa demonstração da existência de Deus um triunfo. Porém, o ponto fraco desse argumento é que Deus ainda existe apenas por definição.

Examinando a evidência com Tomás de Aquino

Um problema com o velho argumento ontológico é que pode ser mais perfeito existir como ideia abstrata do que existir em uma realidade imunda. De fato, parece bem provável que seria mais perfeito existir daquela forma.

Por conta dessa fraqueza, e outras dúvidas que pairavam, Tomás de Aquino (1225–1274) concluiu que as pessoas precisavam de razões totalmente novas para acreditar em Deus. Ele resumiu vários outros argumentos filosóficos com essa finalidade:

- **Argumento cosmológico:** Realmente, um "tipo" de forma de encarar o problema e não qualquer caso particular. Como era de se esperar, Platão já havia dado sua própria versão em uma de suas peças. Mas o argumento cosmológico foi esclarecido por Aquino. Pode-se resumir sua versão dizendo que deve ter havido um tempo antes de o universo existir e, visto que coisas físicas existem agora, deve ter havido algo não físico que as criou. Esse algo tinha que ser não físico, pois está se falando de um tempo em que coisas físicas não existiam. Algumas pessoas chamam-no de *regresso infinito*.

  Um *regresso infinito* é um argumento que dá voltas e mais voltas, embasando-se em si próprio. E, ah, sim, é péssimo que argumentos façam isso.

- **Causa primeira:** Esta ideia se baseia na suposição de que é possível ver que o movimento existe no universo e que todos sabem que nada se põe em movimento a menos que alguém o faça. Este argumento também parece um regresso infinito. Ele não é, particularmente, convincente como argumento, porque atualmente todos aceitam que as coisas, na realidade, continuam em movimento a menos que sejam impedidas (por exemplo, pelo atrito). A questão do porquê de as coisas no universo se moverem desaparece sem a necessidade de provar a existência de Deus. Este argumento foi desenvolvido por Aquino a partir da questionável ciência de Aristóteles, que não era um crente religioso, mas um biólogo com inclinações filosóficas. Ele pensava que, visto que as pedras ficavam paradas no chão a menos que fossem chutadas, logo, tudo no universo também ficaria parado a menos que algo o impulsionasse.

- **Argumento de grau:** Outro argumento de Aquino para Deus, que o filósofo contemporâneo Richard Dawkins chama de *argumento de grau*, é o de que as pessoas podem tanto ser boas quanto más, portanto, não se pode encontrar a forma mais pura de bondade nelas. Logo, outra coisa que é bondade pura deve existir, e as pessoas chamam esse bem máximo de *Deus*.

  Todavia, novamente, este argumento apenas parece lidar com ideias e ideais: o ideal de bondade, sim, mas também a ideia de ser uma mesa, ou uma cadeira, ou talvez ainda a ideia de ser um número como 2. Deus acaba por existir no mundo alternativo intangível da Teoria das Formas de Platão (veja o Capítulo 2) — não no universo!

- **Argumento de desígnio:** Este argumento diz que o mundo é tão complicado que alguém deve tê-lo criado — não poderia ter vindo a existir por acaso, poderia? É onde Charles Darwin entra, com sua explicação subversiva de como formas de vida complexas *podem se* desenvolver simplesmente por tentativa e erro.

Tentando Viver sem Deus

Em algum ponto, as pessoas concluíram que poderia ser melhor deixar Deus fora de suas filosofias, visto que era tão difícil provar sua existência. Esse afastamento é muito aclamado hoje em dia como Iluminismo — mas pouco desse movimento foi de fato iluminado. Isso foi, na verdade, uma resposta prática às novas invenções muito impressionantes da Era da Ciência; coisas como os primeiros relógios mecânicos nas torres de igrejas, telescópios capazes de mostrar os montes lunares e, claro, armas. Tudo isso tornou o pensamento científico e matemático muito mais prestigioso do que fuçar velhos textos religiosos empoeirados em busca de indícios da realidade fundamental.

Muitos filósofos, começando por Descartes, tentaram produzir argumentos para crer no universo, que exigiam, logicamente, que Deus também existisse.

Lidando com a dúvida de Descartes

Chega René Descartes (1596–1650), com quem, dizem os livros e cursos de filosofia, a verdadeira filosofia veio a existir. "Aqui nós finalmente chegamos em casa", escreveu Hegel, o famoso filósofo alemão, alguns séculos depois (o estilo lembra que ele não era apenas filósofo, mas, também, professor) em seu peso-pesado *História da Filosofia*, "como um marinheiro após uma longa jornada no mar tempestuoso, podemos gritar 'Terra à vista!', pois com Descartes a cultura e o pensamento dos tempos modernos realmente começam".

Então, o que há de tão bom em Descartes — que tão frequentemente se encontra no cerne dos cursos de filosofia? Os filósofos enaltecem Descartes por duas coisas:

- O método da dúvida
- O dualismo

Método da dúvida

Descartes diz que, para separar nosso conhecimento real de boatos não confiáveis, ilusões de ótica e armadilhas de outras pessoas (inclusive de demônios malévolos), deve-se suspeitar de tudo que você acha que sabe, não confiar em qualquer coisa que vir ou ouvir e até mesmo presumir que tudo pode ser um sonho ou um truque malévolo.

Descartes estava longe de ser o primeiro a se perguntar sobre isso. Os céticos gregos antigos já o tinham feito, e sua conclusão foi de que não se pode ter certeza de absolutamente nada. Mas Descartes é famoso porque, no momento em que todo o conhecimento humano parecia reduzir-se a palpites otimistas ou convenção, ele aparece dramaticamente com algo que é absolutamente confiável e certo — algo de que se pode realmente ter certeza. Esta, provavelmente, é a citação mais famosa da filosofia: "Penso, logo existo". Ninguém, diz ele, pode duvidar da verdade disso.

Dualismo

A segunda coisa pela qual Descartes é lembrado é o dualismo. Descartes separa pensamentos de experiências.

O *dualismo* é o jargão filosófico para o ato de ver o mundo como sendo composto de duas coisas: mente e matéria. Descartes pensava que todo mundo possuía uma mente e um corpo. Contudo, ele achava que animais possuíam apenas corpo. Descartes chegou, inclusive, a encontrar uma pequena glândula (a glândula *pineal*, não que isso importe) nos seres humanos, que parecia não fazer nada, então ele sugeriu que era nela que morava a alma humana, orientando o corpo.

Isso é filosofia besta e também não é boa ciência. A glândula pineal é apenas uma glândula. Porém, mesmo que fosse verdade, ainda havia um problema muito prático com a teoria. Se mentes e almas não possuem partes físicas, como podem ter qualquer efeito físico?

Procurando Espinoza

Espinoza (1632–1677) foi um fabricante de lentes alemão, que recusou uma cadeira em filosofia na refinada faculdade de Heidelberg para continuar martelando e polindo suas lentes.

O cerne das ideias de Espinoza vem de tradições filosóficas orientais, especialmente do taoismo (veja o Capítulo 6). Hoje em dia, os filósofos admiram muito os escritos de Espinoza, supostamente uma série de provas no estilo matemático ou euclidiano, mas ele não teve tanta influência quanto qualquer um dos filósofos antigos.

Espinoza discordou de outras ideias cartesianas (relativas a Descartes). Ele não acreditava em mentes nem em almas, nem mesmo na matéria bruta. Concluiu que a impressão que se tem de escolher fazer coisas é uma ilusão. Em outras palavras: Espinoza não acreditava em livre-arbítrio. Em seu *Tratado Teológico-Político* (1670), ele subversivamente examina a Bíblia, tratando-a como textos que estudiosos deveriam analisar em vez de tratar como revelação divina. Ele acreditava que os estudiosos deveriam examinar e analisar a Bíblia sem necessariamente presumir que é a verdade.

Em 1656, quando Espinoza tinha apenas 24 anos, os mais velhos de sua sinagoga cansaram. Eles o excomungaram da comunidade judia. A sentença oficial fala de "opiniões e atos maléficos", "heresias abomináveis" e "ações monstruosas". Parece bem animado! Porém, lamentavelmente, a sentença não registra ações específicas, então, os filósofos tiveram que se contentar em especular sobre isso desde então.

Uma olhada em Locke

John Locke (1632–1704) nasceu em um tranquilo vilarejo em Somerset, no período bem menos tranquilo da Guerra Civil entre o Parlamento e os monarquistas.

Como jovem caçador, seus interesses eram amplos, com seu *Ensaio Acerca do Entendimento Humano*, de 1689, refletindo um interesse em novas máquinas e outras invenções científicas da época, detalhando como a mente pode absorver "ideias simples ou complexas" através dos sentidos para montar um conhecimento. Ele acreditava que o mundo complexo é construído de impressões sensoriais simples. Bebês que brincam com formas e cores tornam-se conscientes do espaço e do tempo, do problema do mal, indução e causação.

Isso foi radical, visto que Platão havia dito que as pessoas nascem com muitos conhecimentos inatos, prontas para fazer coisas complexas, como matemática, e também falar, como argumentou o americano meio que filósofo Noam Chomsky.

Contudo, é a teoria política de John Locke, publicada em *Dois Tratados Sobre o Governo* (1690), que foi, através do tempo, mais influente. Como a de Platão, sua teoria começa com uma busca por autoridade moral. E, assim como Platão, Locke diz que a consciência humana deve contar com Deus somente no julgamento de todos os assuntos, colocando julgamentos individuais firmemente acima tanto da Igreja quanto do Estado e limitando a função deste último a proteger a propriedade. "Sendo todos iguais e independentes, ninguém deve ferir outro em sua vida, saúde, liberdade ou posses", proclama Locke. Isso lembra alguma coisa? Deveria: é a base do sistema político dos Estados Unidos.

John Locke adequou-se tão bem aos tempos, que políticos e pensadores contemporâneos adotaram ativamente sua filosofia. O filósofo francês do século XVIII Voltaire usou as ideias de Locke em seus escritos para inspirar os princípios da Revolução Francesa. A partir de então, os americanos foram encorajados pelo pensamento de Locke a declarar que tinham "direitos fundamentais" também.

Em seus escritos, Locke cria a imagem de um mundo no qual a racionalidade é a autoridade máxima, *não Deus*, e certamente não, como insistia o filósofo inglês Thomas Hobbes, a força bruta. Ele defende que todas as pessoas possuem certos direitos fundamentais e também procura devolver o outro lado da raça humana, a parte feminina, ao seu lugar próprio e igual na história, a família e no governo.

Só é uma pena que, na época, seu trabalho no governo era organizar o comércio de escravos. Nada de direitos para escravos!

Latindo para Berkeley

George Berkeley foi um bispo irlandês que viveu no século XVIII.

Ele tinha uma visão muito estranha do mundo — a de que objetos materiais, como pedras ou mesmo cães de estimação, existem somente como complexos de ideias que se tem pela percepção. À objeção de que se fosse o caso, uma árvore, por exemplo, em uma floresta deixaria de existir quando ninguém estivesse por perto, ele respondeu que Deus sempre percebe tudo. Em sua opinião, esse era um argumento de peso.

A conclusão do bispo Berkeley é a de que ele possui bases excelentes e plenamente lógicas para manter a visão de que apenas mentes e eventos mentais existem. Isso ainda não era suficiente para muitos de seus paroquianos, que tinham roupa para lavar e comida para fazer — mas foi bom o suficiente para ser adotado por Hegel e outros filósofos posteriores.

Sendo despertado por Hume

O escocês David Hume (1711–76) e o bispo Berkeley não teriam se dado bem, muito embora Hume tenha nascido em uma devota família presbiteriana. Porém, a partir dos 17 anos, começou a trabalhar em um grande projeto filosófico que, no momento devido, viria a desafiar todas as velhas ideias tanto na ciência como na religião e "despertar o mundo filosófico de seu cochilo dogmático", como o célebre contemporâneo Kant pertinentemente colocou.

Em sua introdução do *Tratado*, David Hume aconselha o leitor a desconfiar de filósofos que "insinuam elogios aos seus próprios sistemas, desprezando todos aqueles que haviam sido desenvolvidos antes deles". Ele prossegue denunciando as fracas bases dos sistemas filosóficos de todos os outros, repletos de "incoerências", que são "uma desgraça para a própria filosofia" e propõe um sistema completo das ciências, dele mesmo.

Visto que Hume é um pensador profundamente moderno, ele baseia seus argumentos somente em raciocínio abstrato ou experimental: não há espaço nem função para a religião em sua filosofia. O conhecimento, a ética e Deus são obrigados a voltar à Terra pelo escrutínio de Hume.

Hume enxerga as pessoas essencialmente como animais, com a facilidade adicional de uma linguagem sofisticada. A razão é meramente um produto do uso da linguagem, e os animais podem também raciocinar, embora de maneiras mais simples. Ele oferece relatos tanto de emoções quanto de ideias, como se as pessoas fossem essencialmente máquinas, motivadas pelo prazer e pela dor, ou, como o filósofo subversivo inglês Thomas Hobbes colocou anteriormente, por "apetites e aversões". A observação de Hume de que "o *ser* não implica no *dever ser*" também enfatiza que, mais cedo ou mais tarde, as pessoas sucumbem aos seus sentimentos para fazer quaisquer escolhas.

No último período de sua vida, Hume aceitou o rótulo de *cético*, e certamente é assim que seus contemporâneos o viam. A primeira vítima de sua abordagem foi a consciência, ou o eu, aquela sensação de que você existe. Hume diz que não se pode ter certeza de existir. Isso acontece porque a consciência é sempre de algo, de algum tipo de impressão — estar quente, frio ou seja lá o que for —, então, você (e eu) é, na realidade, apenas um pacote dessas sensações ou percepções. Ninguém pode, certamente, perceber o eu, como tal, em outra pessoa. Dessa forma, Hume deu um passo além do bispo Berkeley, que havia demonstrado que não existia matéria, provando que não existia mente também.

Dada toda essa incerteza, parece que você deve concluir que todo conhecimento é falho e que não temos razão para acreditar em nada que esteja além de nossas impressões sensoriais, e as simples ideias em nossa memória são derivadas dessas impressões. Hume vê isso, mas, como era um filósofo cavalheiro, sugere que "descuido e desatenção" oferecem um remédio — deve-se negligenciar as falhas em seus argumentos e continuar a usar a razão sempre que achar adequado.

Hume poderia ter considerado a filosofia uma carreira agradável se não fosse pela controvérsia levantada por sua crítica à religião. Em vez disso, seu grande amigo Adam Smith respondeu ao pedido de uma recomendação para Hume se candidatar a um posto de professor de Ética e Filosofia Pneumática em Edimburgo alertando contra a indicação de seu amigo!

Hume nos leva a uma espécie de parada teórica — leva a filosofia para o brejo. Isso não afastou os filósofos, todavia. Na verdade, só fez com que redobrassem seus esforços; particularmente, para pensar e agir como máquinas.

Pensando Como Máquinas

Durante o século XVIII, vários pensadores abordaram o problema de desenvolver uma forma mecanizada de pensar, formalizando o raciocínio humano em uma série de cálculos lógicos. Entre esses filósofos, cujos interesses incluíam matemática e as primeiras calculadoras, estavam Leibniz, Pascal, Hegel e Kant.

Aprendendo a amar Leibniz

Gottfried Leibniz (1646–1716) nasceu em Berlim e logo se tornou um dos maiores intelectuais do século XVII e um lógico famoso. Com apenas 15 anos, criou o primeiro de vários esquemas grandiosos, "Da Arte Combinatória" — um sistema pelo qual todo raciocínio é reduzido a uma complicada grade de números, sons e cores. Esse foi o início de sua busca pela "linguagem universal", com a qual, posteriormente, tentou construir o que teria sido o primeiro computador.

Visto que a estrutura fundamental da realidade parecia ser matemática, como lógico, Leibniz achava possível e desejável construir uma linguagem artificial para investigar problemas filosóficos traiçoeiros. O primeiro passo foi tornar o mundo em si mais racional, sugerindo uma maneira de rearranjar o universo (ou a visão que as pessoas têm sobre ele) em simples fatos fundamentais e eternos, ou *átomos lógicos*, usando termo mais tarde cunhado por Bertrand Russel. Esses átomos lógicos se tornaram, para Leibniz, os blocos construtores definitivos da realidade e ele deu-lhes um nome especial: as *mônadas*. O conhecimento do universo era para ele essencialmente uma questão de analisar esses blocos construtores da realidade.

Por conta desse tipo de crença no poder da mente humana para resolver grandes questões simplesmente pela força da razão, Leibniz é lembrado hoje em dia como um filósofo *racionalista* essencial — ao lado de Descartes e Espinoza.

O único livro que Leibniz publicou em sua vida inteira não tinha nada a ver com matemática, foi *Teodiceia* (em 1710), que se ocupava do problema do mal. Esse é o trabalho que promove sua visão, parodiada por Voltaire em seu romance *Cândido*, de que tudo que acontece neste mundo é para o melhor — porque as pessoas viviam no "melhor dos mundos possíveis".

Talvez, de todas as suas invenções, o computador tenha sido seu feito mais característico. Em 1673, Leibniz demonstrou sua "máquina de cálculo" à Real Sociedade de Londres, que prontamente o elegeu como membro, enfurecendo, assim, Newton. Escrevendo em 1685, Leibniz dá o seguinte relato de seu momento de inspiração para essa invenção:

> *Quando, muitos anos atrás, vi pela primeira vez um instrumento que, quando carregado, automaticamente registrava o número de passos dados por um pedestre, ocorreu-me de uma só vez que toda a aritmética poderia ser sujeitada a um tipo similar de maquinário, de forma que não só a contagem, como também adição e subtração, multiplicação e divisão pudessem ser realizadas por uma máquina adequadamente arranjada, de maneira fácil, rápida e com resultados seguros.*

Entretanto, assim como em sua disputa com Dr. Newton acerca de qual deles havia inventado o cálculo, Leibniz não foi o primeiro a pensar no computador. O filósofo matemático francês Pascal havia feito uma máquina calculadora uma geração antes para ajudar seu pai — um auditor fiscal — com suas tediosas somas. Embora a máquina de Pascal conseguisse somar números de cinco dígitos, não conseguia fazer nenhum outro cálculo, era muito cara para fabricar e dava defeito com facilidade. Provavelmente, apenas algumas poucas dezenas de máquinas foram produzidas.

O pai de Leibniz não era auditor fiscal como o de Pascal, mas um filósofo moral, e, adequadamente, a máquina de Leibniz foi desenhada para automatizar a (igualmente terrível) tarefa de resolver problemas morais. Ela utilizava:

> *...um método geral com o qual todas as verdades da razão seriam reduzidas a um tipo de cálculo. Ao mesmo tempo, seria uma espécie de escrita da linguagem universal, porém infinitamente diferente de todas aquelas imaginadas anteriormente, porque seus símbolos e palavras direcionariam a razão, e os erros — exceto aqueles do fato — seriam meros erros de cálculo.*

Leibniz viveu em uma era antes da eletricidade, que dirá da eletrônica. Inevitavelmente, sua máquina mostrou-se um sonho vão. Contudo, ele haveria tido mais sucesso se tivesse continuado a estudar o sistema binário e, na realidade, foi um dos primeiros matemáticos a fazê-lo. Ele era fascinado pela forma como seria possível expressar toda a aritmética com apenas dois números (ou símbolos), 1 e 0, e concluiu, da mesma forma, que todo o universo foi criado do ser puro e do nada. "Deus é o ser puro: a matéria é um composto de ser e de nada", ele escreveu de forma impressionante.

Marchando ao lado de Hegel no ritmo da razão dialética

Se as filosofias políticas do comunismo e do fascismo parecem bem diferentes, na realidade, ambas devem suas origens a Georg Hegel (Georg Wilhelm Friedrich, seu nome completo, 1770 – 1831), ex-mestre e professor de filosofia. As ideias de Hegel não só fizeram Marx se enfiar na Biblioteca Britânica todo dia em busca das pegadas do materialismo dialético, como também inspirou Nietzsche, Gentile e muitos outros com sua fala acerca da nova era a ser conduzida em meio a guerra e destruição. Segundo Hegel, e, assim, também os marxistas e fascistas, a nova era não podia ser evitada — era nada menos do que um objetivo da história.

UMA OLHADA MELHOR

Hegel enxerga os seres humanos como engrenagens em uma máquina cósmica impessoal e irresistível, girando nas sociedades para, em dado momento, produzir... Adivinhe o quê! Pura racionalidade. Os seres humanos são incapazes de serem plenamente racionais, sendo meras criaturas de carne e sangue, mas os governos ou Estados podem sê-lo. Em *Filosofia do Direito*, Hegel explica de modo excelente e magistral que os indivíduos devem entender que o Estado não existe para eles, mas, ao contrário, que o indivíduo existe para o Estado.

Hegel alerta contra a permissão de quaisquer restrições na ascensão desse espírito germânico, como aquelas de organizações internacionais com a tarefa de prevenir conflitos, explicando (novamente em *Filosofia do Direito*) que a guerra era crucial:

Assim como o soprar dos ventos preserva o mar da sujeira que seria o resultado de uma calma prolongada, assim também a corrupção nas nações seria o produto de uma paz prolongada, mais ainda de uma paz "perpétua".

Tirando Kant de seus cochilos dogmáticos

Immanuel Kant (1724–1804), ou o Chinês de Königsberg — como, de forma bastante obscura, Nietzsche o apelidou —, passou sua carreira criando regras como professor universitário (o que o tornou um dos primeiros grandes filósofos a serem pagos para filosofar). Aristóteles já havia escrito as leis do pensamento, mas Kant, agora, acrescentava algumas próprias (veja o Capítulo 13). São essas regras, rígidas e inflexíveis, mas (supostamente) também a manifestação da própria razão, que tornam o pensamento de Kant tão distinto. Dessas, a mais conhecida talvez seja a que ele chama de imperativo categórico. Ela diz:

Aja somente segundo uma máxima que você possa, por sua vontade, tornar uma lei geral.

Isso é um pouco como a antiga máxima cristã "faça com os outros apenas aquilo que gostaria que fizessem com você", que permeia o Novo Testamento como o mofo permeia o queijo azul. E quando a versão de Kant aparece em *Metafísica dos Costumes* (1785), ele a oferece para decidir todas as questões morais. Curiosamente, porém, todas as regras parecem desabar ante o mais fácil dos testes. Por exemplo, elas permitem coisas que certamente deveriam ser banidas, mas proíbem coisas que parecem não ter muita importância. Uma regra, por exemplo, que diz que qualquer pessoa que derramar chá em um livro *Para Leigos* deve ser espancada com uma vara e ter sua língua cortada é *aprovada* porque é *universalizável* (ou seja, é logicamente possível aplicar essa regra em todos os casos), mas fazer empréstimo é proibido porque, se todo mundo o fizesse, causaria uma correria ao banco. Kant teria que condenar as iniciativas que oferecem microempréstimos a agricultores do Terceiro Mundo para que comprem sementes e pás, por exemplo, como algo maléfico.

Kant argumentava que se deve seguir princípios morais incondicionalmente e sem preocupação com as consequências. É isso que torna seu imperativo tão categórico. Então, por exemplo, certamente é sempre necessário dizer a verdade, mesmo que seja para um louco à caça de sua avó para matá-la. Quando ele perguntar a você "Para que lado sua avó correu?", não deixe de responder honestamente para qual lado foi! (Kant, então, diz que, se o louco matá-la, isso é responsabilidade *dele*, enquanto que mentir seria responsabilidade *sua*.) Por outro lado, alguém que nunca faz nada para ferir o outro não é uma boa pessoa se sua ação se basear somente em medo de ir para a prisão. De certa forma, isso tanto é ética antiga como um esforço moderno para construir um código moral ou mesmo uma máquina para lidar com essas questões traiçoeiras concernentes ao certo e errado.

Apesar de seus interesses científicos, Kant critica o conhecimento obtido por meio dos sentidos e sugere que é melhor quando ele se deriva de "dedução transcendental". Infelizmente, ninguém nunca conseguiu descobrir o que é isso. Mas, certamente, a mente é melhor do que a matéria, que, em qualquer caso, só assume a forma que assume graças ao seu olhar sobre ela. Embora essa seja uma antiga história filosófica, Kant teve a audácia de descrever sua ideia no prefácio à segunda edição de *Crítica da Razão Pura* como "revolução copernicana" na filosofia. E, caso não estivesse claro, ele acrescentou, "Atrevo-me a dizer que não há um único problema metafísico que não tenha sido solucionado ou para o qual, pelo menos, a chave para a solução não tenha sido fornecida".

Certamente, Kant fez uma corajosa e importante tentativa de mostrar as respectivas contribuições de duas faculdades humanas — percepção sensorial e razão — à criação do conhecimento humano. Ele pensava, como Locke, que todo conhecimento do mundo é derivado das impressões sensoriais (que, entretanto, ele chama confusamente de "intuições") e não podem ir além delas; mas insistia que tais impressões, se fossem gerar conhecimento sobre objetos estáveis, deveriam ser organizadas em conformidade com conceitos oferecidos pelo entendimento. A Dedução Transcendental era aquela parte de um projeto para identificar quais conceitos em particular eram *necessários* à organização de nossas impressões em conhecimento de objetos.

Uma grande parte de *Crítica da Razão Pura* é dedicada a expor os erros que se seguem quando se deixa de compreender a verdadeira natureza do espaço e do tempo. Isso é um pouco como Zenão e seus paradoxos, e, na realidade, a parte mais eficiente das 700 estranhas páginas da *Crítica* é a curta seção "Antinomia", que busca demonstrar quatro exemplos de raciocínio paradoxal:

- O mundo precisava ter tido um início em ambos, no espaço e no tempo, e isto pode não ter sido feito.
- Tudo deve ser composto de partes menores, e tudo deve ser parte da mesma coisa.
- Causa e efeito são completamente mecânicos — e não o são.
- Deus existe necessariamente — e Deus não necessariamente existe.

Kant vai além em *A Religião nos Limites da Simples Razão* (1793) para demolir todas as teorias populares da existência de Deus, e foi proibido, pelos problemas causados, de fazê-lo novamente por Frederico Guilherme III, o então governante da Prússia. Dessa vez, Kant quebrou as regras, evidentemente!

Botando a Filosofia de Lado com a Matemática

O sonho dos filósofos de criar uma linguagem lógica para tornar a resolução de problemas filosóficos uma questão de cálculo, e não um debate interminável, deu outro passo gigantesco à frente em 1890, quando o filósofo britânico Bertrand Russell conheceu o famoso lógico italiano Giuseppe Peano em uma conferência de filosofia em Paris.

Peano inspirou o jovem Russell a assumir a tarefa de colocar a matemática em um fundamento lógico. Como Gottlob Frege, seu contemporâneo alemão, o objetivo de Russell era demonstrar que era possível reduzir a matemática à lógica e que isso dependia de nada além da pura razão. A princípio, tudo correu muito bem. De 1907 a 1910, Russell trabalhou em seu estudo em Cambridge de 10 a 12 horas por dia. Isso viria a se tornar o magistral (mas de leitura complicada e muito técnica) *Principia Mathematica*.

A matemática de contar cachorros

O *Principia* é muito longo e muito chato e não muito lido hoje em dia. Mas é possível resumir seu propósito em apenas uma frase: a lógica é mais importante do que a matemática, o que, de fato, não é nada além de alguns princípios lógicos.

Por exemplo, Russell revela que números, tão caros à matemática, são meramente adjetivos. "Três cachorros", por exemplo, é apenas outra forma de falar de alguns cachorros que possuem a qualidade de "ser três". Está vendo aquele grupo de cachorros ali? Eles pertencem à classe "ser três", junto com o número de folhas que um trevo tem, o número de chances que você tem para acertar a coisa branca no beisebol, as primeiras três mulheres de Russell — de fato, um ou outro grupo de coisas possui essa qualidade efêmera. Mas e aquela matilha de seis cachorros? Os cachorros também pertencem ao grupo de três coisas? Visto que a matilha contém *dois* grupos de *três* cachorros.

Mas isso já está ficando complicado. Parece que está na hora de deixar essa questão para os especialistas. Então, como a abordagem de Russell é um aprimoramento? Para muitos filósofos modernos, é. Eles acham que a linguagem comum é muito melhor expressa formalmente utilizando a lógica.

Russell se preocupa com o que pode ser feito com palavras que precedem substantivos, como *alguns*, *nenhum*, *um*, *todo* — ou *quantificadores*, como ele os chama. Essa preocupação se deve ao fato de que, assim como *unicórnio* ou *rei da França*, elas não significam nada. *Sócrates* significa Sócrates, e a palavra *filósofo* significa certos atributos educacionais em uma pessoa, mas na frase "Sócrates é um filósofo", o que significa o *um*? Uma quantidade, sim, mas isso complica as coisas. Porque dizer que um unicórnio tem um chifre não significa realmente que existe um unicórnio que tem um, e somente um, chifre. É preciso esclarecer até frases simples como "a neve é água congelada", pois, que tipo de verbo o "*é*" é? (Aqui se usou o mesmo verbo duas vezes seguidas.) Esse "*é*" é um *é* como quando se afirma algo? Ou esse "*é*" é o é (já foram três seguidos aqui!) que significa *igual*? Ou é um *é* descrevendo uma propriedade da neve? Qual "*é*" é?

Outro problema chato era o das negativas. Dizer "Sócrates é um homem" é complicado, mas dizer "Sócrates não é uma mulher" é muito, muito pior. Russell queria proibir essas assertivas negativas também. Ele queria tornar todas as afirmações simples diretamente relacionadas a verdades lógicas ou empíricas.

Mesmo após todo esse estreitamento das regras para o pensamento e a linguagem, Russell viu-se diante de um problema, que veio a se mostrar amargo também. Na realidade, no momento certo, viria a se tornar seu monumento filosófico — conhecido desde então em filosofia como o *paradoxo de Russell*. Expressa-se em linguagem matemática como "o problema do conjunto de todos os conjuntos que não são membros de si mesmos", e o problema é simplesmente se é um membro de si mesmo ou não.

Isso dá voltas e voltas em um fútil fiasco autorreferencial. Então Russell decidiu salvar sua excelente teoria, proibindo todas as declarações que sejam autorreferenciais. Essa é sua *teoria dos tipos*. Para esse grande trabalho, Russell naturalmente esperava uma aclamação pública igualmente grande. Mas ele se decepcionou.

Filosofia analítica

Bertrand Russell escreveu durante a primeira parte do século XX, época em que alguns dos filósofos mais eminentes, como Ludwig Wittgenstein (às vezes, aluno de Russell), Gottlob Frege e G.E. Moore, também reagiam às especulações metafísicas e a grandiosas teorias do século anterior. Todos eles acreditavam que os estudiosos precisavam promover o desmembramento ou análise de declarações com um método mais filosoficamente rigoroso. Todos os seus praticantes estavam muito ocupados quebrando a cabeça com números e lógica para se importar em olhar para trás em suas abordagens, mas todos compartilhavam de uma similaridade na abordagem a Leibniz, com sua busca por uma forma de computar as respostas a questões filosóficas, e aos gregos antigos, com suas tentativas de aplicar as técnicas, que funcionavam tão bem na geometria para solucionar problemas matemáticos, para questões e debates filosóficos.

Condenada ou não, a filosofia sempre procurou analisar declarações, e o método frequentemente adotado foi traduzi-las para outras declarações menores e mais simples. Platão, em *A República*, procura analisar o significado de justiça em termos de harmonia em um Estado ideal; Locke, Berkeley e Hume procuram analisar o significado de objetos físicos em termos de ideias na mente. Como Fred Holman colocou recentemente em seu artigo "Análise" em *Essentials of Philosophy and Ethics*, "...filosofia analítica foi mais um nome novo do que uma nova ideia e uma nova forma de exprimir debates muito antigos".

Deixando de lado o nome do movimento, os praticantes da filosofia analítica gostavam de pegar termos da química — como *atômico* e *molecular* —, sugerindo uma analogia com a ciência laboratorial onde químicos analisam e quebram substâncias comuns em seus constituintes básicos, átomos e moléculas.

O que Russell e outros daquela estirpe pensaram estar fazendo era substituir alegações descritivas vagas, desajeitadas, imprecisas e insuficientemente discriminantes da fala comum e escrevê-las com *proposições atômicas* logicamente equivalentes, mas muito mais básicas. Essas proposições são declarações muito precisas de um fato que não pode ser expresso de forma mais simples.

À medida que o século XX avançava, um novo e diferente propósito tomou conta daqueles engajados na filosofia analítica. Eles adotaram o que também era, à sua maneira, uma grandiosa posição metafísica, alegando que apenas as declarações empíricas, notoriamente as científicas, e as declarações *tautológicas* (truísmos) eram significativas. Faltava valor de verdade a todas as outras alegações, inclusive às éticas, teológicas e estéticas, que eram, falando estritamente, "bobagem". Meros grunhidos!

Esse era para ter sido o fim da filosofia, embora filósofos profissionais fossem, agora, ajudar as pessoas a se expressarem de maneira apropriada. O problema foi que, nesse ponto, para os demais, parecia que os filósofos haviam deixado de falar sobre coisas com que as pessoas se importavam. E, quanto à lógica, na segunda metade do século XX, chegaram os computadores, que eram capazes de realizar as manipulações proposicionais favoritas dos novos filósofos analíticos em milésimos de segundo! Pelo menos Leibniz teria ficado feliz...

Capítulo 6

Uma Olhada na Filosofia Oriental

Neste Capítulo

- Dando um pulo na China para encontrar Confúcio preocupado em como conduzir a sociedade
- Explorando a fascinação de Lao Tzu com a noção de mudança
- Atazanando Buda a respeito do problema do sofrimento humano
- Ponderando as impressionantes e alarmantes possibilidades da reencarnação

Por três métodos, podemos aprender a sabedoria: primeiro, pela reflexão, o que é nobre; segundo, pela imitação, o que é mais fácil; e terceiro, pela experiência, que é o mais amargo.

— Confúcio

Quase todos os guias de filosofia são guias para a filosofia ocidental. Um século atrás, pessoas como Bertrand Russell colocavam esse fato bem em frente ao título, de modo que seu muito lido *História da Filosofia Ocidental* não fingisse ser nada mais abrangente. Você pode conquistar uma compreensão muito mais profunda não só da história da filosofia, mas também das questões e ideias, se permitir que tradições — filosofia indiana, japonesa, coreana, africana, ameríndia e, sobretudo, chinesa — sejam depositadas na mesa filosófica.

A filosofia oriental é holística. Seus sábios não dividem tudo como muitos filósofos ocidentais na longa tradição de Aristóteles, mas gostavam de deixar tudo unido. E é isso que deveríamos fazer.

Este capítulo ajuda a corrigir o equilíbrio entre o tipo de filosofia ocidental dominante e todas as outras. Em particular, ele fala o que você precisa saber sobre a filosofia oriental.

Contemplando o Misterioso Tao

A filosofia ocidental começou com Descartes dividindo o mundo em duas partes: mente e matéria. Mas as filosofias orientais consideram o pensamento e a ação dois aspectos de uma atividade — dois lados da mesma moeda. A filosofia chinesa em particular diz que a realidade definitiva (*T'ai Chi*) é uma combinação de mente (*li*) e matéria (*chi*). O objetivo, tanto para o filósofo quanto para os demais, é alinhar-se ao *Tao*. Mas o que é o *Tao*?

Lao Tzu escreveu no quarto capítulo do *Tao Te Ching* que o *Tao* é vazio:

> *...como uma bacia, pode ser usado, mas nunca esvaziado, não tem fundo, o ancestral de todas as coisas, ele cega o que é afiado, desata nós, suaviza a luz, torna-se um com o mundo empoeirado — profundo e imóvel, ele existe para sempre.*

Tao Te Ching

A história conta que, um dia, Lao Tzu estava infeliz com a China e decidiu abandoná-la para viajar pelo mundo. Para seu aborrecimento (como muitas celebridades desde então), um guarda o reconheceu na fronteira como "o grande sábio" e recusou-se a permitir sua passagem, a menos que ele, antes, registrasse, em pergaminho, toda sua sabedoria.

Apesar de — ou talvez por — ser tão sábio, Lao Tzu conseguiu fazê-lo em apenas algumas semanas. O resultado foi um pequeno volume com pouco mais de 5.000 caracteres chineses. É a obra clássica da filosofia chinesa. Em seu cerne, por exemplo, uma das reflexões filosóficas de Lao Tzu diz:

> *Algo amorfo e consumado existiu antes do Céu e da Terra.*
>
> *Solidão! Vasta! Sozinha, inalterada. Indo a todas as partes, ainda assim, não ameaçada.*
>
> *Pode ser considerada a Mãe do Mundo.*
>
> *Não sei seu nome, então, designo-o "Tao".*
>
> *Compelido a considerá-lo, chamei-o "o Grande".*

Esse texto é atualmente conhecido como *Tao Te Ching* (o clássico O Caminho e seu Poder). As primeiras cópias do manuscrito encontradas datam do século II a.C. Visto que esse período é de alguns séculos depois daquele em que Lao Tzu viveu, alguns especialistas ocidentais questionam se Lao Tzu sequer existiu (ainda assim, ninguém questiona a existência de Sócrates, e ele não deixou nenhum registro escrito!). Enquanto isso, no outro extremo, seguidores devotados dos ensinamentos de Lao Tzu consideram que o texto tem origem divina e reverenciam seu autor não meramente como um profeta, mas, também, como imortal. Ainda, para aqueles que quiserem registrar Lao Tzu apenas com o mesmo nível de prova histórica que, digamos, Platão, ele nasceu no século VI a.C., em He Nan, no estado de Chu, e foi o autor original do *Tao Te Ching*.

Mas quem quer que o tenha escrito, o *Tao Te Ching* é um depósito de grandes ideias. Uma delas é a noção de yin e yang. Esses são os dois aspectos de tudo na realidade. *Yin*, o aspecto feminino, é escuro, macio e complacente. *Yang*, o aspecto masculino, é claro, duro e inflexível. Tudo no mundo consiste dos dois elementos e está fluindo, mudando para se tornar mais yin ou mais yang.

Essa ideia da natureza cíclica da realidade reapareceu na Grécia Antiga, na filosofia de Heráclito, que influenciou Platão.

Fazendo I Ching

Outra mensagem do *Tao Te Ching* é a de que tudo segue certos padrões — "o caminho". Os seres humanos também deveriam seguir o caminho e ceder aos momentos e influências. Julgar e ceder de acordo com as épocas é também o tema de um texto ainda mais antigo, o *I Ching*, ou *Livro das Mudanças*. Ele foi escrito em etapas e originou-se de tradições de previsão do futuro. O *I Ching* inclui comentários filosóficos escritos por volta de 5.000 anos atrás, o que o torna provavelmente o livro mais antigo do mundo.

O *I Ching* é um guia de ação para se alcançar o melhor resultado das circunstâncias. O grande psicólogo e filósofo do século XX C. G. Jung escreveu sobre o *I Ching*, "este é um livro para amantes da sabedoria", e é o que ele é. Mas é muito mais um guia prático de ação, consultado, ao longos dos últimos 3.000 anos, acima de tudo, por imperadores e sábios, mas, posteriormente, por agricultores e generais também. Porque, afinal, é parte da filosofia que "o caminho" se aplica a coisas muito pequenas e a grandes coisas.

Às vezes, você pode nem perceber, mas foram os pensadores orientais que desbravaram o desenvolvimento da astronomia, da medicina, da impressão e da matemática, então seria notável se não tivessem também produzido obras essenciais da filosofia. O que se escreve recentemente sobre os antigos filósofos chineses da história da filosofia tem mais a ver com preconceitos políticos e sociais do que intelectuais ou mesmo filosóficos.

O *I Ching* é um livro como nenhum outro de filosofia. Ele consiste de 64 estranhos diagramas compostos de seis linhas cada — chamados *hexagramas*. Cada linha é inteira ou dividida em duas — traçada. Representam, assim, ou yin ou yang. Criando um dos 64 hexagramas aleatoriamente, pelas maravilhas da coincidência, pode-se colocar seu pequeno eu e suas pequenas preocupações no contexto de todas as tendências vigentes do universo! Nada mal!

É claro que a interpretação é a chave. E os hexagramas são, bem, impenetráveis. Pegue o hexagrama 64, por exemplo, mostrado na

Figura 6-1. Para você ou para mim, é um bloco de seis linhas inteiras ou partidas alternadas, mas, para os sábios da China Antiga, ele lembra uma árvore com galhos duplos no topo, indicando que a árvore está carregada de flores ou folhas e significa “ainda não” ou “incompleto”, no sentido de continuidade do ciclo eterno.

Esse hexagrama é chamado *Wei Chi*, que significa “Antes do Fim” (todos os hexagramas têm um nome). Os sábios acreditavam que ele simboliza a pureza da ordem e da harmonia.

Figura 6-1: Antes do Fim.

Para os chineses antigos, pelo menos, esse símbolo possui um significado profundo, expresso em palavras como:

> *Árvore nua antes que venham as folhas.*
>
> *Cruzando a ordem e a harmonia.*
>
> *O passado passou, o futuro ainda por vir.*

Homenageando Confúcio

Se Lao Tzu é pouco conhecido no ocidente, pelo menos os filósofos reconhecem seu contemporâneo Confúcio (551–479 a.C.) como um importante pensador. Confúcio foi a essência do sábio chinês antigo: um filósofo social, educador e estrela de um texto altamente influente: os *Analetos*.

Confúcio sempre se apresentava como um transmissor que não havia criado nada e enfatizava que havia aprendido com os sábios antigos. Dessa forma, ele parece com Sócrates, que também negava qualquer conhecimento especial ou especialidade. Não obstante, as fontes indicam que ao todo ele teve 3.000 discípulos e que "72 deles foram influentes". E os outros 2.928? Seus ensinamentos, preservados nos *Analetos*, formam a base do muito posterior pensamento chinês acerca da educação, do governo e da conduta humana. Dessa forma, também, a influência de Confúcio pode ser comparada com a de Sócrates no ocidente.

As pessoas frequentemente reduzem as ideias filosóficas de Confúcio a uma coleção de aforismos e máximas morais, que dificilmente bastam para explicar a profundidade da influência do confucionismo. Se sua filosofia fosse meramente isso, o impacto histórico das ideias de Confúcio teria sido muito menor. Os *Analetos*, como toda filosofia chinesa, exigem muita decodificação.

No coração da filosofia de Confúcio, encontram-se os conceitos gêmeos de ritos ou rituais (que ele chama de *li*) e a forma correta para as pessoas viverem (que ele chama de *ren*).

Em sua ênfase das regras, Confúcio opõe-se ao espírito do *taoismo* (a escola de pensamento que segue Lao Tzu), que, fundamentalmente, busca um tipo de liberdade que, embora integrada ao mundo, não tem limitações e não depende de nada. Os taoistas consideram os ritos tradicionais artificiais e falsos, uma restrição externa nas vidas das pessoas. Lao Tzu chegou a afirmar que tentar se adequar era "uma expressão superficial de lealdade e fidelidade e o começo da desordem". Para Confúcio, os ritos eram a chave para a virtude, mas para Lao Tzu eram um obstáculo na busca pelo caminho.

Outra escola, chamada *legalismo*, também se opunha às tradições confucianas e aos códigos sociais construídos em torno desses ritos especiais — dessa vez, com um ponto de vista muito prático. O objetivo dos legalistas era um Estado rico e poderoso; uma visão muito diferente do ideal confucionista de um mundo ordeiro e de paz, harmonia e simples contentamento. Em um mundo onde enormes exércitos preparavam-se para batalhas terríveis, os legalistas ofereciam-se como especialistas na arte de enriquecer e fortalecer o Estado. E um elemento-chave de sua abordagem era advogar pela destruição de antigas distinções hierárquicas, incluindo a ética de Confúcio, que eles viam como perpetuadora de velhas práticas e valores feudais.

Confúcio e seus seguidores insistiam, entretanto, que o problema não se encontrava nos próprios ritos ou tradições, mas na forma como eram conduzidos e no fato de que as pessoas não mais os seguiam apropriadamente. Para reconquistar a validade dos ritos, os confucionistas diziam que as pessoas precisavam conseguir praticá-los significativamente em suas vidas. Dessa maneira, Confúcio retirou a ênfase moral das ações e colocou-as nas motivações — saindo da moralidade objetiva em direção ao sujeito moral.

Para Confúcio, o que deve ser enfatizado na execução do ritual é ter a atitude correta. Por exemplo, ao realizar um sacrifício, ele disse, deve-se sentir a reverência pelos espíritos.

Ainda, é inimaginável para Confúcio que se possa entender regras morais e virtudes separadamente. Ele argumentava que se deve ver a ética da virtude e a ética das regras como uma somatória, e não como mutuamente excludentes.

E o confucionismo também se opunha ao legalismo a respeito da questão do dever ou não forçar as massas a serem boas por meio de um sistema severo de lei penal.

Encontrando-se com Mêncio

Mêncio (371–289 a.C.) nasceu no estado de Zou, localizado no que é hoje a província de Shandong, apenas 30 quilômetros ao sul de Qufu, cidade natal de Confúcio. Assim como Confúcio na tradição oriental estava para Sócrates na tradição ocidental, Mêncio estava para Platão. Os escritos de Platão tratam da visão do "bem" de Sócrates e, assim, os livros de Mêncio são todos sobre a sabedoria de Confúcio. Pois Mêncio, conhecido como "o Segundo Sábio", é o comunicador da filosofia confuciana, conhecida por sua insistência em que a natureza humana é basicamente boa. Suas visões, expostas no *Livro de Mêncio* ou *Mengzi*, foram adotadas como a base dos exames para o serviço civil no século XIV e permaneceram como textos centrais pelos 600 anos seguintes.

Mêncio declarava que a natureza humana é em sua essência boa. Argumenta, por exemplo, que se uma pessoa vê uma criança prestes a cair em um poço, invariavelmente terá um

> sentimento de alarme e compaixão e correrá para salvá-la. É, ao contrário, uma resposta altruísta e espontânea de sua natureza humana compartilhada. Disso, segue-se que os sensos de simpatia, arrependimento, cortesia e julgamento do que é certo e errado são os quatro inícios da humanidade, retidão, propriedade e sabedoria. Ninguém insere, de fora, esses princípios em você. São partes integrais da natureza universal.

Infelizmente, muitas pessoas perderam o rastro de sua herança moral. É por isso que, certa vez, Mêncio lamentou: "Quando as galinhas e os cachorros das pessoas se perdem, elas sabem o suficiente para procurá-los novamente; mas se perdem sua mente/coração humano, não os procuram". Segundo Mêncio, o objetivo do cultivo moral é retornar à natureza inata. Esse também é o objetivo do Estado ideal que Platão tentou construir em sua *República.*

Tremulando com Chuang Tzu

Outro dos grandes sábios da filosofia chinesa, Chuang Tzu (369–286 a.C.), enfatiza a unidade de todas as coisas e a relação dinâmica entre os opostos. Bom e mau, ele aponta, são como tudo o mais: relacionados e intercambiáveis. O que é bom para o coelho — um monte de grãos gostosos e suculentos para mordiscar — é ruim para o agricultor, para dar um exemplo meu bem fraco. Um livro chamado *Chuang Tzu* é vívido e divertido, uma mistura de histórias e poesia com argumentos filosóficos, e sempre foi altamente popular na China.

Um exemplo de sua argumentação simples, mas elegante, é uma passagem na qual ele descreve a forma como a linguagem funciona. A linguagem, diz Chuang, é uma rede de pesca jogada nas águas da realidade, útil para pegar significados. Pensamentos e conceitos são peixes escorregadios e precisa-se da rede da linguagem para capturá-los. Mas a própria rede é só um meio para um fim.

Outro exemplo simples tenta mostrar a relatividade de julgamentos morais. Chuang pergunta se, como alguns sábios disseram, matar é errado e, depois, se seria errado matar uma lebre se fosse a única forma de evitar morrer de fome. Certamente, não. Talvez, então, seja sempre errado matar outro ser humano? Mas e se esse ser humano for um ladrão intentando matar e roubar uma família? Certamente, então, não é errado matar o ladrão, se esta for a única maneira de deter esse humano?

Todo conhecimento moral depende, dessa forma, de contexto e situações: é relativo. Chuang vai além para provar que, de fato, todo conhecimento — não apenas julgamentos estéticos ou morais — está igualmente enraizado no contexto e é igualmente relativo. Ele o expõe desta forma perfeitamente inescrutável:

> *Certa vez, eu, Chuang Chou, sonhei que era uma borboleta e era feliz como borboleta. Estava consciente de que estava bem satisfeito comigo mesmo, mas eu não sabia que era Chou. Repentinamente despertei, e lá estava eu, visivelmente Chou. Eu não sei se era Chou sonhando ser uma borboleta ou a borboleta sonhando ser Chou.*

A filosofia ocidental está enraizada numa busca por definições — ou justiça, verdade ou conhecimento. A conclusão de Chuang Tzu, ao contrário, era de que se deve lutar para transcender o mundo das distinções.

Debatendo com Buda

O *budismo* descreve um tipo de abordagem educacional desenvolvido por Buda, um tal Sidarta Gautama. O budismo não é uma religião no sentido ocidental normal. É uma educação filosófica que leva a percepções sobre a verdadeira natureza da vida. Originário da Índia, o budismo rapidamente se espalhou através da Ásia, pela Ásia Central e sudeste da Ásia, assim como pelos países do leste da Ásia, China, Mongólia, Coreia e Japão.

Hoje em dia, há, aproximadamente, 350 milhões de budistas e um número crescente deles é ocidental. Eles podem seguir muitas formas diferentes do budismo, mas todas as tradições caracterizam-se pela não violência, não possuir dogma ou livro de regras oficial, tolerância às diferenças e, normalmente, pela prática da meditação. O objetivo das práticas budistas é livrar-se do sofrimento e desenvolver as qualidades de consciência, bondade e sabedoria.

Ainda que o budismo seja somente educação, essa forma raramente é vista hoje em dia. Através dos séculos, o budismo assumiu a forma de uma religião organizada.

Aceitando o sofrimento: Hinduísmo

Uma das principais mensagens do budismo, com todas as suas implicações sociais, é convencer as pessoas a aceitarem seu lugar na sociedade, seja alto ou baixo, sem reclamar. Dessa maneira, um arranjo político fica entranhado de dever religioso. Pode-se colocar efeitos filosóficos similares à porta de outra quase filosofia: o hinduísmo.

O *hinduísmo*, como o budismo, não é bem uma filosofia nem também uma religião. É uma combinação de ambas, tornando-se um fenômeno complexo e multifacetado, com manifestações sociais, culturais e religiosas.

O hinduísmo é cheio de contradições, mas parece lutar com esse antagonismo criativo. Vários textos essenciais são associados ao hinduísmo, como os *Vedas*, textos antigos e anônimos que se originaram como parte de uma tradição oral de conhecimento entre 1500 e 500 a.C. As partes mais antigas são na forma de hinos ou preces, e as mais recentes, incluindo os *Upanishads*, foram escritas entre 400 e 200 a.C. e são mais filosóficas em natureza e conteúdo.

Nascendo outra vez: Reencarnação

Outra ideia-chave oriental que reaparece na filosofia grega, que filósofos ocidentais ignoraram dando de ombros, é a da *reencarnação*. É a teoria de que as pessoas possuem algum tipo de identidade pessoal acima e além da identidade física e, além disso, essa identidade pode sobreviver à destruição do corpo físico. Tendo sobrevivido, a alma ou vai para o céu, ou reencarna e reaparece na Terra em uma nova forma — para os budistas, como animais ou, se você tiver sido muito bom, como homem (não mulher; o budismo tradicional é totalmente sexista). Na realidade, para os budistas e filósofos como Platão, o objetivo definitivo para uns poucos sortudos é ser libertado do corpo e tornar-se espírito puro.

Todos sabem que a crença na reencarnação é parte de muitas religiões orientais. O que ainda menos pessoas se lembram é de que a ideia parece ter estado com a humanidade desde os primórdios e em diferentes, e aparentemente desconectadas, culturas.

Mas, voltando aos gregos antigos, os estoicos defendiam que a alma humana é imortal e reencarna periodicamente. Pitágoras ensinou que pessoas e animais compartilham as mesmas almas.

Platão usou o exemplo do conhecimento instintivo ou intrínseco para defender que as pessoas herdavam suas mentes de gerações anteriores, enquanto Sócrates, sabemos pelos diálogos que Platão escreveu sobre seus últimos dias aguardando a execução, tinha tanta certeza de sua reencarnação que devotou "sua última manhã para raciocinar sobre a real distinção entre a alma e o corpo e as bases para acreditar que ela não nasce com o corpo nem morre com ele". Esses debates filosóficos tiveram enorme influência na literatura e religiões ocidentais.

O Renascimento pela Europa significou um novo interesse nas ideias de pessoas como Platão e Pitágoras, e mesmo pessoas com mente científica como Leonardo Da Vinci e Paracelso discutiram a ideia exaustivamente em suas anotações.

Alguns séculos depois, Espinoza e Leibniz (que foram contemporâneos) escreveram sobre a imortalidade humana e a reencarnação, e, na França, Voltaire declarou: "Não é mais surpreendente nascer duas vezes do que nascer uma; tudo na natureza é ressurreição".

Foi Schopenhauer, contudo, o primeiro dos tempos contemporâneos a coletar e publicar referências à teoria da reencarnação, acrescentando uma introdução curta na qual ele fala da ideia que "aflora das primeiras e nobres eras da raça humana, sempre espalhada vastamente pela Terra como a crença da grande maioria da humanidade". Ou, como seu amigo, o célebre escritor Johann Goethe, expressou-o:

> *Estou certo de que já estive aqui como estou agora milhares de vezes antes e espero retornar milhares de vezes mais... O homem é um diálogo entre a natureza e Deus. Em outros planetas, esse diálogo, sem dúvida, terá um caráter superior e mais profundo. O que falta é Autoconhecimento. Após isso, segue-se o resto.*

O antigo oráculo grego de Delfos não poderia ter dito melhor.

Capítulo 7

Entendendo os "Ismos"

Neste Capítulo

- Fuçando alguns "ismos" confusos da filosofia, do empirismo ao idealismo
- Decodificando alguns dos gigantes "ismos" éticos, como o utilitarismo e o relativismo

> *...A despeito de si próprio, qualquer movimento que pense e aja em termos de um "ismo" torna-se tão envolvido na reação contra outro "ismo" que é involuntariamente controlado por ele. Pois isso, então, forma seus princípios por reação contra o outro "ismo", em vez de pôr uma investigação abrangente e construtiva de necessidades, problemas e possibilidades reais.*
>
> — John Dewey

Este capítulo aborda o que é um "ismo" e do que se tratam alguns importantes ismos filosóficos em particular. Muitos dos debates na filosofia são representados por dois lados opostos, cada um operando sob seu próprio "ismo" — por exemplo, os grandes debates entre o empirismo e o idealismo ou entre o fascismo e o socialismo. Além disso, frequentemente, as diferenças não são tão claras quanto parecem e, embora seja fácil rotular uma visão criando ou usando um ismo, fazê-lo com frequência confunde ao invés de esclarecer.

O que É um Ismo?

Basicamente, são verbos, que descrevem ações, que tiveram o sufixo *ismo* acrescentado para formar substantivos, que descrevem coisas. Por exemplo, os vigários batizam bebês em igrejas, e isso leva à necessidade de um novo substantivo para descrever a ocasião — *batismo*. Na verdade, existem vários tipos de ismos bastante diferentes usados para expressar diferentes tipos de conceitos. A Tabela 7-1 lista aqueles que interessam particularmente aos filósofos.

Tabela 7-1 Diferentes Tipos de Ismo

Categoria Conceitual	*Exemplo*
Doutrina ou filosofia	Empirismo, relativismo, hedonismo, existencialismo
Teoria desenvolvida por um indivíduo	Platonismo, hegelianismo, marxismo
Movimento político	Fascismo, socialismo, feminismo
Preconceito ou viés	Sexismo, "idadismo", racismo, "especismo"
Movimento artístico	Surrealismo, expressionismo, impressionismo

Os ismos só se tornam algo propriamente dito no final do século XVII (os dicionários registram o primeiro uso conhecido do termo em 1680), mas, uma vez identificados, a partícula logo pega, particularmente como uma forma de ser rude em relação a certos grupos de pessoas. Pela metade do século XIX, vários usos depreciativos haviam se tornado populares nos Estados Unidos, tendo sido os ismos uma forma conveniente para resumir movimentos supostamente "benfeitores", como o feminismo, proibicionismo (aqueles que tentam proibir coisas, como o álcool) e, sobretudo, o socialismo. A maioria dos americanos odeia o socialismo, e a palavra presta-se muito bem a longos resmungos raivosos de desaprovação graças ao sufixo *ismo*. Em 1856, um jornal, o *Richmond Examiner*, resumiu tudo publicando uma série de editoriais com o título "Nossos Inimigos, os Ismos e seus Propósitos".

Infelizmente, os ismos confusos existem. Porém, pelo menos, você pode decidir usá-los ou não. O neoplatonismo, por exemplo, descreve os esforços de filósofos posteriores para reconciliar os trabalhos de dois grandes mestres, Platão e Aristóteles, geralmente considerando a abordagem prática de Aristóteles como um caminho para a "sabedoria superior" de Platão. Você consegue viver sem isso? Pode apostar! Como o platonismo e o aristotelismo, são usados mais com o intuito de impressionar as pessoas por meio de jargões do que com a transmissão de uma ideia em particular. Mas outros ismos, embora pareçam intimidadores a princípio, são mais difíceis de dispensar. Pegue dois exemplos centrais na busca filosófica pelo conhecimento, empirismo e idealismo, que as próximas seções discutem.

Escolhendo entre Empirismo e Idealismo

O empirismo e o idealismo são dois dos conceitos-chave na história da filosofia.

ÓTIMA IDEIA

O *empirismo*, na filosofia pelo menos, é a teoria de que se tem acesso direto à realidade por meio dos sentidos, e, de fato, construiu todas as suas grandiosas teorias da interação sensorial comum com o mundo. Ele diz que nada está no intelecto a menos que tenha estado previamente nos sentidos.

O *idealismo*, em contraste, sustenta que a realidade é definitivamente baseada na mente, de forma que tudo que podemos realmente saber ou ter certeza é de nossos pensamentos.

Esta seção explica cada conceito e mostra suas principais diferenças.

Implorando por uma abordagem mais prática

O empirismo contrasta com teorias como aquela exposta em *Mênon* por Platão (veja o Capítulo 3), em que um menino escravo é "levado a lembrar" como compreender a área de um triângulo, supostamente demonstrando a visão de Platão de que as pessoas já nascem equipadas com vários conceitos importantes. Platão diz que isso se dá porque a alma existe antes do corpo e está em "um estado de comunhão" com todas as ideias importantes em um tipo de universo paralelo abstrato. Infelizmente (Platão explica), nascer *é* muito traumático para a alma, então, dessa forma, ela se esquece temporariamente de muito do que sabia previamente quando se une ao corpo no nascimento. Se as pessoas tiverem sorte, à medida que crescem, relembram ("re-lembrar") suas ideias perdidas e desenvolvem progressivamente uma compreensão mais clara das coisas que elas (ou suas almas) sabiam.

Isso soa bastante teórico, para não dizer implausível ou mesmo insubstancial, e não é de se surpreender que outras pessoas imediatamente defenderam um retorno a uma abordagem mais prática. Uma longa série de pensadores, do aluno de Platão, Aristóteles, até os neurocientistas de hoje, supõe, em oposição, que se pode concluir todas as sutilezas e complexidades do conhecimento simplesmente da experiência sensorial do mundo externo junto à reflexão mental posterior sobre o que se vivenciou ou observou.

Essa abordagem é o empirismo, e um dos grandes impulsionadores da teoria foi John Locke, que (escrevendo no século XVII), sem rodeios, rejeitava quaisquer teorias de ideias inatas (como as de Platão) e ofereceu, em contrapartida, a analogia de que a mente no nascimento é como um papel em branco, esperando experiências sensoriais para que se escreva informações nele. Para ele e outros empiristas, o mundo mental é um coproduto do mundo físico.

Se Platão parece bem antiquado e Locke muito mais científico, isso não quer dizer que o assunto esteja definido. Na realidade, no século XX, o influente filósofo Noam Chomsky propôs que a mente humana tem, sim, uma estrutura inata, como Platão supunha. Contudo, Chomsky prefere caracterizá-la como um tipo de gramática universal que se revela quando uma criança pequena aprende a falar rapidamente, antes mesmo de aprender outras coisas práticas como chutar bolas ou empilhar caixas (para não falar de comer), e tudo isso apesar de uma exposição limitada à sua língua nativa.

Recheando frangos com Francis Bacon

Francis Bacon (1561–1626) foi advogado, filósofo e político na corte da rainha Elizabeth (e, posteriormente, do rei James), na Inglaterra dos Tudor. Como se já não fosse honra suficiente, ele também é tradicionalmente citado como o primeiro empirista britânico.

As investigações práticas de Bacon também incluíam um interesse pela teoria das semelhanças naturais, a antiga preocupação de herboristas e curandeiros (e médicos magos). Eles pensavam, por exemplo, que flores com manchas parecidas com sangue poderiam ser boas para o sangue ou de que comer nozes (que parecem pequenos cérebros) poderia ser bom para o cérebro. Bacon percebeu que a neve e o sal eram ambos cristais brancos e criou a hipótese de que rechear frangos com neve poderia preservar a carne de forma parecida à que o sal fazia. De fato, ele não só criou essa hipótese, como, em um dia frio de inverno, colocou-a em prática, que é como faz o empirismo. Infelizmente, no caso dele, ele pegou pneumonia e morreu logo depois, que é o que os idealistas (veja a seção a seguir), não os empiristas, deveriam fazer. Para piorar mais ainda as coisas, ele deixou seu livro mais importante, *Novum Organum* (1620), inacabado.

Tentando Detalhar o Idealismo

É mais fácil distinguir filósofos empiristas do que idealistas, porque o idealismo é uma doutrina mal definida. Por outro lado, o *idealismo* é a visão de que as ideias são o próprio estudo da filosofia, porque só se tem consciência de ideias e, de fato, elas são, bem possivelmente, tudo que existe. O idealismo puro, em particular, opõe-se ao que se poderia considerar visão de senso comum de que um mundo real existe lá fora e, ainda que imprecisamente, as ideias são criadas fora dele. Mas, por outro lado, o idealismo também é a visão de que as ideias, de algum modo, se relacionam, sim, com o mundo das coisas.

Bem, então, quais filósofos são idealistas? Lamentavelmente, nem isso está claro. Desde que Platão argumentou que os aspectos fundamentais da realidade eram as ideias, e as percepções sensoriais, meras sombras, ele pode ser considerado um bom candidato, mas a maioria dos filósofos insiste em que essa abordagem não é estritamente idealismo, porque ele parece pensar que as ideias existem sim — fora da mente, em um universo paralelo mental que ele chama de "mundo das formas".

O idealista ideal

A maioria dos filósofos apega-se a Descartes (1596–1650) como exemplo de idealista, com sua distinção caprichosa entre o mundo de *extensão* lá fora (objetos que podem ser medidos porque estão "estendidos" no espaço) e o mundo das mentes, povoado somente de ideias.

Idealismo, como termo, só aparece depois de Descartes. Entretanto, quer o ismo tenha existido ou não, a visão de Descartes de fato ajudou a motivar Leibniz (1646–1716) a criar sua própria teoria idealista e grandiosa do universo composto de misteriosas mônadas (que são, propriamente, pensamento puro). Isso se deu porque o mundo de matéria tridimensional de Descartes parecia-lhe sem vida, passivo e inerte, e, assim, precisava de algum elemento espiritual para trazê-lo à realidade.

Escrevendo na mesma época em que Leibniz, o bispo Berkeley (1685–1710) parece representar uma forma de idealismo bem puro, porque ele afirma firmemente que tudo de que as pessoas têm ciência é ideia e concluiu que não se pode dizer que qualquer coisa que não seja uma ideia tenha qualquer existência, sendo alegações em contrário apenas isto: alegações. Outros filósofos britânicos (notoriamente, Hume e Bradley) assumiram a visão oposta e tentaram ressuscitar a percepção sensorial como produtora de ideias verdadeiras, com as outras ideias abstratas sendo produzidas posteriormente a partir desse material bruto.

Fazendo poções mágicas com George Berkeley

O bispo George Berkeley é normalmente colocado no outro extremo filosófico que Francis Bacon. No Capítulo 5, abordo a teoria de que objetos materiais existem apenas por meio da percepção que se tem deles, o que torna as ideias reais e as experiências sensoriais imaginárias e ilusórias. Isso faz com que ele pareça nada prático — portanto, um "idealista", como mandam os ismos filosóficos. Ainda assim, curiosamente, como Francis Bacon, Berkeley também teve seu lado prático. Ele foi o primeiro dos grandes filósofos europeus a viver nas Américas e, enquanto esteve aqui, observou bem seus entornos e descobriu o que veio a chamar de *água de alcatrão*. Trata-se de uma infusão que tem como base a seiva de pinheiros acrescentada à água, e Berkeley acreditava que tinha propriedades medicinais extraordinárias. Então, quando de seu retorno, ele encontrou seus conterrâneos irlandeses sofrendo por dois anos de fome e praga, tentou tratá-las com essa "panaceia" — e, mais, parecia ajudar!

Berkeley demonstrou que mesmo os idealistas podem ser muito práticos quando querem, preparando sua água de alcatrão da mesma forma tanto para enfermos como para famintos, misturando cuidadosamente alcatrão de pinheiro (seiva) com água, deixando assentar e, então, drenando o líquido e engarrafando-o. É bom que se saiba, ele também encontrou tempo para escrever seu guia filosófico, *Siris*, com o subtítulo "Reflexões e Pesquisas Filosóficas Concernentes às Virtudes da Água de Alcatrão e Diversos Outros Temas Conexos Entre Si e Originados Um do Outro", que detalhava as virtudes da água de alcatrão para curar a maioria das doenças. Seu próprio ismo, inventado previamente — a teoria do *imaterialismo* — reapareceu aqui, agora inserido em um relato de como a água de alcatrão medicinal funciona. E é em *Siris* que o ismo realmente deixou sua marca. Não mais apenas uma teoria filosófica empoeirada, o livro tornou-se um best-seller na Europa, assim como na América!

Berkeley estava tão encorajado pelo sucesso de seu livro que chegou a escrever um poema intitulado simplesmente "On Tar" (Do Alcatrão), que faz uma conexão entre sua cura terrena e a verdade celestial, e, à sua forma, também é útil para distinguir o empirismo do idealismo. Contudo, a maioria dos compradores de *Siris* leu-o por seu conselho médico e deixou passar a significância das reflexões filosóficas e eclesiásticas.

Aplicando o Utilitarismo

Compartilhando do *paternalismo* de Berkeley, o filósofo britânico Jeremy Bentham (1748–1832) via o mundo como uma fenda entre duas grandes forças: a busca por prazer e a fuga da dor. Disso, ele intuiu que seria melhor maximizar o primeiro e minimizar o último e que todas as outras considerações seriam irrelevantes. Isso ficou conhecido como *princípio da utilidade*, e os escritos de Bentham são uma pura forma de utilitarismo.

A doutrina não dá espaço para o gosto individual, assim como não permite lugar para direitos ou deveres, embora Bentham permita que tenha funções sociais desejáveis como ficções convenientes. Como ele escreve na frase de abertura na introdução de *Princípios da Moral e da Legislação* (1789):

> *O princípio de utilidade julga qualquer ação como correta pela tendência que ela tem de parecer aumentar ou diminuir a felicidade daquele cujos interesses estejam em questão... Se for a comunidade, a felicidade da comunidade; se for um indivíduo, a felicidade desse indivíduo.*

Esse é o princípio básico do utilitarismo. Contudo, é em um livro menos formal de Bentham, *The Commonplace Book*, que se encontra a frase "a felicidade do maior número", que realmente resume a filosofia (*Commonplace books* eram um tipo de caderno de rascunho sofisticado, onde intelectuais copiavam seus poemas preferidos e assim por diante). Na realidade, essa frase se originou um pouco antes, com Frances Hutcheson (1694–1746), que disse que "A melhor ação é a que assegura a maior felicidade para o maior número".

Que tipo de pessoa era Jeremy Bentham? As pessoas frequentemente usam seu sistema, o utilitarismo, para justificar atos que, individualmente, são repugnantes. Pegue, por exemplo, o uso de animais em experimentos. Pode parecer cruel fazer com que cachorros fumem cigarros ou derramar xampu nos olhos de gatos, mas os fins justificam os meios, sendo esse fim a proteção da saúde humana. E, embora a maioria dos argumentos filosóficos para experimentos com animais seja utilitarista — justificada dizendo que os benefícios para os humanos pesam mais do que os danos aos animais —, o "pai" dessa escola opunha-se firmemente a tais argumentos. Em *Princípios da Moral e da Legislação*, Bentham diz firmemente:

> *Virá o dia em que o resto da criação animal poderá conquistar aqueles direitos que nunca deveriam ter-lhes sido negados senão pelas mãos da tirania. Os franceses já descobriram que o tom escuro da pele não é razão para que um ser humano seja abandonado sem reparação por parte do atormentador. Que venha o dia em que se reconheça que o número de pernas, a vilosidade da pele ou a terminação do sacro sejam razões igualmente insuficientes para relegar um ser sensível ao mesmo destino. O que mais há que deveria traçar a linha insuperável? É a faculdade da razão ou, talvez, a faculdade do discurso? Entretanto, um cavalo ou um cachorro adulto é, além de qualquer comparação, mais racional, bem como mais sociável, que um bebê de um dia, de uma semana ou mesmo de um mês de idade? Porém, suponha que o caso fosse o contrário, em que ajudaria? A questão não é "Eles podem raciocinar?", nem "Eles podem falar?", mas "Eles podem sofrer?".*

Como Francis Bacon, Jeremy Bentham era advogado (descendente de duas gerações de advogados), inglês e muito prático em sua abordagem. Quanto aos debates jurídicos, ele achava que o que seus contemporâneos celebravam como direitos naturais eram pouco mais do que direitos imaginários, e que leis reais criavam direitos reais. Ele descrevia a *Declaração dos Direitos Humanos* francesa como "bobagens em pernas de pau", alertando que querer algo não é supri-lo, da mesma forma que fome não é a mesma coisa que pão.

Contudo, ele ainda tratou de seus próprios esquemas, bastante idealistas, como seu *Plano para uma Paz Universal e Perpétua* (1789). Bentham fez campanha ativa pela reforma do sistema político britânico, defendendo o , à época, radical, caso de "para cada homem, um voto".

Deixando Tudo em Suspenso com o Relativismo

Se você acha que o princípio de que "os fins justificam os meios" — estimado pelo utilitarismo, parece um atropelo às liberdades civis —, está certo, é sim. Mas o princípio filosófico tão querido pelos utilitaristas é, de muitas formas, uma *antimoralidade*: ele joga fora todas as noções de certo e errado, substituindo-as apenas pela medida do que é útil. Dessa forma, o utilitarismo não se opõe totalmente a esse outro grande ismo, o relativismo.

Existem muitos tipos de relativismo. Eles vão desde versões fortes, que defendem que todas as verdades são relativas, às mais limitadas, que meramente destacam o grande número de padrões, valores e costumes sociais divergentes.

É fácil ver por que o relativismo frequentemente anda de mãos dadas com o ceticismo. Mas o relativismo possui mais do que um olhar cético; ele defende que melhor e pior — em procedimentos de teste ou em resoluções éticas — não têm base fora da caixa de percepção, não se estendendo além de um indivíduo ou cultura em particular. Platão cita o sofista Protágoras: "As coisas existem para mim na forma como elas parecem para mim; e as coisas existem para você na forma como elas parecem para você" (*Teeteto*, 152ª). Contudo, isso também destaca um problema para o relativismo: que não pode haver falsidade.

Entretanto, o relativismo cresceu paralelamente a uma tendência histórica. O principal teor das eras moderna e pós-moderna desafiou e, em grande medida, deslocou ideias como o animismo da natureza e a autoridade definitiva de Deus, apenas à medida que uma consciência comum da diversidade de culturas e ângulos de percepção vieram à luz. Assim como fez com Heródoto, o conhecimento de outras perspectivas minaram certezas de que uma verdade universal ou incondicional existe.

Mesmo a respeito de julgamentos éticos, os relativistas defendem que posições morais não refletem verdades absolutas. Ao contrário, elas enfatizam que esses julgamentos se desdobram de costumes sociais, tendências culturais ou preferências pessoais.

Rejeitando a Emoção com o Estoicismo

O *estoicismo* é a antiga escola filosófica grega, fundada por Zenão de Cítio, por volta de 300 a.C., que reconhece que os sentidos podem ser enganados, mas achava que a reflexão calma poderia contornar esse problema. Como doutrina, mostrou-se especialmente popular entre os romanos e famosos estoicos italianos, incluindo Sêneca (um tipo de dramaturgo e filosófico que foi especialmente bom em descrever o mal) e até mesmo um imperador — Marco Aurélio.

Todos os estoicos eram materialistas, mas também identificavam Deus com a natureza. Eles defendiam que apenas a virtude é propriamente boa, porém, reconheciam que é sempre melhor ser rico do que ser pobre, embora nenhum dos estados devesse alterar sua felicidade. Eles argumentavam que as emoções são imprestáveis, porque se baseiam em julgamentos equivocados, e que se deve superá-las com base em uma análise de julgamentos. Em seu racionalismo estrito, eles seguiam Sócrates e, de fato, alguns dos estoicos também queriam ser chamados de socráticos.

Hoje em dia, os filósofos lembram-se dos estoicos mais por sua rejeição à emoção (consequentemente, as pessoas utilizam a palavra *estoico* por essa razão). Os estoicos diziam que respostas emocionais são produto do julgamento de que algo ruim aconteceu. Porém, uma vez que coisas externas não possuem valor intrínseco, tais julgamentos são um equívoco. Se um ladrão toma suas posses, então, tudo que você perdeu é o que eles chamavam de *indiferentes preferidos*, que não possuem consequência. Desde que suas virtudes estejam intactas, nada ruim de fato aconteceu, pois apenas isso tem valor intrínseco.

Duvidando com os Céticos

Embora *ceticismo* derive da palavra grega *skepsis*, que significa consideração, nos dias de hoje o ceticismo implica duvidar de várias coisas. A evidência dos sentidos é suspeita, dada a (ocasional) incapacidade de distinguir uma percepção real de uma falsa. Os antigos céticos gregos, como Arcesilau de Pitane (cerca de 315–240 a.C.) e Carnéades de Cirene (cerca de 210–130 a.C.), insistiam em que ninguém jamais deveria justificar a alegação de conhecimento a respeito de qualquer coisa no mundo; em vez disso, poderia apenas fazer assertivas otimistas e ingênuas.

Outros estoicos, posteriormente, insistiram em que havia outras formas de dividir o conhecimento de dado sensorial e distinguir bobagens puras de evidências bem fundamentadas. Contudo, essa nunca foi a visão dos verdadeiros céticos. Durante o Renascimento, 1.800 anos depois, as disputas internas ressurgiram com o interesse renovado pelos escritos de Sexto Empírico (cerca de 150–210), que havia discutido as possíveis razões para tais distinções estoicas.

DICA

Esse antigo debate estoico ainda é central na filosofia. A posição convencional é de que o conhecimento é crença real justificada.

Descartes oferece um critério (inútil) em seus escritos sobre conhecimento como sendo qualquer coisa que é percebida de forma "clara e distinta", isso, por sua vez, pautado pela alegação de que Deus não prega peças. A resposta mais astuta do bispo Berkeley às alegações céticas sobre o que as pessoas pensam que percebem foi dizer que o que você acha que percebe é exatamente o que você percebe, porque não existe nada superior ou mais real do que os pensamentos, afinal.

Parte III

O Arroz com Feijão da Filosofia

"Tenho certeza de que Aristóteles teria sido mais filosófico a respeito de um pneu estourado, querido."

Nesta parte...

Arroz é bom, mas com feijão é ainda melhor, e nesta parte você terá ambos. A lógica é o arroz, é claro, e, se você quiser descobrir sobre o conhecimento, terá que adicionar feijão. Que papo é esse? Confuso? Não fique, basta conferir os capítulos a seguir.

Capítulo 8

Descobrindo os Limites da Lógica

Neste Capítulo

- Descobrindo o que um pouco de lógica pode fazer quando aplicada
- Esmiuçando o raciocínio
- Testando algumas novas formas de pensar

Os poetas não enlouquecem; mas enxadristas, sim. Matemáticos enlouquecem e, também, operadores de caixa; mas artistas criativos, raramente. Eu não estou, como ver-se-á, de modo algum atacando a lógica: só digo que esse perigo se encontra na lógica, não na imaginação.

— G. K. Chesterton

Este capítulo aborda o que é a lógica e por que os gregos antigos mergulharam fundo nela. E é onde entra a obra de Aristóteles. Aristóteles viu que algumas das formas pelas quais as pessoas raciocinam na vida cotidiana são enganadoras e não confiáveis e, assim, tentou estabelecer, de uma vez por todas, quais as formas corretas de raciocinar. Sua promessa é de que, se seguidas, as regras sempre levam a conclusões verdadeiras, e ele também tenta indicar argumentos a serem evitados, porque levam a erros e conclusões falsas.

Entendendo o que a Lógica Realmente É

Lógica filosófica é o estudo da estrutura dos argumentos. Ela fornece um guia geral para o seu raciocínio, alertando contra formas de pensar sobre questões que podem levar a equívocos. A ideia é essa, afinal.

E, certamente, a lógica é grande em departamentos de filosofia hoje em dia, o que é bem estranho, realmente, porque não é um ramo da filosofia de jeito nenhum. É, na verdade, um tipo de matemática, carregando apenas o mesmo tipo de conexão com debates filosóficos que, digamos, estudar geometria carrega. A ideia de que, quando se debate, se está na realidade manipulando fatos da mesma forma que matemáticos manipulam números em suas equações é mais um sonho do que uma realidade. Mas o legal a respeito da matemática é que, após ter provado algo, todo mundo fica satisfeito e admira a elegância de seu trabalho.

Então, todo mundo quer ser lógico mais ainda do que ser filosófico. De fato, se você quiser insultar alguém, é só dizer que ele está sendo ilógico, que se contradisse ou que sua colocação não é válida.

Os filósofos sempre quiseram impor ordem nos conceitos, nas linguagens e ideias, particularmente, depois que Euclides produziu suas elegantes provas geométricas, que, certamente, são muito melhores — têm muito mais autoridade! — do que os argumentos ordinários, usando linguagem ordinária. Aristóteles proveitosamente deu à filosofia uma forma matemática de olhar o mundo, embora apenas uma forma que somente de longe carregue uma semelhança com a matemática, inteiramente baseada nas suposições com as quais se começa.

Apesar desse problema, a maior parte da lógica filosófica segue de uma maneira muito preto no branco, satisfeita em tratar de todos os tipos de questões. Muitos de seus proponentes veem apenas a excelência de suas provas, e não os limites da estratégia geral. Leibniz, em particular, achava que a lógica capacitaria a humanidade a construir uma máquina para resolver todos os seus problemas, um engano muito popular desde a invenção do computador.

Apreciando as Coisas que Aristóteles Acertou

Aristóteles não foi o primeiro filósofo a tentar ser lógico, mas os filósofos geralmente tomam os escritos dele, especialmente *Analytica Priora e Posteriora*, como a primeira tentativa séria de se construir um sistema de lógica. Para ser justo, entretanto, Aristóteles estava construindo esse sistema com base na obra de outros pensadores gregos, como Zenão de Eleia e Parmênides. Em seus escritos, ele introduz conceitos-chave na lógica, como o das *proposições*, que são, basicamente, frases que têm um *valor de verdade*, o que significa que fazem uma alegação sobre a realidade que é verdadeira ou falsa. "Matemática é divertido", ou "Todos os cachorros gostam de ossos", ou "Meu cabelo está uma bagunça", por exemplo, são proposições, mas "Olhe aquilo!" e "Vamos nadar" não o são.

Mas, não contente com isso, Aristóteles identifica as *proposições* como um tipo especial de frase tendo duas partes (que ele chama de *termos*). Na linguagem, os substantivos representam estas duas partes. "Meu cabelo", por exemplo, e "bagunça" são ambos substantivos. Um dos termos é o sujeito e o outro é o predicado

Fazendo inferências

Aristóteles indicou que, no raciocínio e na argumentação, as pessoas fazem inferências de fatos. Por exemplo, se houver um furo no pneu de sua bicicleta, você diz que não conseguirá chegar em casa a tempo. Isto é, você infere uma nova proposição (não conseguirá chegar em casa a tempo) da primeira. O fato de haver um furo no pneu gera implicações e, de fato, os filósofos gostam de falar de coisas que são *inferidas* a partir de outras. Contudo, quando um lógico diz que algo é *inferido*, não o faz como você faz no dia a dia (que permite um elemento de dúvida sobre o assunto); mas sim que dizer que aquilo é absoluto. "Se há um furo na minha bicicleta, então, eu chegarei tarde em casa" torna-se, em lógica, uma certeza. Esse é um problema na lógica, porque, na realidade, muito poucas coisas são tão simples e, mesmo que haja um furo, você pode conseguir chegar em casa cedo — alguém pode lhe dar uma carona ou você pode ser muito bom em remendar furos.

DICA

Não importa quão boa seja a lógica, há uma lacuna entre a certeza da representação lógica dos fatos e o mundo em si.

Aristóteles, todavia, como a maioria dos lógicos depois dele, estava menos interessado no quão bem a lógica se encaixa no mundo e mais interessado na lógica como abstração teórica.

Investigando silogismos

Aristóteles inventou uma forma simples de argumento chamada *silogismo*, que consiste em apenas três *proposições* (frases com um valor de verdade). As duas primeiras chamam-se *premissas* e são coisas que você alega serem verdade. O importante acerca das duas premissas é que elas devem compartilhar um termo (chamado *termo médio*), e essa é a chave para se chegar a uma conclusão e saber que ela foi validamente deduzida das duas primeiras.

Eis um exemplo:

Maçãs são frutas

Todas as frutas são comestíveis

________________ *(Logo; o grande marcador de conclusão)*

Maçãs são comestíveis

Não é muito impressionante, certo? Mas o método é a questão. Aqui, o termo médio compartilhado é ser uma fruta e, daí, maçãs também compartilham a propriedade de ser comestível. Todas as frutas são comestíveis? Na verdade, acho que não. Mas isso é lógica, e não se trata realmente de fatos.

Usando essa ideia básica, Aristóteles traçou uma lista de todas as formas como as pessoas poderiam argumentar, chegando a não menos que 256 tipos diferentes de silogismos possíveis, dos quais apenas alguns poucos, dado que eles partem de suposições reais, sempre produzirão conclusões verdadeiras. São argumentos de apenas três linhas: duas premissas (frases dizendo algo que pode ser verdadeiro ou falso) seguidas de uma conclusão.

Aristóteles inventou toda uma notação para seu raciocínio, sendo pioneiro no uso de letras para termos, com isso demonstrando uma forma fácil para os filósofos darem a impressão de dizerem grandes coisas, o que deixou os filósofos em grande débito com ele.

Mas nada disso teria sido possível sem outro feito de Aristóteles — estabelecer as leis do pensamento —, que foi um necessário primeiro estágio em seu esforço para colocar a linguagem cotidiana em uma base lógica.

Sai a informalidade — entram os sistemas formais!

Aristóteles desenvolveu suas ideias em um livro chamado *Analytica Priora*, que foi a primeira tentativa de criar um sistema de lógica formal dedutiva, e deu prosseguimento a essa grande obra com outra chamada *Analytica Posteriora*, que, a despeito de seu nome um tanto rude, trata de formas de utilizar métodos lógicos para tornar o conhecimento científico mais sistemático.

Então, o que é um sistema de lógica formal dedutiva afinal? Vamos dar um passo de cada vez. Por quê? Porque essa é a chave para a lógica: sempre dar um passo por vez. Se isso parece um pouco com matemática, é porque a lógica é um tipo de matemática. De qualquer modo, formal (como contrário de informal) significa que segue regras.

Quando um argumento é válido?

O que torna um argumento convincente? Não se trata apenas de uma evidência advinda de uma alegação seja correta, deve existir alguma razão para aceitar a conclusão que se segue da evidência.

Pegue esse argumento ruim, por exemplo:

Todos os cachorros têm quatro pernas.

Minha mesa tem quatro pernas.

Minha mesa é um cachorro.

As premissas (as duas primeiras linhas do argumento) são verdadeiras (ou próximas o suficiente disso para o propósito). Contudo, a conclusão não é muito convincente. Por quê? Você pode responder de duas formas. Uma, basta olhar a lista de diferentes formas de argumentos de Aristóteles. A distinção mais importante é entre as formas de argumento que são "válidas" e aquelas que são "inválidas". Então, olhe bem e você verá que esse é um argumento inválido. A conclusão não segue as suposições.

Para entender por que, você precisa desnudar o argumento particular em sua estrutura básica, ignorando detalhes em particular. Os argumentos desnudados funcionam mais ou menos assim (vamos usar a letra *C* para designar a propriedade de ser um cachorro, a letra *P* para a propriedade de ter quatro pernas e *M* para a propriedade de ser mesa).

Todo C é P.

Todo M é P.

Todo M é C.

O problema não é que as premissas (que cachorros têm quatro pernas e que minha mesa tem quatro pernas) são falsas, pois são verdadeiras (até onde vai esse exemplo, pelo menos). E o que parece (mas não é) um termo médio propriamente compartilhado existe — a propriedade de ter quatro pernas. Mas a conclusão é, certamente, falsa. Meu cachorro não é uma mesa, tampouco são todos os cachorros mesas. Na lógica, um argumento com premissas verdadeiras que termina com uma conclusão falsa é inválido. Isso acontece, na lógica, porque premissas verdadeiras não garantem que uma conclusão seja verdadeira a menos que o raciocínio (o argumento) seja válido. Nesse caso, o argumento não é válido.

Regras e ferramentas

A mesma coisa surge em filosofia de tempos em tempos, e em nenhum lugar isso acontece mais do que na lógica. De fato, toda a ideia de estabelecer argumentos em suas "formas" gerais é mostrar como vários debates compartilham a mesma estrutura lógica — então, compartilham a mesma resposta. Que ótima ideia! Mas, quando você tiver "desnudado os argumentos", eles parecerão bem simples. Aqui estão alguns dos mais conhecidos argumentos "pré-fabricados" e as deduções associadas, que juntos são conhecidos como "regras de inferência".

Você pode se surpreender com o fato de que quando combinadas com algumas "regras de substituição" simples, como "simplificação" (que diz que, se você tem P e Q, também pode dizer apenas que tem um P), essas regras permitem que lógicos digam que o cálculo proposicional (outro nome da lógica formal) está "completo". Isso significa que os axiomas utilizados são suficientes para demonstrar qualquer proposição verdadeira ou justificar qualquer argumento válido.

ÓTIMA IDEIA

A contribuição de Aristóteles foi ver que os argumentos têm estruturas ou formas diferentes e apenas alguns deles sempre produzem conclusões verdadeiras de forma confiável. A lógica formal, então, é muito simples: é o estudo das formas dos argumentos.

Na linguagem cotidiana, as pessoas dizem que pontos são válidos, ou conclusões de argumentos são válidas, de forma bem livre, essencialmente para dizer que concordam com o ponto ou a conclusão por acharem que o ponto está correto ou a conclusão é justificada. Mas na lógica filosófica a validade é bem diferente. Ela se aplica apenas a argumentos completos e simplesmente significa que o argumento segue as regras da lógica. Isso importa? Claro que sim, porque significa que um argumento pode ser filosoficamente válido, mas ter uma conclusão falsa.

Corrigindo os Erros de Aristóteles

As pessoas utilizaram a lógica de Aristóteles (conhecida como *lógica clássica*) sem muita modificação por quase 2.000 anos. Mas, no final do século XIX e começo do século XX, os filósofos desafiaram a lógica, porque ela tinha dois grandes defeitos:

- É incompleta — abrange apenas alguns de todos os tipos possíveis de argumentos dedutivos.
- Não é absolutamente confiável em relação aos argumentos dedutivos que abrange.

Uma terceira objeção à lógica clássica é que Aristóteles presumiu que o sujeito de uma premissa, como em "todo gato tem bigode", existia. Posteriormente, os lógicos quiseram evitar isso e mudaram o sentido para: em qualquer *x*, se esse *x* é um gato, então esse *x* tem bigode. Isso, em si, produz uma lacuna entre a linguagem comum e a lógica.

Existe outro debate sobre a possibilidade dos sujeitos poderem ser predicados em algum momento. Por exemplo, pegue essa afirmação "meu cabelo está uma bagunça": meu cabelo igual uma bagunça. Nesse caso, o sujeito é meu cabelo e a propriedade, "estar uma bagunça", é o predicado. Mas, às vezes, estar uma bagunça pode ser sujeito de uma frase também, como em "seu quarto está uma bagunça". A distinção sujeito-predicado desaba! Você pode dizer: Viva! Mas Frege, Russell e outros acharam que precisavam tentar corrigir o problema e, assim, surgiu a lógica moderna.

Desenvolvendo a lógica moderna

A lógica moderna é, claro, muito melhor do que a antiga. O sistema de Aristóteles permite que se lide com apenas duas premissas (consistindo de três termos) por vez. A lógica moderna permite agrupar qualquer número de premissas em um grande e monstruoso argumento, e, de fato, que se junte qualquer número de termos em uma proposição tão longa que ficará parecendo uma cobra.

Os filósofos frequentemente dizem que a lógica moderna começou em 1879, creditada a Gottlob Frege (1846–1925), com trabalho adicional de Bertrand Russell (1872–1970) no século XX. Aristóteles estava interessado na estrutura das frases, mas muito da lógica moderna tenta tratar frases como proposições e unidades que depois são manipuladas, normalmente por meio de símbolos e notação.

Existe todo tipo de símbolo esquisito para representá-los, dependendo das fantasias dos filósofos. O *ou* em lógica é inclusivo — ambas possibilidades podem ser verdadeiras. Se um lógico perguntar se você gostaria de suco de laranja ou chá e você responder "Sim, obrigado", não fique surpreso quando receber uma mistura nada saborosa. E outra coisa confusa é que o *condicional*, o "se... então", não implica nenhum tipo de relação, causal ou de outro tipo...

A questão de a que ponto a lógica realmente é como as pessoas raciocinam está no cerne de muito da filosofia ocidental contemporânea. Por exemplo, a definição de *validade* utilizada em uma lógica formal padrão é que ela não deve ser possível para as premissas de um argumento serem verdadeiras e, ainda assim, a conclusão ser falsa.

Provando seus argumentos e arranjando seus termos

Na fala comum, um argumento é uma discussão ou uma disputa ácida, mas, mesmo assim, há muito em um debate cotidiano que você pode expressar filosoficamente.

A maioria das discordâncias se concentra em um fato ou alegação e o argumento segue sendo trabalhado de frente para trás, como se, ao oferecer razões pelas quais a afirmação é verdadeira ou falsa, dependesse do ponto de vista de quem fala. Os filósofos normalmente apresentam argumentos como uma série de afirmações (*proposições*) que são, em si, verdadeiras ou falsas, aliadas a uma conclusão. O filósofo, então, julga se as afirmações inferem ou logicamente necessitam de uma conclusão. Isso depende não só da verdade das próprias proposições, mas da estrutura do argumento. Um exemplo preferido mostra que Sócrates é mortal. Ele é:

Sócrates é um homem. (Primeira proposição)

Todos os homens são mortais. (Segunda proposição)

Sócrates é mortal.

Aristóteles examinou a estrutura de argumentos como esse e concluiu que, quer fossem razoáveis ou não (um argumento *razoável* preserva a verdade; isto é, se as suposições feitas forem todas verdadeiras, então, pode-se ter certeza de que a conclusão também o será), eles darão início ao fascínio filosófico com a estrutura dos argumentos.

Detectando Falácias

Em lógica, uma falácia é um *argumento inválido* — um argumento em que é possível que todas as premissas sejam verdadeiras e, ainda assim, a conclusão seja falsa. Sendo assim, é óbvio que o argumento inválido deve ser evitado. As pessoas frequentemente utilizam o termo coloquialmente para incluir argumentos que consideram falsos, porque discordam de uma ou outra premissa. "É uma falácia que pagar bolsa-auxílio às pessoas encoraja a preguiça" é, provavelmente, uma crítica do seguinte argumento informal:

Se as pessoas podem conseguir dinheiro sem ter que trabalhar por ele primeiro, então, elas ficarão preguiçosas.

A bolsa-auxílio é uma forma de conseguir dinheiro sem ter que trabalhar por ele.

A bolsa-auxílio encoraja a preguiça.

Aqui, o argumento diz que "se as pessoas conseguem dinheiro sem ter que trabalhar, então, elas ficarão preguiçosas", o que parece plausível quando entendido como "às vezes, se as pessoas podem conseguir dinheiro sem trabalhar, então, elas ficarão preguiçosas", mas não tanto quando entendido como "em todos os casos".

Existem séries inteiras de falácias e argumentos problemáticos, conheça agora alguns deles.

Falácias e táticas falaciosas em argumentação informal

Argumentação é o processo de fornecer razões para apoiar uma posição. As razões são, na prática, limitadas a produzirem autoridades de quem as pessoas alegam ter a mesma visão, talvez pessoas importantes, livros importantes ou, é claro, Deus.

Aqui está meia dúzia de táticas legítimas:

- ***Reductio ad absurdum*:** Do latim, reduzir ao absurdo, o processo de tomar o argumento da outra pessoa e mostrar que ele leva, logicamente, a consequências absurdas.
- **Afirmar o antecedente:** Um argumento da forma se P então Q (P, logo Q). Se é outono, então as folhas cairão das árvores. É outono; logo, as folhas cairão das árvores. Embora válido, o argumento é um pouco diferente da tática ilegítima descrita posteriormente nesta lista como "clamando pela questão". Aristóteles chamava-o de *modus ponens*.

  Por outro lado, negar o antecedente (por exemplo, dizer que, se é outono, então as folhas cairão das árvores, mas não é outono, logo, as folhas não cairão das árvores) é uma falácia, porque as árvores podem perder suas folhas por inúmeras razões (como uma seca, por exemplo).

- **Negar o consequente:** Um argumento da forma se P então Q (P, logo Q). Se você comer muitas tortas de creme, ficará gordo. Você não é gordo, logo, não comeu muitas tortas de creme. Embora argumentos dessa forma sejam tecnicamente válidos, é, claramente, mais uma verdade lógica do que prática! Aristóteles chamava-o de *modus tollens*.
- **Analogias:** Alguns dizem que uma experiência de pensamento é uma forma de analogia e, certamente, você pode usar o termo dessa forma. Uma analogia é simplesmente uma comparação onde se alega que um caso é "como" o outro em algum aspecto importante.
- **Contraexemplo:** Um tipo especial de analogia que desafia, ou mesmo demonstra, a falsidade do que alguém alegou.
- **Entimema ou premissas suprimidas:** Esses são argumentos para os quais se devem acrescentar premissas a mais para que se tornem válidos, como "fumar em bares afeta pessoas quer elas estejam fumando ou não; logo, deveria ser proibido". Aqui, as premissas a mais seriam que "o efeito de fumar é ruim para as pessoas" e "coisas ruins devem ser proibidas".

E aqui estão 12 táticas ilegítimas que as pessoas em geral usam em argumentos:

- **Afirmar o consequente:** Surpreendentemente, um erro comum da forma se P então Q (P logo Q). Se é outono, as folhas cairão das árvores. As folhas estão caindo da árvore, logo, é outono. Isso é uma falácia, porque as folhas poderiam cair por outra razão, como uma seca. Uma falácia comum relacionada no argumento, às vezes chamada de *confusão de correlação*, consiste em presumir que, por duas coisas frequentemente acontecerem juntas, então, deve haver uma ligação.

- **Clamando pela questão:** A falácia de assumir o próprio ponto em questão. Em efeito, a conclusão é uma das premissas em um argumento que, supostamente, o provaria. É uma forma de argumento circular.
- **Falsa dicotomia:** Você dá duas escolhas quando, na realidade, outras alternativas são possíveis.
- **Equívoco e ambiguidade:** Você usa uma palavra ou frase que tem dois ou mais significados como se tivesse só um. Existem vários tipos de ambiguidades: a *léxica* refere-se a palavras individuais, a *ambiguidade referencial* ocorre quando o contexto não é claro, e a *ambiguidade sintática* resulta de confusões gramaticais.
- ***Non sequiturs* e falácias genéticas:** Do latim, significa "aquilo que não decorre". Você oferece afirmações de forma a sugerir que elas decorrem umas das outras logicamente quando, na verdade, tal ligação não existe. A importante falácia genética tanto é um *non sequitur* como um tipo de ambiguidade; é daí que se tiram suposições sobre algo traçando sua origem a algo anterior quando, na realidade, você não pode fazer uma ligação necessária entre a situação presente e a alegada originalmente.
- **Alegação especial:** Emprega valores ou padrões contra as posições do oponente, mas não as aplica à sua própria posição.
- **Pensamento desejoso:** Supor conclusões porque deseja que elas sejam assim. Um apelo à opinião majoritária para apoiar uma alegação factual é um tipo particular de pensamento desejoso.
- **Arenque vermelho:** Tópicos ou argumentos irrelevantes são trazidos à discussão com o efeito de permitir que a questão real não seja examinada. Aparentemente, no passado, caçadores às vezes usavam arenques para confundir os cachorros que perseguiam raposas.

- **Espantalho:** Introduzir e atribuir uma posição fraca ou absurda a um oponente e, em seguida, demoli-la.
- **Ataques *ad hominem*:** Do latim, significa "ao homem". São comentários direcionados não à questão, mas ao oponente individualmente (as pessoas, ocasionalmente, também usam o termo para se referir à tática legítima de expor uma inconsistência no argumento de outra).

  Outra variedade de ataque *ad hominem* que acontece antes que você introduza o argumento principal é chamada *envenenar o poço*. Há também a tática da *má companhia*, em que se critica a posição do oponente por sua suposta associação com alguma outra visão. Os nazistas sempre aparecem em argumentos para esse propósito.
- **Humpty-Dumpty:** Vem do personagem de cabeça ovoide de Lewis Carroll, que, sentado em um muro (mas, ao que parece, é uma cerca), insiste:

  "*Quando eu uso uma palavra", disse Humpty Dumpty em um tom desdenhoso, "ela significa apenas o que eu quero que signifique — nem mais, nem menos.*"
- **Autocontradição:** E, finalmente, a tendência infeliz de dar um tiro no próprio pé com um argumento pobre.

Capítulo 9

Entendendo o Conhecimento

Neste Capítulo

- Procurando uma verdade pétrea com Platão e Descartes
- Entrando em uma discussão com Locke e Leibniz
- Separando algumas formas diferentes de saber as coisas

A totalidade do nosso assim chamado conhecimento ou crenças, dos assuntos mais casuais de geografia e história até as leis mais profundas da física atômica ou mesmo da pura matemática e lógica é um material feito pelo homem que afeta apenas marginalmente a experiência.

– Willard Quine, *Dois Dogmas do Empirismo*

Este capítulo aborda em detalhe o que os filósofos querem dizer com "conhecimento", um estudo que chamam grandiosamente de "epistemologia", e o debate entre aqueles que acham que ele pode ser encontrado procurando e cuidadosamente examinando o mundo, e aqueles que acham que o conhecimento vem de uma reflexão igualmente cuidadosa sobre as ideias. O grande campeão desse ponto de vista é Descartes, cujas visões serão colocadas em detalhe mais adiante neste capítulo.

Lançando as Bases do Conhecimento

As crenças são muito importantes. Como o filósofo contemporâneo Tom Morris coloca, elas são o mapa pelo qual você orienta sua vida. Como tal, é importante que o mapa seja preciso ou você pode acabar perdido. Descobrir se seu mapa da vida é preciso ou não é o mesmo problema que traçar as bases do conhecimento.

A maioria das teorias filosóficas de conhecimento tem três componentes essenciais. Antes de dizer que sabe algo:

- Você deve acreditar que é o caso
- Deve ter razões boas e relevantes para sua crença
- O que você acredita deve ser, de fato, verdade

Se fizer tudo isso, então, pode dizer que sabe algo. Parece bem seguro, não? Só que não é bem assim.

Milhares de anos atrás, o filósofo mais famoso de todos, Platão, belamente expôs o problema do conhecimento em sua pequena obra, o *Teeteto* (linhas 201c a 210d, se você estiver procurando, e, acredite ou não, muita gente faz isso). O problema tem encafifado os filósofos desde então. E ficou mais chato para eles desde o interesse, no século XX, pela filosofia analítica (*analítico* é o nome que se dá a pessoas que gostam de tomar as coisas por partes). Os problemas sugerem que os filósofos precisam de uma definição diferente para conhecimento. Embora todo conhecimento tenha que ser verdade, crenças justificadas, não totalmente verdade, parecem ser conhecimento. Então, muitos filósofos dizem que o que falta é um relato mais complexo!

Uma tática usada por eles é tentar acrescentar uma regra extra, como a de que nenhuma visão (mesmo que de fato esteja certa) conta como conhecimento quando se baseia em uma crença falsa. Mas, então, como saber quais crenças são falsas? E, de qualquer forma, essa abordagem parece varrer muitas coisas que você está feliz por contar como conhecimento, já que, na prática, elas funcionam. Outros filósofos foram na direção contrária e tentaram dispensar a primeira exigência (que você deve acreditar que algo é verdadeiro), permitindo que as pessoas saibam das coisas sem necessariamente acreditarem nelas. E outros ainda quiseram tornar o critério para saber algo mais do que apenas uma crença, sugerindo que o que deve ser exigido é aceitação, seja lá o que isso for...

O enigma de como encontrar certeza pétrea é um dos grandes temas por trás da filosofia, como praticada pelos gregos antigos e resumida por Platão em *Teeteto*, onde ele expôs as três condições, mas deixou o problema para ser resolvido por filósofos posteriores. Lamentavelmente, ninguém o fez! Em vez disso, você ainda tem que se perguntar se pessoas (ou galinhas) realmente sabem algo quando dizem que sabem.

Assim, os filósofos continuaram a se preocupar com o que conta como conhecimento e tiveram que declarar, e não estabelecer, algumas regras:

- Definir os limites do conhecimento — quais perguntas os filósofos deveriam fazer e quais deveriam reconhecer como impossíveis de responder.
- Apreciar o papel próprio da ciência. Visto que existem limites aqui também. Por exemplo, até que ponto o senso comum colabora com as teorias científicas quando os cientistas dizem que o mundo dos objetos sólidos e de uma miríade de cores é quase que completamente espaço vazio cheio de partículas sem cor?

Afinando a língua com a epistemologia

Você pode já ter ouvido por aí que os séculos XVII e XVIII foram a era da epistemologia. Essa foi a época de Descartes ruminando em sua bela e quente fornalha sobre a questão do que o conhecimento realmente é e também de um interesse renovado pelo ceticismo, a filosofia de filósofos como Pirro na Grécia Antiga. Esses filósofos diziam que as pessoas sabiam muito pouco, e muito do que elas achavam que sabiam estava, na verdade, equivocado. Platão foi influenciado por suas visões e pensou em uma distinção entre os tipos de coisas das quais se pensa ter certeza e as coisas que meramente se acredite ser verdade (um tipo de conhecimento que ele chamava de *doxa*).

Aristóteles concluiu que a matéria era mais simples, dizendo que, quando você tem razões boas e relevantes para sua crença, então, de fato, possui um conhecimento confiável (o que ele chamava de *episteme*). Sua única concessão aos que duvidam, de céticos a Platão, era que as razões devem ser muito boas. Essencialmente, de fato, saber algo significa acreditar na conclusão de um argumento que é logicamente válido.

Isso tudo é muito bom, mas os argumentos não são melhores do que as suposições que os alimentaram no começo; acaba que, ao final, você não sabe muito mais do que sabia antes de começar — coisas como a neve é branca e 2 + 2 = 4, que Platão já havia oferecido (especialmente no diálogo em *A República*) como conhecimento. Então existe alguma concordância, o que é um tanto tranquilizador em questões sobre conhecimento.

Sabendo as coisas instintivamente

Você chega neste mundo equipado com conhecimento instintivo. Você sabe como respirar, como dormir, como digerir. Depois você sabe como sorrir, falar, rir, amarrar os cadarços, piscar e solucionar teoremas lógicos complexos (bem, pelo menos algumas pessoas sabem). Mas isso não deveria distraí-lo da característica importante desse tipo de conhecimento: é um tipo de conhecimento físico, às vezes visto como genético, e é certamente um tipo de conhecimento compartilhado pelos animais.

De qualquer modo, aqui estão algumas das diferentes formas de "saber" que conheço:

- **Saber como:** Saber como (ou *know-how*) é um conhecimento prático sobre matérias práticas. Existem vários níveis de conhecimento prático. Primeiro, há as habilidades físicas (corporais), que são todas aquelas coisas instintivas como comer ou fugir de lobos. Depois, há as habilidades que precisam ser aprendidas, como esquiar ou pedalar, e também coisas tecnológicas, como programar um gravador de vídeo ou ligar para outro estado. O know-how, assim, inclui coisas nas quais você não pensa conscientemente e coisas em que pensa, talvez repetindo regras para si mesmo.

- **Saber fatos, conhecer amigos e como amarrar o cadarço:** Você sabe como é uma dor de cabeça? Sim? Mas provavelmente não porque alguém lhe contou como é ou deu-lhe um livro sobre isso. Do mesmo modo, você sabe que não gosta de pulôveres amarelos, mas gosta dos verdes. Talvez saiba que o verde cai melhor em você. Enfim, este é o segundo tipo de conhecimento — por familiaridade.
- **Saber por experiência:** De fato, construímos a maior parte de nosso conhecimento por meio da experiência (familiaridade e experiência estão intimamente ligadas; talvez a principal diferença que valha a pena mencionar é que a primeira é mais prática, e a segunda, mais teórica) — quando bebês, logo descobrimos que o chão é duro quando caímos ou que a grama não é saborosa quando a comemos. Depois de descobrir algumas coisas assim, podemos generalizar e isso pode se tornar um conhecimento teórico, conceitual. Mas o conhecimento começou pela experiência.
- **Saber que:** Este é o tipo de conhecimento que interessa aos filósofos. Envolve linguagem e conceitos, e basicamente exclui o restante do reino animal. Seu cachorro pode saber que sua refeição será colocada em uma tigela onde há o nome "Rex" toda noite, mas isso é só aquela coisa de conhecimento por familiaridade. Cachorros (no que diz respeito à filosofia) não sabem de nada.

Admirando a intuição

A intuição é uma coisa engraçada. Por intuição, as pessoas querem dizer a capacidade de obter conhecimento sem necessariamente conseguir produzir qualquer evidência ou raciocínio para apoiá-lo. "Eu sabia intuitivamente que escrever um livro *Para Leigos* seria um passo ruim em minha carreira", por exemplo! Algumas pessoas dizem que mulheres são mais intuitivas do que os homens; alguns dizem que isso as ajuda a ganhar na loteria ou evitar acidentes de carro. Muitas pessoas dizem que a intuição não é algo de que possamos nos orgulhar, de qualquer forma — é muito melhor ficar com os fatos. Mas também é possível dizer que a intuição é um tipo de processamento subconsciente de informação e dados, que são obtidos observando detalhes e pistas mínimas no ambiente. Seria imprudente confiar somente no que se sabe ou lembra conscientemente, quando se esquece ou não percebe a grande maioria da informação que se tem.

Decodificando o Empirismo e o Racionalismo

O Capítulo 7 é dedicado a abordar todos os diferentes ismos. Mas aqui, para entender o empirismo e o racionalismo, você precisará compreender que há uma divisão entre filósofos em:

- *Empiristas*, que acham que se obtém conhecimento por meio dos sentidos.
- *Racionalistas*, que acham que o conhecimento vem da reflexão sobre as ideias.

Não diga que vem de ambos ou criará uma terceira categoria e, com isso, mais aborrecimento. De fato, a divisão faz sentido da mesma forma que a conceituação de pessoas apenas como seres físicos direcionados por mentes.

A questão filosófica tinha nuances religiosas e políticas. Por alguma razão, a maioria dos empiristas era britânica e a maioria dos racionalistas era da Europa continental, assim dando outro aspecto bastante político a esse debate filosófico supostamente abstrato.

Vamos dar aos empiristas a primeira rodada no debate. Supõe-se que John Locke tenha decidido escrever seus "Ensaios Acerca do Conhecimento Humano" em 1689, após um impetuoso debate entre seus amigos sobre o assunto, quando eles não conseguiram resolvê-lo satisfatoriamente. Isso explica parcialmente a linguagem bem firme de seu ensaio. Ele começa aconselhando as pessoas a pararem de "intrometer-se em coisas" que estão além de suas capacidades naturais de compreensão. Ele, então, nos pede para "supor que a mente é um papel em branco, sem nada escrito" e depois pergunta: "de onde vêm todos os materiais da razão e conhecimento?". Sua resposta resume à visão empirista: "tudo que sabemos vem da experiência sensorial e da reflexão sobre a experiência". Ele prossegue:

> *É uma opinião estabelecida entre alguns homens, que há, no entendimento, certos princípios inatos; algumas noções primárias, características, como se estivessem estampadas na mente do homem, que a alma recebe quando vem a existir e traz ao mundo consigo. Seria suficiente para convencer os leitores sem preconceitos da falsidade dessa suposição se eu apenas mostrasse (como espero fazer nas partes seguintes deste discurso) como homens, meramente pelo uso de suas faculdades naturais, podem alcançar todo o conhecimento que possuem, sem o auxílio de quaisquer impressões inatas, e podem chegar à certeza sem quaisquer dessas noções ou princípios originais.*

Mas, logo em seguida, veio uma resposta continental. "A alma é vazia como uma tábula sobre a qual nada foi escrito?", respondeu Leibniz, no que ele pontualmente chamou de "Novo Ensaio Sobre o Entendimento Humano". Ele diz:

> *Nossas diferenças são acerca de assuntos de alguma importância. Há a questão de se a alma é em si completamente vazia como tábulas sobre as quais nada foi escrito [tábula rasa], como Aristóteles e o autor [John Locke] mantêm, ou se tudo inscrito nela vem somente dos sentidos e da experiência ou se a alma contém desde o começo a fonte de várias noções e doutrinas, que objetos externos despertam apenas em certas ocasiões, como eu acredito junto com Platão e mesmo com alguns estudiosos e todos aqueles que encontram esse significado na passagem de São Paulo, onde ele afirma que a lei de Deus está escrita em nossos corações.*

Leibniz (e outros) se preocupavam com o fato de, se todo conhecimento viesse originalmente dos sentidos físicos, então as pessoas eram pouco diferentes dos animais! Como ele diz, no mesmo ensaio:

> *...É nesse aspecto que o conhecimento humano difere daquele das bestas. As bestas são puramente empíricas e guiadas somente por situações, pois, até onde nós conseguimos julgar, elas nunca conseguem formar proposições necessárias, enquanto o homem é capaz do conhecimento demonstrativo. Nisso, a faculdade que as bestas possuem para vislumbrar consequências é inferior à razão que os humanos têm.*

Isto é verdade: os animais são ruins de filosofia.

Deduzindo Verdades Impressionantes com Descartes

René Descartes nasceu em Poitiers, França, nos últimos anos do século XVI e, embora a maioria de seus contemporâneos tivesse hobbies práticos, como cavar lotes de terra ou mexer com produtos químicos, ele tinha uma mente muito superior e preferia perseguir suas investigações do conhecimento, usando a matemática e o raciocínio lógico rigoroso. Por essa razão, ele, às vezes, é considerado o pai da filosofia moderna. Seu livro mais influente, as *Meditações*, descreve suas perguntas a si mesmo enquanto meditava em uma bela e quente fornalha. Em dado momento, pensou ter encontrado a resposta para a pergunta "o que eu sei por certo?", na certeza da consciência de seus próprios pensamentos, famosamente encapsulados com o *Cogito ergo sum* (Penso, logo existo). Mas ele não afirma isso em *Meditações*, embora em "Respostas ao Segundo Conjunto de Objeções" oferece *Ego cogito, ergo sum, sive existo* ("Estou pensando, logo existo"), que diz basicamente a mesma coisa, mas de uma forma desesperançosa e merecidamente esquecida.

Essa simples alegação, defendia René, era algo que ele *definitivamente* sabia — não apenas acreditava ser o caso. Foi muito influente, tendo um efeito profundo em como as pessoas enxergam o mundo, na maior parte para a pior, mas isso é outra história, parte na ética, parte na política, e, pelo momento, é melhor nos atermos ao que era o raciocínio de Descartes...

A segunda meditação de Descartes

Descartes começa sua segunda meditação (não exatamente uma meditação no sentido estrito, místico, mas mais períodos extensos de reflexão filosófica) tirando conclusões de sua primeira meditação, em que tenta separar — em sua mente — as coisas que realmente sabe das coisas em que meramente acredita, e acaba jogando tudo fora.

> *Eu suponho que tudo que nós vemos é falso. Acredito que nada que minha memória enganosa representa tenha existido. Não tenho absolutamente nenhum sentido. Corpo, forma, extensão, movimento e lugar são todos quimeras.*

Quimeras, aliás, são um tipo de animal imaginário composto do corpo de uma leoa, cabeça de bode e uma cobra como rabo. Descartes, então, argumenta que, mesmo que todas as crenças que ele mantinha antes sejam falsas (não apenas duvidosas), ao menos uma delas *deve* ser verdade.

> *Então é o caso de que eu não existo? ...Há algum enganador ou outro que seja supremamente poderoso e astuto e que está sempre deliberadamente me enganando? Então, também, não há dúvida de que eu existo, se ele está me enganando. E que ele faça o melhor de seu engano, nunca far-me-á crer que eu não sou nada desde que eu pense que sou algo. Assim, depois de tudo cuidadosamente pesado, deve finalmente estabelecer-se que este pronunciamento "Eu sou, eu existo" é necessariamente verdade toda vez que eu o profira ou conceba em minha mente.*

Descartes não estava somente sonhando ociosamente naquela fornalha quente. De jeito nenhum! Isso é uma dedução filosófica. E o argumento formal é algo assim:

Se eu não estou sendo enganado, então eu existo.

Se eu estou sendo enganado, então eu existo.

Ou eu estou sendo enganado, ou não estou.

__________*(Logo)*

Eu existo.

A suposição crucial é a segunda, "Se estou sendo enganado, então eu existo". Essa é a suposição interessante, mas não é originalmente de Descartes, na verdade. Foi sugerida pelo filósofo predecessor Santo Agostinho (354–430), que disse *Fallor, ergo sum*, para aqueles que gostam de colecionar frase em latim para impressionar as pessoas. Na verdade, isso não significa "Penso, logo existo", mas "Se estou enganado, pelo menos estou", que é uma frase muito mais útil.

Essa ideia é um tanto ambígua, porque é possível entender o argumento como sendo para que eu possa existir tenho que estar pensando, o que obviamente não é verdade (por exemplo, você poderia estar dormindo). Mas, se você der a Descartes o benefício da dúvida, permanece uma ambiguidade da qual não pode se livrar.

Infelizmente, argumentar desse jeito não prova que Descartes existe, apenas que há um pensador, que poderia ser outra pessoa. Parece maluco? Mas você pode pensar em um unicórnio e isso não faz com que o unicórnio exista — pelo menos não no sentido normal. Talvez, no entanto, seu raciocínio pudesse (como Descartes esperava) servir como prova de Deus, se tudo que se exige de Deus é que seja pensamento puro.

Passando uma semana preguiçosa com Descartes sonhando na fornalha

As *Meditações* de Descartes tinham muito a ver com ele como indivíduo. Quando a obra foi impressa pela primeira vez, foi apresentada como uma coleção de pessoas famosas falando sobre um novo ensaio — as *Meditações de Prima Philosophia*. Entre as pessoas famosas que ele convidou para comentar seus trabalhos filosóficos estava Thomas Hobbes, o filósofo inglês que acusa o francês de não realmente "duvidar de tudo", apesar de suas pretensões. Descartes sutilmente descarta essa objeção, dizendo rispidamente que apenas havia mencionado a doença da dúvida no espírito de um escritor médico com a intenção de, um momento depois, demonstrar como curá-la e, portanto, não tinha intenção de duvidar de tudo.

Então, qual é a conclusão de Descartes após todas as suas meditações? Basicamente, a ideia de que seus sentidos são confiáveis afinal, desde que se tire conclusões deles cuidadosamente. É claro que as ideias de Descartes não foram realmente sonhadas em alguns dias em um cômodo quente; elas parecem ter surgido nele bem lentamente ao longo de muitos anos, por mais que ele descreva no livro que o processo de raciocínio durou seis dias. A noção apelativa da fornalha e a semana de reflexão são um dispositivo literário — e muito bem-sucedido. Somado a isso, todo o processo de iluminação tem nuances religiosas (jesuítas) assim como, muito particularmente, a escolha de *seis* dias. Deus criou o universo em seis dias; Descartes modestamente objetiva algo similar!

É assim que o livro se sucede, em minha própria visão:

- No primeiro dia, Descartes entra no aterrador mundo do nada, permitindo que tudo seja desconhecido e incerto.
- No segundo dia, ele acalma seus medos, refletindo que, pelo menos, sabe uma coisa, que ao menos está duvidando, temendo, pensando algo: "O que sou eu? Uma coisa que pensa, o que é isso? Uma coisa que duvida, entende, afirma, nega, tem vontade, não tem vontade e também imagina e possui percepções sensoriais...".
- No terceiro dia, ele prova para si mesmo que a existência de Deus é certa.
- No quarto dia, ele ensina a si mesmo algumas formas de evitar erros.
- No quinto dia, ele se arma de uma prova superior da existência de Deus.
- No sexto e último dia (de trabalho), ele descarta quaisquer dúvidas e se prepara para reentrar no mundo equipado com uma nova ciência para compreendê-lo, uma ciência que aplica mais cuidadosamente as mesmas ferramentas da percepção sensorial originalmente alijadas no dia um.

Os achados de Descartes são uma das joias da filosofia ocidental — porém, quando analisadas mais de perto, não têm nada de mais.

Como disse Bertrand Russell em *O Valor da Filosofia*:

> *A filosofia, como outros estudos, almeja primariamente o conhecimento... Mas não se pode defender que a filosofia teve uma grande medida de sucesso em suas tentativas de oferecer respostas definidas às suas perguntas. Se você perguntar a um matemático, um mineralogista, um historiador ou qualquer outro homem de conhecimento qual corpo de verdades foi certificado por sua ciência, a resposta durará tanto quanto você estiver disposto a ouvir. Mas se fizer a mesma pergunta a um filósofo ele terá que confessar, se for cândido, que seu estudo não alcançou resultados positivos como foram alcançados pelas ciências...*

Russell ainda acrescenta:

> *...Em grande medida, a incerteza da filosofia é mais aparente que real: aquelas perguntas que já podem ter respostas definidas são feitas nas ciências, enquanto aquelas às quais, no presente, nenhuma resposta pode ser dada continuam no resíduo que é chamado de filosofia.*

Parte IV

Explorando um Pouco Mais

"As pessoas sempre perguntam ao Darren por que ele se tornou budista."

Nesta parte...

Agora nós estamos começando a chegar no ponto. O que exatamente acontece em nossas cabeças? Todas as grandes questões, de valores pessoais a julgamentos políticos e mecanismos ocultos da economia e da vida social, são expostas, reveladas e explicadas aqui.

Bem, talvez isso esteja indo longe demais, mas vamos começar assim mesmo.

Capítulo 10

Olhando a Ética e a Moralidade

Neste Capítulo

- Olhando o certo e errado
- Detonando os jargões daqueles termos éticos pomposos
- Desconstruindo um pouquinho daqueles que dizem saber mais que o resto

Dizer que a felicidade é um bem maior parece uma banalidade.

— Aristóteles

O estudo do bem e do mal é essencialmente um estudo prático, como assegurava Platão e insistem que deveria ser os filósofos políticos, como Marx. *Ética* diz respeito a regular comportamento, tanto ações individuais como atividades mais gerais, tudo isso significa entrar no reino político. Muitas pessoas acham que os políticos deveriam ficar bem longe da ética, mas essa visão é ingênua. As leis se baseiam essencialmente nas percepções de certo e errado e, no final das contas, são os políticos que as fazem. Como eles chegam às leis é em geral bem complicado e, certamente, tanto especialistas filosóficos como religiosos (assim como o já normal interesse econômico) exercem uma função.

Na maior parte do tempo, para a maioria das pessoas, é o poder, na forma da lei, que diz o que é certo. Pegue as relações sexuais, por exemplo. O governo de Sua Majestade (o Reino Unido) tem visões muito claras sobre esse assunto. Ninguém deve ter mais do que um cônjuge e existem limites estritos de idade — isto é, idade mínima

—, para não esquecer sexo com animais ou em lugares públicos, muito menos em troca de uma quantia em dinheiro. Não poderia ser mais claro, não é? E apenas seguir as leis poupa muitos problemas às pessoas, porque elas não precisam retornar aos primeiros princípios. Era isso que os cidadãos alemães de bem (e franceses e outros também!) pensavam quando a lei lhes dizia para entregar quaisquer vizinhos judeus que eles soubessem estarem escondidos em sótãos para a Gestapo, a fim de que fossem transportados a um campo de concentração para "processamento"...

Mas na verdade a lei não é nada mais do que um guia para separar o certo do errado por muitas boas razões. Uma é que a lei varia. Em alguns países, por exemplo, pode-se ter vários cônjuges e homens podem casar com crianças. No Reino Unido, as relações homossexuais são um direito humano, mas em outros países você pode ser executado por ter um parceiro do mesmo sexo. Em alguns países, o Estado organiza a prostituição como um serviço público, como plano odontológico ou noites de bingo; em outros, a prostituição é considerada um mal indizível e punida com prisão. E tem mais, o que é errado em um lugar em uma época frequentemente muda com a tendência ou a circunstância, como (por exemplo) as leis sobre a homossexualidade mudaram no Reino Unido. Em muitas áreas da vida humana, a lei é menos o que decide o que é certo e errado e mais uma reflexão a respeito de atitudes predominantes. Na Alemanha nazista, a lei refletia um preconceito amplamente disseminado contra o povo judeu, homossexuais e ciganos, sem mencionar as visões "nazi" da nova (mas eleita democraticamente, não se esqueça!) liderança alemã. Então, em ética, a referência a códigos legais não é geralmente muito esclarecedora.

Então, neste capítulo, começo com as alegações dos religiosos de terem encontrado um atalho para o conhecimento de certo e errado — porque eles têm livros baseados na palavra de Deus. Em seguida, abordo algumas perspectivas "radicais" sobre moralidade, como a visão de Nietzsche de que todos as possuem às avessas (menos ele), porque o que chamam de certo é "errado" e o que chamam de ruim é "bom"! Depois, analisamos algumas partes da tentativa de tornar a ética científica e, finalmente, tentamos modernizar a ética — aplicando-a a árvores e animais. Bem, por que não?

O que Deus Faria?

Há rumores de que o ex-vice-presidente americano, Al Gore, tem um bloco de madeira em seu gabinete na Casa Branca com a inscrição *WWGD*, acrônimo da frase "O que Deus faria?" (em inglês, *What Would God do?*). Isso apesar do fato de que, nos EUA, a religião e a política devem — está escrito lá na constituição americana — ficar bem longe uma da outra. Alguma esperança!

A realidade é que todos aqueles textos religiosos antigos — a Torá judaica, a Bíblia cristã e o Corão muçulmano — não falam só de céu e vida após a morte, mas também tentam estipular o modo correto de se comportar em todos os estágios da vida e, como um estado totalitário, aliam esse "conselho" a ameaças e punições terríveis. Infelizmente, existem duas importantes fraquezas lógicas em todas as tentativas de basear a moral em um texto religioso:

- **Uma delas é que os textos não concordam:** Seja entre eles ou dentro deles. A Bíblia, por exemplo, contém muitas instruções para que os crentes exterminem impiedosamente seus rivais — homens, mulheres e crianças, inclusive —, juntamente a regras para perdoar e amar seus inimigos!
- **O que os filósofos chamam de *Dilema de Eutífron*:** Esse problema aparece em uma das peças de Platão, em que um sujeito chamado Eutífron está pensando em processar seu pai para, como ele coloca (para o horror de Sócrates), agradar aos deuses. Isso leva Sócrates a fazer uma pergunta simples, mas profunda: algo é bom porque os deuses dizem que é bom (caso em que os deuses podem dizer que absolutamente qualquer coisa é boa e as pessoas devem aceitá-lo) ou os deuses dizem que as coisas são boas porque eles veem que são boas? Deuses, você pode supor, seriam bons julgadores para tais coisas, mas, se ainda é isso que torna as coisas certas e não erradas, ter a aprovação dos deuses não oferece nenhuma explicação do *porquê* de uma coisa ser boa ou não.

De fato, os textos religiosos não são melhores do que códigos legais para oferecer uma explicação apropriada do porquê de algo ser certo ou errado. Você deve, é claro, levar em conta o que eles consideram fé. Então, por razões reais, o mundo precisa de filósofos. Mas nem eles conseguem concordar na possibilidade de uma percepção mais profunda. Aliás, alguns filósofos ainda acham que Deus definitivamente decide o certo e o errado — aliás, religiosos na verdade defendem otimisticamente que a necessidade humana pela política para haver uma diferença entre certo e errado, aliada ao fato de que a filosofia não oferece uma, é uma razão para supor a existência de Deus. Outros, contudo (sem dúvida detectando a fraqueza no último argumento!), tentam basear seu sistema ético na lógica, e outros, ainda, em um tipo de matemática baseada no cálculo das consequências de qualquer ação. E, é claro, outros filósofos dizem que a noção de certo e errado ou é uma ficção ou apenas uma questão de aplicar gostos pessoais.

Entre os melhores esforços dos filósofos estiveram regras famosas como:

- **A dos utilitaristas:** Esta diz que a coisa correta a se fazer é toda diretriz (ou ação) que leve a maior felicidade para o maior número de pessoas. Isso é o que se ouve frequentemente dos políticos hoje em dia, mas é, na verdade, uma história filosófica muito antiga e não é, particularmente, persuasiva.
- **A hobbesiana:** De Thomas Hobbes. Ela diz que certo é tudo que os indivíduos mais poderosos dizem que é certo.
- **A kantiana:** De Kant. Esta é a preferida dos filósofos. Ela diz que se deve sempre agir como se suas ações seguissem uma lei universal. Isso, o *imperativo categórico*, exclui pedir dinheiro emprestado e não devolver, mas permite que as pessoas cometam suicídio.

Um ideal similar esconde-se por trás da obra do filósofo do século XX, John Rawls, expondo os méritos para que a criação de diretrizes aconteçam por trás de um *véu de ignorância* (isto é, certificando-se de que as pessoas tomem decisões ignorando como essas decisões irão afetá-las pessoalmente, ou seus parceiros, assim garantindo que ajam no interesse de todos e não de apenas alguns poucos). Como Kant, John Rawls procura remover os efeitos distorcidos do interesse próprio da tomada de decisão. Parece sensato? Ainda assim, estranhamente, uma teoria alternativa, levada adiante pelo filósofo escocês do século XVIII,

Adam Smith, torna o egoísmo a chave para a sociedade. Smith, que era o que hoje se chamaria de economista, diz que o egoísmo é bom! Ele aponta que é o mecanismo que permite que sociedades complexas organizem suas tarefas de uma forma que tanto gere a maior riqueza como crie, consequentemente, as maiores oportunidades para os cidadãos. Parece complicado? Contraditório? Isso é ética.

Apontando a Diferença entre Certo e Errado

Não é de se espantar que alguns filósofos digam que a coisa certa a se fazer não existe, e um ou outro, como o filósofo iconoclasta alemão Friedrich Nietzsche (1844–1900), chegou ao ponto de dizer que se deve fazer tudo que todos os outros acham errado. De fato, Nietzsche declarou-se o primeiro imoralista do mundo e tentou revalorizar todos os valores, começando por desmascarar o cristianismo como um plano para desapoderar grandes homens como ele próprio. Seu objetivo, ele escreveu, era literalmente tornar o bom, ruim. Infelizmente para ele, se não para o resto do mundo, ele não conseguiu finalizar sua tarefa. Em 1889, aos 45 anos, ele desceu para um mundo crepuscular próprio, nunca emergindo da loucura.

Friedrich Nietzsche era contra a moralidade, considerando-a uma tendência desagradável — meio que uma forma de fraqueza. Ele preferia o que chamou de *antimoralidade*, em que um grande homem (e tinha que ser um homem) desfrutasse de seu poder plenamente, livre de noções sombrias de responsabilidade, dever e piedade, mais ainda (de todas as coisas) de ser "bom". Afinal, como Nietzsche coloca:

> *...No conceito do homem bom, a causa [é] feita com tudo que é fraco, doente, mal constituído, sofrível em si, tudo que deveria perecer — a lei da seleção cruzada, um ideal feito da oposição ao orgulhoso e bem constituído, ao homem afirmativo, ao homem certo do futuro e garantindo o futuro.*

Há uma leitura bastante simplista da teoria de Darwin acerca da evolução em que espécies pobremente constituídas devem ser descartadas, sendo comidas pelas bem constituídas. E de muitas formas, para todos seus fãs filosóficos, Nietzsche não é tão original assim. Sua teoria é, na verdade, apenas um ataque à moralidade cristã, e muitos outros antes dele (especialmente Thomas Hobbes) haviam observado que "o poder em algum sentido é certo". A prosa bizarra de Nietzsche proclamando que ele, pelo menos, havia transcendido todos os outros valores exagera seu radicalismo, porque ele havia apenas invertido os convencionais.

Nietzsche escreveu que o objetivo da humanidade não está em alguma estratégia ou processo geral, como maximizar a felicidade, mas nas atividades de suas "espécies superiores". Esses homens (e apenas homens) transcendem à história e não estão amarrados a nenhuma lei, senão a de seu próprio prazer. Ele diz: "O homem que não pertencesse à massa só precisaria parar de se sentir confortável consigo próprio; ele deveria seguir sua consciência que grita: 'Seja você mesmo!'. Você não é realmente tudo o que faz, pensa e deseja agora". Esse tipo de coisa tem sido muito popular na filosofia da França e da Alemanha desde então.

Alcançando o equilíbrio na China Antiga

A maioria dos filósofos vê a vida ética como uma vida equilibrada e oferece algum tipo de harmonia interna como um argumento irrefutável àqueles tentados pelas aparentes atrações de um caminho antiético. Não são só os hippies da Nova Era que acham que tudo é interligado e a saúde de uma pessoa é muito mais do que uma máquina biológica.

Os alertas de Platão em seus livros sobre os perigos do excesso e da ganância ecoam na abordagem do Imperador Amarelo da China Antiga também. As filosofias orientais são, em geral, claras em sua ênfase ao alcance do equilíbrio. O imperador enfatizou a necessidade de moderação e equilíbrio e assumiu a visão de que, se as pessoas se comportavam mal, era porque haviam ficado doentes ou, mais precisamente, desequilibradas. É claro que esse ponto de vista está muito em voga hoje em dia. Por exemplo, as pessoas falam de alguém que é particularmente mau como tendo uma "mente doente".

Conseguindo apenas um pouco de justiça

A justiça tradicionalmente está no cerne da ética, mas pode ser deslocada deste trono, como os utilitaristas resolveram fazer no século XIX. De fato, para muitos éticos práticos, a justiça de hoje deve diferir da *utilidade* (um cálculo do que é mais útil) na criação de políticas. Os médicos tomam decisões a respeito da doação de órgãos, por exemplo, com base em quantos anos eles esperam que um paciente receptor viva, em vez de com base em quão valiosa ou nobre socialmente eles esperam que a vida daquela pessoa seja. Frequentemente a busca por justiça hoje em dia tende a ser em tribunais; de fato, estes, em certo sentido, usurparam o termo. Mas a justiça legal é apenas uma aplicação da lei, e as leis foram escritas por seres humanos atuando com um senso de... justiça.

O livro mais influente de Platão, *A República*, preocupa-se principalmente com a natureza da justiça, porque Platão enxerga a justiça como, basicamente, um assunto para os Estados ou repúblicas. Além disso, Platão diz que se pode ver a justiça mais facilmente quando se considera o organismo maior (uma comunidade ou cidade) do que o menor (o indivíduo). E Platão defende que, visto que a justiça é essencialmente aquilo que se segue a ter tudo bem organizado e harmonioso, então, é melhor deixar os filósofos governarem a cidade e encarregarem-se dos "vigorosos" (a polícia e o exército), que, por sua vez, devem impedir que as massas se deixem levar por sua tendência natural a digladiarem-se por conta de bens materiais.

Entendendo as Principais Teorias Éticas

Muito da ética gira em torno de três teorias:

- **Utilitarismo** é a mais fácil de entender — e a mais popular entre políticos democratas. O utilitarismo é onde as pessoas avaliam várias políticas com base em que a melhor será aquela que resulte na maior quantidade de votos ou a maior felicidade (excluir conforme aplicável).

- **Teorias de ética** baseiam-se em regras, que podem vir dos céus, por meio de mensageiros humanos, ou do céu filosófico, por meio dos lógicos. A teoria filosófica mais importante, assim, é o imperativo categórico de Kant, que diz basicamente o oposto dos utilitaristas e insiste em que as pessoas têm uma obrigação de executar a ação correta, *independentemente* das consequências reais.
- **Ética da virtude** afirma que a ação correta é o que a pessoa virtuosa naturalmente faz, e que as pessoas podem se tornar virtuosas, certificando-se de fazer sempre a coisa certa. Com as duas teorias anteriores anulando uma à outra, não é de se espantar que filósofos profissionais recentes tenham dado preferência à antiga teoria da ética da virtude, derivada das noções de Aristóteles e Confúcio.

Leitores atentos terão percebido que todas essas teorias são um tanto circulares — elas meio que assumem o que é certo antes de dizer como a teoria ajudará a estabelecê-lo. Não é de se espantar, então, que os filósofos passem tanto tempo examinando suas teorias — e isso é uma prática conhecida como *metaética*.

Separando ética e metaética

Uma das coisas que as pessoas acham mais confusa em ética filosófica é como exatamente ela é diferente da moralidade cotidiana. A despeito de numerosas tentativas para especificar a ética, a resposta é que não existe uma especificação.

A *ética* ocupa-se em encontrar a diretriz correta. Mas a *metaética* se preocupa com as próprias teorias éticas — examiná-las criticamente e observar os principais conceitos delas, como o que as pessoas querem dizer com *bom*, afinal? Outro tópico que os filósofos discutem com frequência é a noção de livre-arbítrio — isto é, a ideia de que as pessoas são realmente responsáveis por suas ações.

O livre-arbítrio é uma ficção, e uma ficção muito útil, que diz que, quando você faz uma escolha, realmente a fez. Você escolheu realmente ficar lá de pé observando uma pessoa afogar-se no lago — ou não conseguiu ajudar por conta de sua natureza tímida? É claro que ninguém pode saber se essa liberdade é real ou apenas uma ilusão. Algumas pessoas — *deterministas* — dizem que cada decisão é, bem, determinada pelas circunstâncias, genes, química, até os livros de Nietzsche ou seja lá o que for. Outras dizem que, visto que você é livre para fazer de outra forma, deveria ser responsabilizado por suas decisões e por seu comportamento, e que, mesmo que você não seja realmente livre — talvez apenas tenha nascido com um temperamento ruim —, ainda deve ser tratado como se fosse.

Então por que o livre-arbítrio é uma ficção? Porque, para ser responsável por seu comportamento, você não só tem que tomar a decisão livremente, como tem que ser responsabilizado por ser o tipo de pessoa que, dadas todas as circunstâncias, tomará esse tipo de decisão. Você é responsabilizado, assim, por ter nascido covarde, preguiçoso ou egoísta. Para tornar o livre-arbítrio possível, você deve ser responsabilizado por ser quem é. Em um tipo de sentido lógico, a responsabilidade é infinita. Kant diz que, embora ninguém possa entender como a liberdade humana é possível, deve-se aceitar que ela existe e que a liberdade pertence ao eu *noumenon* (ou a coisa em si mesma, diverso do eu físico do dia a dia), estando o mundo *noumenon* fora das regras comuns de causa e efeito.

Pesando o utilitarismo e o consequencialismo

O princípio ético mais útil para considerar as consequências de ações é o utilitarismo — embora, em um sentido muito real, não seja de forma alguma um princípio ético. O utilitarismo é uma ideia velha. Ele está em um dos diálogos de Platão — aquele em que Protágoras sugere que, para se distinguir certo e errado, é preciso pesar os prováveis prazeres e dores resultantes de uma política. Sua ideia é transformar a ética em um tipo de matemática, que os filósofos, às vezes, chamam de *cálculo hedônico* (*hedone*, em grego, significa prazer; a palavra *hedonista* ainda é comumente usada).

Fazer a coisa certa igual a fazer a coisa mais prazerosa era uma abordagem controversa mesmo à época. Por um lado, o respeitado astrônomo Eudoxo chegou ao ponto de dizer que o prazer era a única coisa boa e que todas as outras coisas que as pessoas consideravam boas eram valiosas apenas porque de alguma forma *aumentavam* a quantidade de prazer que alguém vivenciaria em algum lugar. Por outro lado, outro especialista antigo, Espeusipo, insistia em que o prazer e a dor eram dois lados da mesma coisa, e que essa coisa não era boa, mas má. Pense nisso! De fato, sua ideia (como outros estoicos) era a de que ser indiferente era bom.

Mas, para os filósofos, normalmente, o princípio utilitarista remonta ao pensador do século XVIII (e começo do XIX) Jeremy Bentham, dizendo que a ação correta é aquela que gera a maior felicidade ao maior número de pessoas. Bentham atuou como tutor de outro filósofo moral altamente influente, John Stuart Mill (1806–1873), que, de fato, adotou a filosofia dele para sua própria filosofia e rejeitou especialmente teorias morais alternativas para representar os interesses da classe dominante, não da justiça. Aqueles que ensinaram a virtude de uma vida de sacrifício, Mill escreveu, queriam que outros sacrificassem suas vidas para eles. Mill e Bentham dizem que as pessoas desejam ser felizes e que isso é, na verdade, a única coisa que desejam. Quando os desejos conflitam, os utilitaristas simplesmente pesam as consequências e decidem qual ação produz a maior felicidade.

Em contrapartida, Espeusipo poderia dizer que, visto que o prazer (e a dor) são igualmente ruins, o utilitarismo é uma forma de maximizar a quantidade de mal no mundo.

A maioria das pessoas realmente parece gostar do prazer. É por isso que os filósofos usam o utilitarismo tão frequentemente para justificar decisões práticas. Porém, Espeusipo e os estoicos provavelmente também estavam errados ao tentar livrar as pessoas da dor. A ideia de que a dor é sempre ruim e o prazer é sempre bom desaba diante de uma perspectiva ecológica. A dor é uma forma de a natureza dizer para você ir ao dentista, afinal de contas.

Quem está certo? Todo mundo ou aqueles filósofos esquisitos? Todavia, essas visões apelavam àquele biólogo especialista, Darwin, que apontou que a dor e a ansiedade são parte da vida e não podem ser removidas, da mesma forma que a morte, sem destruir todo o sistema natural. Se a natureza como um todo é boa, então a morte e a dor também são.

Não deixe de cumprir com seu dever

Se alguns filósofos acham que a dor é boa, outros acham que a felicidade é ruim; ou, pelo menos, que aumentar a felicidade é uma forma de egoísmo e, portanto, uma motivação ruim. Por outro lado, para alguns filósofos, às vezes chamados *deontologistas*, boas intenções, às vezes, bastam. Seu líder é o professor de filosofia alemão gerador de jargão Immanuel Kant. É assim que ele expõe o pretexto para fazer algo *apesar* das consequências:

> *Mesmo que por um destino especialmente infeliz ou por uma provisão mesquinha da madrasta natureza, essa vontade deva ser totalmente desprovida de poder para alcançar seu propósito, se com o maior dos esforços ainda não alcançasse nada e apenas a boa vontade restasse (não para ter certeza, como um mero desejo, mas como a união de todos os meios em nosso poder), ainda, como uma joia, teria sua própria luz, como algo que possui pleno valor em si mesmo. Sua utilidade ou proveito não aumenta nem diminui esse valor.*

Assim, Kant pensou enquanto escrevia uma obra muito respeitada, chamada *Fundamentação da Metafísica dos Costumes* (1785). Ele expande sua teoria para o reino prático em um livro chamado *Crítica da Razão Prática* (1786). A moralidade, diz Kant, não está conectada às inclinações a que você está sujeito como resultado de sua natureza material, física. Seu dever é refletir sobre o que poderia ser um dever universal para qualquer agente racional — Deus inclusive.

Kant concebe a famosa fórmula do *imperativo categórico*. Essa é uma (como *cogito*, de Descartes) daquelas ideias problemáticas de uma linha da filosofia que todo mundo repete respeitosamente, mas que na verdade não diz nada novo. De qualquer forma, aqui está ela. Tome nota:

Aja somente por uma máxima que você possa, ao mesmo tempo, desejar que seja uma lei universal.

Nessa fórmula, o que é crucial não é o sucesso do resultado de uma ação, mas a intenção. Isso não significa que as consequências sejam irrelevantes, porque elas identificam quais ações são (teoricamente) *universalizáveis* (poderiam ser realizadas por todos), mas consequências, no sentido de perguntar o que é mais útil, certamente não são desejadas. Um exemplo que Kant dá é de um mundo no qual a prática de fazer promessas falsas quando conveniente tenha se tornado uma lei universal. Porém, Kant aponta, em tal mundo, a instituição da promessa logo desabaria, porque ninguém confiaria na palavra de ninguém. Essa contradição significa que não é possível *universalizar* a ação em questão, de modo que se "demonstra" que a máxima de não fazer promessas falsas é moralmente obrigatória.

"A lei moral", escreveu Kant, "é uma lei de dever, ou coação moral". No sentido geral, os deveres são obrigações que vêm com uma função. Em ética, deveres são aquelas obrigações que pessoas de boa vontade sentem como tal. Kant tentou mostrar que todas eram, em algum sentido, logicamente demonstráveis. Ele achava que esse processo lógico começava na divisão do dever entre coisas ditadas pela lei e deveres ditados pela virtude, assim como na distinção entre ações realizadas por uma razão positiva e "tarefas negativas" — ações ditadas por um desejo de evitar fazer algo errado.

DETONADOR DE JARGÃO

Mais precisamente, um *dever* é uma ação que você deve, obrigatoriamente executar, e ter uma *obrigação* é ter um tipo especial de necessidade (uma necessidade moral) de realizar certa ação. Então a palavra *dever* refere-se a uma ação, e a palavra *obrigação*, similarmente, representa o fato de uma necessidade moral para realizar uma ação.

A ética deontológica (em grego, *deon* para dever ou *dei* para "você precisa") preocupa-se com deveres e considera certos atos em si certos ou errados, não se levando em conta suas consequências.

Outro exemplo que Kant oferece (ele não é muito bom em desenvolvê-los, mas, pelo menos, tentou) é o do dilema encarado pelo servo leal que abre uma porta para um louco com uma faca que está à procura de seu mestre, na intenção de matá-lo. O dilema (pelo menos Kant acha) é que, se o homem da faca fizer uma pergunta, o servo não pode mentir para proteger seu mestre, porque mentir, como matar pessoas, é sempre ruim. Mentir para um assassino na porta a respeito do mestre estar em casa é moralmente proibido — mesmo que dizer a verdade coloque seu mestre em perigo mortal. É a esse ponto que a moralidade leva quando se é rigidamente lógico. Kant parece perceber a implausibilidade dessa orientação aqui. Então ele oferece mais argumentos bem inconvincentes para justificar que se diga a verdade para o homem da faca, como o de que se o mestre fosse morto porque, sem que o servo o soubesse, fugiu pela porta dos fundos e deu de cara com o assassino, que estava indo para casa desapontado com a notícia de que sua vítima pretendida não estava, o servo poderia ser corretamente acusado de ser o responsável!

Kant opõe-se resolutamente a qualquer consideração de consequências, porque acha que isso torna cada indivíduo um egoísta calculista, em vez de verdadeiramente virtuoso.

De onde exatamente Kant tirou seu imperativo categórico (logicamente falando — socialmente falando, está lá na Bíblia) não é claro: ele apenas o declara em *Metafísica dos Costumes*. Aqui, ele explica que todo "ser racional" considera sua própria existência um fim em si. Por outro lado, as coisas que essas pessoas racionais querem (como torta de carne) são meios de satisfazer o desejo, mas os próprios desejos são um incômodo e:

> *...As inclinações, elas mesmas sendo fontes de querer, estão tão longe de ter um valor absoluto pelo qual deveriam ser desejadas, que deve ser, ao contrário, desejo universal de cada ser racional ficar totalmente livre delas.*

Então, Kant prossegue ponderadamente, "se todo valor estivesse condicionado e, portanto, contingente, então não haveria um princípio prático supremo de razão". Melhor que isso é presumir que:

> *...Há um princípio prático supremo... Sendo retirado da concepção daquilo que é necessariamente um fim para todos, porque é um fim em si, constitui um princípio objetivo de vontade e pode, portanto, servir como lei prática universal. O fundamento desse princípio é: a natureza racional existe como um fim em si.*

A lei universal da prática moral, o imperativo prático, então, é assim:

> *Então, aja de forma a tratar a humanidade, seja em tua própria pessoa ou de qualquer outra, em cada caso como um fim, nunca somente como um meio.*

Sendo virtuoso com Aristóteles

Uma diferença importante entre Aristóteles e Platão aparece em *Ética a Nicômaco*, onde Aristóteles começa com uma pesquisa de opiniões populares sobre o assunto do certo e errado para descobrir como as pessoas usam esses termos. Platão deixa bem claro seu desprezo por tal abordagem. Thomas Hobbes posteriormente disse que o método havia imediatamente desvirtuado Aristóteles, porque, procurando fundamentar a ética nos "apetites dos homens", ele havia escolhido uma medida pela qual, para Hobbes, não havia nenhuma lei e nenhuma distinção entre certo e errado. As sociedades, como os negócios, criam essas distinções e as pessoas as aceitam.

Nos diálogos de Platão, a fonte da bondade é a sabedoria, e ele descreve o bem como uma luz que revela a verdade. Ninguém faz o mal, diz Platão de modo apaziguador, exceto por ignorância. Afinal, fazer algo errado torna quem o faz menos perfeito e menos harmonioso, e quem faria isso a si mesmo conscientemente? Aristóteles acrescenta que o caminho para a saúde ética é uma série de avaliações da opção do meio: não muito vinho, não muitos meninos escravos, nem, também, poucos canapés para os convidados ao jantar — como ele descreve em seu retrato do homem verdadeiramente virtuoso (Aristóteles despreza as mulheres e chama-as de um tipo de gado doméstico!) em sua célebre obra chamada *Ética a Nicômaco*:

> *Tal, então, é o homem magnânimo; o homem que se dá ao excesso e é vulgar excede-se, como foi dito, gastando além do que é correto. Pois, em pequenos objetos de dispêndio ele gasta muito e exibe uma ostentação de mau gosto; por exemplo, ele dá um jantar para amigos com as proporções de um banquete de casamento e, quando providencia o coro para uma comédia, leva-o ao palco vestido de púrpura, como fazem em Mégara. E tudo isso ele não fará pela honra, mas para ostentar sua riqueza e por achar que é admirado por isso; e onde deveria gastar muito, gasta pouco e vice-versa. O homem mesquinho, por outro lado, ficará aquém em tudo e, após gastar as maiores somas, estragará a beleza do resultado por uma ninharia, e o que quer que faça, hesitará e pensará em como pode gastar menos, e até isso lamentará, e achará que está fazendo tudo em uma escala maior do que deveria.*

Recentemente, parece que houve uma renovação de Aristóteles, e essa teoria é chamada em cursos de ética de *ética da virtude*. Essencialmente, a ideia é que é por meio da prática saudável do comportamento virtuoso que as pessoas se tornam virtuosas. A lição disso é (como os pais sabem) forçar as pessoas a serem virtuosas torna-as pessoas melhores... mais cedo ou mais tarde. Os filósofos gostam de tratar isso como uma grande revelação, diferente de outras teorias, mas na realidade essa noção é bem antiga, aparece, inclusive, nos diálogos de Platão. Ele foi roubado!

As tradições estoicas e orientais oferecem uma perspectiva ligeiramente diferente (como explorada, por exemplo, por Espinoza), de uma boa vida sendo um caso de adaptar-se e harmonizar-se com a natureza e os tempos, e ambas as abordagens tentam evitar a dualidade certo/errado da ética padrão ocidental, reconhecendo que tudo contém elementos tanto do bom quanto do mau. É por isso que separar o que é certo do que é errado pode ser tão difícil!

Todas as virtudes

O que é uma virtude? Literalmente, *virtude* é uma propriedade, mas não é tão real quanto potencial. O ópio, como bem se sabe, tem virtude dormitiva. E uma pessoa boa tem a virtude de ser amável com animais quando vê um animal pelo qual nutre afeto. Para os gregos antigos, uma pessoa virtuosa é como uma pá virtuosa, ou uma faca ou o que for. Assim como a pá tem que ser boa para sua função, que é cavar, uma pessoa virtuosa deve ser boa em sua função, que, para Aristóteles, era ser racional.

Lamentavelmente, nem todo mundo concorda a respeito das virtudes. No século XII, Moisés Maimônides, o rabino-filósofo hispano-norte-africano (1155–1204), avisou, em seu *Guia dos Perplexos* (cerca de 1190), que a virtude é um meio de tornar-se bom seguindo um código religioso. E as virtudes a que Aristóteles atribuía tanta importância, como ser equilibrado, honrado, magnânimo e assim por diante, para os estoicos, só eram valorosas na medida em que podiam auxiliar alguém a conquistar a harmonia com o mundo como ele é. Mesmo a diferença entre virtude e vício não é muito importante, porque ambos são estados intelectuais. O *vício* é o resultado de permitir um papel excessivo das paixões, levando a erros de julgamento.

Porém, posteriormente, as virtudes cristãs retornaram a algo não muito diferente das virtudes socráticas: justiça, prudência, temperança, fortitude, fé, esperança e caridade. Crucialmente, para Sócrates e os cristãos também, a virtude é verdadeiramente sua própria recompensa.

O homem magnânimo

O homem magnânimo de Aristóteles, às vezes chamado de homem de alma grandiosa ou magnificente, é virtuoso no sentido de ser excelente em tudo que faz e tem orgulho disso também. Afinal, Aristóteles explica em *Ética a Nicômaco*:

> *...A grandeza em cada virtude pareceria ser característica de um homem orgulhoso. E seria mais descabido para um homem fugir do perigo, balançando seus braços ao lado de seu corpo, ou ser injusto para com outro; pois, com que fim ele deveria cometer atos desgraçados, ele para quem nada é grandioso?*

O homem magnânimo (que possui todas as virtudes) faz mais sentido, hoje em dia, se você lembrar que a palavra grega *virtude* (*arete*) descrevia uma qualidade relacionada a ser bom em fazer coisas. A palavra não se referia somente a intenções virtuosas, como as pessoas a entendem hoje em dia (embora ainda haja uma ênfase compartilhada em "como ser" acima de "o que fazer"). Aristóteles esperava que qualquer homem virtuoso seria alto, bonito e forte também. As pessoas ainda respeitam esse valor cultural na celebração moderna dos campeões olímpicos. Em *Ética a Nicômaco*, Aristóteles o expõe assim:

> *Pensa-se que um passo lento é próprio de um homem orgulhoso, uma voz profunda e um discurso moderado; pois o homem que leva poucas coisas a sério, provavelmente, não se apressa, nem o homem que não pensa em nada grandioso para ficar animado, enquanto a voz aguda e caminhar rápido são os resultados de pressa e animação.*

Bem como um ganhador de medalha de ouro! O que me faz lembrar de parte da virtude para Aristóteles é encontrar o *justo-meio* em (quase) todas as coisas — nem demais, nem de menos. Na verdade, os filósofos orientais são mais radicais, dizendo que nada é totalmente ruim e nada é totalmente bom, mas Aristóteles admite que algumas coisas — a justiça, por exemplo — são sempre boas. O homem magnânimo enfurece-se do "jeito certo, no momento certo" e considera aqueles que objetivam "ser agradável sem objetivo ulterior" obsequiosos, e os outros, irreconciliavelmente "rudes e briguentos".

Aristóteles continua a brincar com as palavras, da forma como Thomas Hobbes milhares de anos depois achou enlouquecedora, dizendo que a virtude possui duas partes: a intelectual, que é a parte racional da alma, e a moral, que é a parte irracional da alma. Então, a sabedoria e a prudência são racionais (intelectuais) e a generosidade e o autocontrole são morais (irracionais). Como sempre, nas taxionomias incansáveis de Aristóteles, ele subdivide a virtude ainda mais. A virtude intelectual consiste da *sofia*, que é a razão teórica (e de onde vem a palavra *filosofia*), e *phronesis*, que é a sabedoria prática.

O que Aristóteles quer dizer é que ser verdadeiramente virtuoso exige os dois tipos de intelectos; de outra forma, o bravo torna-se precipitado, e o generoso, esbanjador e perdulário.

Sendo emocional com o relativismo, o emotivismo e a antimoralidade

A palavra *emoção* vem do latim, sendo que *e* significa sem, e *movere*, mover. Na filosofia moral, as emoções são importantes porque a noção de certo e errado está ligada às emoções de aprovação e desaprovação de alguma forma. A doutrina do *emotivismo* de fato alega que as duas coisas são intercambiáveis: isto é, dizer que algo é certo é apenas dizer que você tem uma sensação positiva em relação a isso, você gosta disso.

Aristóteles pensou que a emoção era, de fato, um tipo de movimento. Ele descreve a vergonha como movimento, ou impulso, por vingança acompanhado de dor, depois que se percebe o insulto ou desdém. Tanto Hume quanto Descartes caracterizaram as emoções como sentimentos, não muito diferentes da sensação de perceber o amarelo quando se vê a cor amarela, por exemplo. Mas, como Descartes enfatizou, as emoções possuem um tipo de resposta corporal adicional. William James e o psicólogo dinamarquês C. Lange levaram essa ideia além, para apontar que a emoção de tristeza torna-se simplesmente o paralelo mental teórico para exibir um comportamento corporal, como chorar, e sentir medo é o estado mental teórico paralelo a ter ficado pálido e começado a tremer. Assim, o sentimento é secundário ao comportamento.

Relativismo

"O homem é a medida de todas as coisas", disse o filósofo sofista Protágoras (cerca de 481–420 a.C.), e isso é o coração do relativismo filosófico. Os sofistas foram filósofos gregos antigos que perambulavam pela Grécia cobrando muito dinheiro por suas visões filosóficas, irritando Sócrates, que não cobrava nada. Afirmavam que o que é bom para você pode não ser para mim se você for canibal e eu, vegetariano. O que é grande para você pode não ser para mim, se você for uma formiga e eu, um elefante. De fato, Protágoras preocupava-se particularmente com o último tipo de "relativismo perceptual", e Platão e muitos outros, desde então, buscaram, por todas as partes, exatamente esses tipos de verdades que são eternas e imutáveis.

Filosoficamente falando, *relativismo* é a doutrina que defende que julgamentos, posições e conclusões são relativos a culturas individuais, a situações divergentes e percepções diferenciadas. Ele nega a existência de critérios universais ou absolutos, defendendo, em vez disso, que o que se sabe e o que se há para saber é relativo aos seus gostos, experiências, culturas e atitudes. O relativismo substitui a variabilidade de pontos de vista das pessoas e os "mecanismos perceptuais" por *universais* — perspectivas e experiências que podem ser compartilhadas por todos — quando considera proposições morais e os reinos do conhecimento humano, incluindo a ciência. O relativismo vai desde sua versão forte, que mantém que todas as verdades são relativas, à sua versão mais limitada, que destaca e faz referência ao grande número de padrões divergentes em etiqueta e costume.

Até onde diz respeito à ética, o relativismo é a visão de que alegações morais não refletem verdades absolutas. Em vez disso, os relativistas insistem em que os julgamentos morais são produtos de costumes sociais, tendências culturais ou preferências pessoais. O relativismo veta um padrão único, objetivo pelo qual se possa avaliar uma alegação ética. Assim, segundo alguns relativistas, a visão de uma pessoa não possui mais verdade e não é melhor do que nenhuma outra; e é possível traçar posições morais ou reduzi-las a certos vieses culturais ou individuais.

Os antigos eram bem cientes do relativismo cultural. As *Histórias* de Heródoto, descrevendo a gama de costumes que ele encontrou em suas viagens, ainda os chocou. Similarmente, as pessoas hoje em dia questionam se o fato de a tribo cashibo na América do Sul, por exemplo, que considera essencial comer seus mortos, por conta de um sentimento religioso, diminui a visão de que em nossa cultura essa prática é considerada medonha. E mesmo que as culturas compartilhem um sentimento religioso, as expressões desse sentimento podem diferir amplamente.

Platão também cita Protágoras, dizendo: "As coisas existem para mim da forma como aparecem para mim; e as coisas existem para você da forma como aparecem para você".

Ficando emocional

David Hume (1711–1776) é um trapaceiro da ética. "É um objeto de sentimento, não de razão!", ele caçoa. E, em seu *Tratado da Natureza Humana* (1740), ele expõe os seguintes pontos sobre o que pensar a respeito do fato de que, "quando você declara que qualquer ação ou caráter é vicioso, não quer dizer nada senão que, pela constituição de sua natureza, você tem a sensação ou sentimento de culpa pela contemplação disso". Vício e virtude são meramente qualidades que você vê nas coisas, assim como vê cores. Então as cores não são reais? Nada disso, apenas percepções na mente!

E, em *Sobre a Moral*, Livro III, Parte I, Hume acrescenta:

> *Eu não posso deixar de acrescentar a este raciocínio uma observação que pode, talvez, ser considerada de alguma importância. Em todo sistema de moralidade com o qual me deparei até aqui, sempre notei que o autor procede por algum tempo no modo ordinário de raciocinar e estabelece o ser de Deus ou faz observações acerca das tarefas humanas; quando, de repente, me surpreendo ao descobrir que, em vez das uniões de proposições, é e não é, não encontro proposições que não estejam conectadas a um deve e não deve. Essa mudança é imperceptível, mas é, contudo, de última consequência.*

Hume não foi o primeiro e, certamente, não foi o último a apontar isso. Em *Origin and Development of Moral Ideas* (Origem e Desenvolvimento das Ideias Morais, tradução livre, 1906), Edward Westermarck descreve a sociedade como um tipo de escola na qual "os homens aprendem a distinguir o certo do errado" (o diretor é o costume e as aulas são as mesmas para todos — cuidado, jovem Westermarck!). Ele alerta que a objetividade presumida dos julgamentos morais é uma "quimera" e não há uma coisa como verdade moral de forma alguma. Ele diz: "A razão definitiva para isso é que conceitos morais se baseiam em emoções e que o conteúdo de uma emoção fica completamente fora da categoria da verdade".

Similarmente, A. J. Ayer, apoiando os positivistas lógicos, espantou os acadêmicos do século XX com a observação de que "conceitos éticos são pseudoconceitos" em *Linguagem, Verdade e Lógica* (1936). Wittgenstein compartilhou do tema:

> *...Escrever ou falar de Ética ou religião [é]... correr contra os limites da linguagem. Essa corrida contra as paredes de nossa cela é perfeitamente, absolutamente sem esperança. Na medida em que a ética surge do desejo de dizer algo a respeito do significado definitivo da vida, do bem absoluto, do absolutamente valorizável, não pode ser ciência. O que ela diz não acrescenta nada ao nosso conhecimento em nenhum sentido.*

Aplicando Ética a Casos Difíceis

Hipócrates de Cós (século V a.C.) foi um médico que defendeu que a epilepsia e outras doenças não eram resultados de espíritos maus ou deuses enfurecidos, mas deviam-se a causas naturais. Ele foi chamado de pai da medicina e "o mais sábio e maior praticante dessa arte". Hipócrates ensinou a santidade da vida e convocou outros médicos a adotarem os mais superiores padrões de conduta ética.

A antropóloga Margaret Mead notou que, no mundo primitivo, o médico e o feiticeiro tendiam a ser a mesma pessoa, ambos com o poder para matar ou para curar. Segundo Mead, o Juramento de Hipócrates foi um divisor de águas na civilização moderna, porque, pela primeira vez, criou uma separação completa entre a cura e a morte. O Juramento diz:

> *Eu juro por Apolo Médico, por Esculápio... que utilizarei tratamento para ajudar os doentes de acordo com minha capacidade e meu julgamento, mas nunca com a intenção de lesar ou fazer o mal. Não administrarei veneno a ninguém, quando pedido para fazê-lo, nem sugerirei tal caminho.*

Nenhum apoio aí à eutanásia. E similarmente continua:

> *Não darei a uma mulher um pessário para provocar aborto.*

Em todo caso, com Hipócrates a medicina emergiu como protótipo das profissões aprendidas.

Quando é certo matar?

Matar bebês recém-nascidos (infanticídio) é algo que as pessoas costumavam achar certo. Até muito recentemente, apenas países isolados, como Egito e Camboja, possuíam costumes divergentes de que *todas* as crianças devem ser criadas. Normalmente eram bebês do sexo feminino que eram mortos, mas poderiam ser, como em Madagascar, qualquer criança nascida em um "dia azarado".

O filósofo romano Sêneca escreve sobre matar crianças "defeituosas" como uma ação sábia e prudente adequada para ser usada como política de referência.

Quando os islandeses aceitaram a orientação moral do cristianismo, insistiram em apenas duas exceções: eles poderiam continuar a comer cavalos e a matar crianças. Curiosamente, a noção de que as crianças indesejadas no nascimento morriam pagãs teve um efeito maior na mudança da prática do que o mero fato de que as crianças assim tratadas morriam.

Livrando-se de gente velha

Matar idosos era uma prática difundida até recentemente, mas nunca universal. A história de Heródoto sobre os massagetas, que cozinhavam seus idosos com carne e comiam a mistura, é, talvez, a mais conhecida a esse respeito, mas existem muitas outras histórias de embrulhar o estômago. Dizia-se que uma tribo às margens do rio Niger matava seus idosos, defumava e pulverizava os corpos, e, então, preparava as cinzas em pequenos bolinhos com milho e água. Esses bolinhos medonhos eram mantidos por longos períodos como alimento básico.

Alguns dizem que as mortes refletiam a necessidade cruel da vida em condições severas, com histórias (como a dos inuítas da Baía de Hudson, que estrangulavam os idosos; os tupis do Brasil, que matavam os velhos que adoeciam e comiam o cadáver; ou os tobas do Paraguai, que tinham a reputação de enterrar seus idosos vivos) usadas para ilustrar tanto a necessidade como as boas intenções das tribos.

Contudo, tribos de índios americanas, como os poncas e os omahas, criaram um papel para os idosos e enfermos, deixando-os em casa, com provimentos, enquanto o resto da tribo caçava ou coletava. Os idosos vigiavam as plantações de milho e espantavam os pássaros, então, eles tinham alguma utilidade, uma prática também encontrada entre os incas.

Desse modo, comer pessoas não é errado. Um canibal miranha explicou para os antropólogos Spix e Martius que

> *...É tudo uma questão de hábito. Quando eu mato um inimigo, é melhor comê-lo do que desperdiçá-lo. Grandes caças são raras, porque não põem ovos como as tartarugas. O ruim não é ser comido, mas a morte... Vocês, brancos, são frescos demais!*

Se "matar bebês" agora não é permitido, não é graças aos filósofos, mas às mudanças na sociedade. O aborto continua sendo um assunto em que visões completamente diferentes se polarizam. Isso se dá, parcialmente, porque não é claro em que momento a vida começa — e isso também é parte do problema com o tratamento de pessoas muito, muito idosas. Em que ponto alguém "deixa de ser uma pessoa"? Novamente, os filósofos não conseguiram oferecer respostas simples.

Separando o planeta

Outra constante histórica é o uso dos escravos, sejam escravos desde o nascimento, de conquista ou o que for. Aristóteles e Platão produziram justificativas para a escravidão centralizadas nas menores capacidades dos escravos, vistos como mais parecidos com animais. Tanto o cristianismo quanto o islamismo foram apologistas da prática, apesar de Maomé ter libertado seus próprios escravos e ensinado que todos os homens devem ser irmãos e tratados como iguais (é claro que as mulheres não estão incluídas nessa proclamação).

Hoje se encontram igrejas encabeçando mudanças sociais, lutando pelos direitos civis, a proteção do nascituro, o fim dos abusos contra os direitos humanos em outros países e assim por diante. Não foi sempre assim. Alguns dizem que, em questões como a dos direitos das mulheres e da escravidão humana, a religião impediu o progresso social. A Igreja do passado nunca considerou a escravidão um mal moral. As igrejas protestantes da Virgínia, Carolina do Sul e outros estados do sul dos EUA, na verdade, passaram resoluções a favor do tráfico de escravos humanos. As pessoas diziam que a escravidão humana era, por apontamento divino, uma instituição divina e não imoral, mas "fundamentada em direito".

Muitos versículos do Novo Testamento chamam à obediência e à subserviência por parte dos escravos (Colossenses 3:22–25; Efésios 6:5–9; I Pedro 2:18–25; Tito 2:9,10; I Timóteo 6:1–2), e as pessoas usavam esses versículos para justificar a escravidão. Muitas das parábolas de Jesus fazem referência a escravos, e a infame epístola de Paulo a Filemon trata de um escravo fugido que ele afirma categoricamente que deve retornar ao seu senhor. Além de Deuteronômio, no Antigo Testamento, que "Não entregarás ao seu senhor o escravo que tiver acolhido", os abolicionistas (pessoas que queriam que os governos abolissem a escravidão) tiveram que encontrar fontes não bíblicas para defender a natureza imoral da escravidão, uma história a ser considerada por aqueles que se deixam levar pela religião.

Examinando a ética ambiental

Aldo Leopold (1887–1948) nasceu em Iowa. Ele desenvolveu um interesse por ornitologia e história natural e tornou-se o primeiro graduado em silvicultura dos EUA. Hoje em dia, as pessoas o consideram o pai da conservação da vida selvagem na América. Podemos resumir suas visões em: lobos devoradores de pessoas são bons e pessoas são ruins, embora pessoas devoradoras de lobos sejam um pouco mais inferiores. Apropriadamente ou não, ele morreu ajudando seus vizinhos a combater um incêndio florestal.

As visões convencionais da ética ambiental olham para as alterações provocadas pelos seres humanos no ambiente e se essas alterações são de interesse humano. Preocupações sobre mudanças climáticas, diminuição da camada de ozônio e poluição dos rios, mares e ar são essencialmente centradas nos humanos. Preocupações com a propensão humana a destruir os habitats e, com eles, espécies de animais e plantas são, às vezes, também colocados em termos de perda para os humanos — e se tal e tal planta contivessem a cura para o câncer? Como você se sentiria se não houvesse mais pandas para observar — mesmo que em jaulas? Frequentemente a degradação do ambiente é mais prosaica (como na maior parte das áreas onde as pessoas vivem — nenhum pássaro canoro, menos áreas verdes, mais barulho e fumaça de carros) e não é uma preocupação com o ambiente em si, mas com a capacidade das pessoas de proliferar em condições urbanas tão ruins. Outros éticos dizem que o interesse próprio, quando plenamente compreendido, leva inexoravelmente a um tipo de forma holística de respeitar não só outros humanos, mas toda criação. De qualquer forma, muito da ética ambiental ainda é o mesmo tipo de interesse próprio que em outras éticas.

Vista de uma perspectiva humana, então, a dominação da natureza é boa e as perigosas, ou simplesmente inconvenientes, atividades da natureza selvagem são ruins. É nisso que os chamados *ecologistas profundos* insistem que as pessoas devem se afastar — aceitar que o que é bom para você não é, necessariamente, bom para a natureza, e que você deveria começar a aplicar valores como liberdade e autonomia aos rios e animais, e respeito ao próximo às árvores e montanhas.

Dando direitos aos animais

Existem muitos tipos de direitos atualmente: direitos humanos, direitos das mulheres, direitos dos animais, direitos das árvores. Mas muitos deles não valem muita coisa. Ninguém parece concordar sobre eles. Filósofos passaram milênios tentando identificar exatamente o que são os direitos "reais", mas talvez Thomas Hobbes tenha chegado mais perto quando disse que apenas um direito existe: o direito fundamental à autopreservação. Disso, para ter certeza, ele tirou mais alguns direitos, inclusive o direito a permanecer em silêncio e mesmo o direito de fugir de batalhas, mas isso, por si só, causa problemas suficientes.

Falando estritamente, ter direitos implica a capacidade de fazer alegações justificáveis, o que falta aos animais. Mais ainda, como um filósofo contemporâneo, Roger Scruton, argumentou, se os animais podem ter direitos legais, também faz sentido atribuir deveres legais a eles! Roger, contudo, é um entusiasta da caça a raposas, e você deve tomar seu argumento com um pouco de desdém; em todo caso, não é uma coisa nem outra, porque as pessoas podem fazer alegações em nome dos animais. As implicações de dar formalmente direitos aos animais são consideráveis. Obrigam as pessoas a reverem seus pensamentos a respeito da agricultura comercial, experimentos com animais, zoológicos, gestão da vida selvagem e o uso de animais em viagens, entretenimento, vestimenta e esporte.

Da história de Gênesis na Bíblia aos argumentos analíticos de Donald Davidson recentemente, o pensamento ocidental deu aos animais não humanos um status relativamente baixo. Alguns filósofos, mais notavelmente Descartes, até mesmo insistiram em que os animais são meras máquinas incapazes de ter sensação e percepção, menos ainda crença e emoção. A maioria, contudo, é feliz em admitir que os animais sentem dor, embora não atribuam a eles qualquer racionalidade com base em que eles não possuem uma língua. Isso tem consequências éticas potenciais, pois, de acordo com muitos sistemas de ética, se um ser deve ser objeto de preocupação moral, é necessário que possua racionalidade, no sentido de ser capaz de utilizar a razão abstrata. Contra essa visão, os utilitaristas como Jeremy Bentham e (recentemente) Peter Singer argumentaram que a senciência (ser capaz de sentir as coisas) é suficiente para considerar os animais dignos de consideração moral. Isso levou ao recente movimento de libertação animal, cujo objetivo é defender os interesses dos animais.

Outro pensador cuja filosofia coloca o poder da razão em primeiro lugar ao explicar o mundo, Baruch (Benedito) de Espinoza (1632–1673), admitiu que animais são seres sencientes, mas alegou que sua falta de racionalidade os impedia de serem qualificados como membros da comunidade moral. Essa visão não é diferente daquela do materialista Thomas Hobbes (1588–1679), que, como materialista, pensava que mesmo os seres humanos são essencialmente apenas objetos físicos e máquinas. Sua visão sombria da natureza humana (as pessoas são brutas e buscam poder) levou-o a acreditar que a moralidade só é construída quando seres humanos de força e inteligência aproximadamente iguais entram em acordos ou contratos sociais uns com os outros. As regras morais desses contratos garantem segurança mútua, e uma vida melhor é o que se segue. Se falta racionalidade aos animais (como acreditavam Hobbes e Espinoza), eles não podem entrar em acordos com pessoas (ou mesmo uns com os outros) e, consequentemente, continuam em um estado de guerra tanto com os humanos como com eles mesmos.

ÓTIMA IDEIA

Os chamados filósofos empiristas, como John Locke (1632–1704) e David Hume (1711–1776), achavam mais fácil dotar os animais não só de percepção e sensação, como também de algum grau de racionalidade, sustentando que não existia nenhum grande abismo entre humanos e animais. Eles compartilhavam essa crença com os filósofos chineses como Chu Hsi (1130–1200), bem como com os povos nativos americanos. Hume escreve que apenas os mais imbecis e ignorantes não reconhecem o pensamento e a razão nos animais.

Bertham não hesitou em acrescentar que um cavalo adulto ou cachorro são, além da comparação, mais racionais, razoáveis e até mais fáceis para se comunicar do que um bebê de um dia, ou uma semana, ou mesmo de um mês de idade. Isso não era porque ele achava que a racionalidade e a linguagem exercem um papel moral importante, mas, pelo contrário, porque queria mostrar que as intuições morais podem ser contaminadas por fatores não relacionados.

Uma pesquisa recente sobre a questão de se os animais possuem ou não o poder de cognição fez muito para combater a visão de que eles não têm pensamento nenhum. Cientistas comportamentais, como Marc Bekoff, têm evidências avançadas, apoiando que os animais demonstram consciência, cognição, memória, inteligência, paixão, devoção, inveja, humor, raiva e mais.

O que é certo é o que é natural

As pessoas frequentemente tendem a apoiar-se no senso do que é natural para dar suporte às suas visões do que é certo e errado. Elas dizem que dois homens fazerem sexo não é natural (na verdade, acontece que a homossexualidade também faz parte da atividade sexual de muitas espécies de animais), nem mulheres escreverem sobre filosofia, nem... Os argumentos, com frequência, são muito fracos. Mas pegue comer carne, o que parece ser bem natural.

Ainda, ambientalistas radicais imediatamente apontam que os carnívoros de hoje, ou, mais precisamente, os produtores de carne, são os poluidores industriais número um — contribuindo com metade da poluição das águas nos EUA, responsáveis pelo envenenamento de rios no mundo inteiro e mesmo pela morte lenta dos mares à medida que mangues desaparecem e os venenos se acumulam. A água consumida por um gado de 500 quilos seria suficiente para que um destróier flutuasse nela. São necessários quase 100 litros de água para se produzir 500 gramas de trigo, mas quase 10.000 litros para produzir a mesma quantidade de carne. Notavelmente, só a população de animais para consumo nos EUA, hoje, consome grãos e soja o suficiente para alimentar quase cinco vezes toda a população humana. Nos Estados Unidos, bovinos, porcos, galinhas, carneiros e daí por diante comem até 90 por cento do trigo do país, 80 por cento do milho e 95 por cento da aveia. Se no Reino Unido muito do centeio que pode ser visto nas plantações acaba virando pão, menos de metade da produção agrícola nos Estados Unidos é para consumo humano. As pessoas utilizam a maior parte para criar animais para consumo. Ou lembre-se da crise da doença da febre aftosa, em 2001, no Reino Unido. Essa doença não é fatal para vacas — é meio como uma gripe forte —, mas é fatal para a exportação de carne. Então, ela levou o Primeiro-Ministro a cancelar suas férias, todos os passeios públicos a serem fechados, um custo de £8 bilhões e — por último, mas não menos importante! — envolveu o abatimento maciço de mais de dez milhões de animais. O exército foi chamado para incinerar os corpos em grandes fossas. Isso teve efeitos amplos — na comunidade agrícola, na indústria turística, milhões de fazendas, ambiente e na qualidade de vida dos cidadãos. E quão natural é isso?

> *O filósofo verde Aldo Leopold diz que: "Uma coisa é certa quando tende a preservar a integridade, a estabilidade e a beleza da comunidade biótica. De outra forma é errada".*

Leopold não só comia carne, como caçava também! Lobos e tudo mais! Mas, com certeza, não teria uma fazenda. Talvez um meio-termo, como diria Aristóteles, seja o caminho certo.

Capítulo 11

Filosofia Política

Neste Capítulo

- Escolhendo autoridade em detrimento da anarquia com Platão
- Desenvolvendo o totalitarismo com Hegel e os nazistas
- Combatendo o capitalismo com o marxismo
- Retornando a Hobbes e Rousseau para imaginar as primeiras sociedades humanas

A pena que o homem bom cumpre por não se interessar por política é ser governado por homens piores que ele.

— Platão

A filosofia política abrange todas as áreas da vida social, da família a atitudes e o caráter psicológico das pessoas, até o Estado e as instituições e regras que as definem. Muitas questões polêmicas do que é hoje chamado de *ética aplicada* poderiam também entrar na filosofia política, como quais são os direitos das minorias religiosas em um Estado secular? Ou (igualmente importante) quais são os direitos dos ateus em um Estado religioso? Mulheres muçulmanas deveriam poder usar lenços cobrindo seus rostos em um tribunal — mesmo quando oferecem evidências ao julgamento? Em um Estado muçulmano, é razoável punir pessoas com valores diferentes por consumir álcool em suas casas? Pense sobre as muitas opiniões diversas a respeito da morte.

Então, neste capítulo, deixo as discussões sobre ética aplicada e os debates técnicos sobre as regras e instituições do governo os livros específicos e prefiro apreciar os ricos e glamourosos escritos dos grandes filósofos políticos, definindo suas teorias da sociedade humana.

Conhecendo os Grandes Filósofos Políticos

Pessoas como Platão, Marx e Engels, Confúcio e Mao Tsé Tung foram *autoritaristas* entusiastas, o que significa que propunham sistemas políticos baseados em uma autoridade poderosa e onisciente. Depois, temos os *pragmáticos*. Estes são filósofos como Maquiavel, Hobbes e Jeremy Bentham, que defendem que os fins justificam os meios (uma forma de *pragmatismo*), e aqueles que confiam na natureza humana para ver que tudo dá certo em algum momento, como Jean Jacques Rousseau, John Locke e o próprio protegido de Bentham, John Stuart Mill.

Jeremy Bentham e John Stuart Mill criaram a política do liberalismo. *Liberais* são pessoas que têm certos princípios, sendo o mais importante o comprometimento com a proteção à liberdade individual. E observar as grandes filosofias políticas da história também levanta muitas das questões da vida social — exigindo visões sobre os direitos e liberdades do cidadão, igualdade, bem-estar e economia e questões sobre a origem da autoridade do governante e os limites do poder do Estado; sobre a desobediência civil, direitos trabalhistas e mudança revolucionária; e sobre os sistemas de voto e democracia.

Escolhendo entre Autoridade e Anarquia: Platão

Platão, inquestionavelmente o mais famoso dos filósofos gregos antigos, na verdade, começou como membro de uma família altamente distinta e sempre teve tanto os meios como a inclinação para ser um membro da elite governante. Sua perspectiva sobre a política é tanto elitista quanto autoritária.

Durante a vida de Platão (427–348 a.C.), os cidadãos gregos (apenas os homens! E nada de escravos!) viviam em comunidades relativamente pequenas, chamadas cidades-estados. Eram pequenas o suficiente para que cada cidadão tivesse voz direta na forma como as coisas eram conduzidas — debater publicamente e, então, votar em grandes decisões. Onde os cidadãos tinham essa função era chamado de *democracia*.

Na opinião de Platão, a democracia era apenas uma forma de *anarquia* — a ausência de regras. E ele passou boa parte de sua vida tentando promover uma filosofia política muito diferente, caracterizada por muitas regras.

Precisa-se: Algumas boas Thatchers

O fato de Platão nunca ter governado deveu-se, segundo sua própria análise, à impossibilidade de encontrar outros para se juntar a ele e compartilhar o fardo do governo. Nesse ponto, ele foi meio como Margaret Thatcher, a Primeira-Ministra da Grã-Bretanha, na década de 1980, de quem diz-se ter comentado certa vez que precisava de apenas seis homens, bons e verdadeiros, para governar o Reino Unido, mas que nunca conseguia encontrar todos ao mesmo tempo. De qualquer modo, porque Platão achava que a falta de boas pessoas era um fator crítico, ele concluiu que a educação era a chave para a sociedade. Os governantes, em particular, precisavam de um treinamento especial, se é que existiriam em número suficiente (pelo menos seis!), começando logo após nascer e só se "formando" 35 anos depois.

Não que Platão não tivesse bons assessores. Além do próprio Sócrates, muitos outros filósofos (ou, pelo menos, as ideias deles) rodearam Platão no desenvolvimento de sua república. Houve o conselho prévio de Parmênides (um de seus antecessores gregos) de que "a verdade deve ser eterna e imutável" e a observação enigmática de Heráclito (dizendo em pé em um rio) de que "tudo é um fluxo". Ambas as visões ajudaram a criar uma tradição na Grécia Antiga na qual as pessoas viam o mundo terreno, visível, como ilusório e impermanente e o mundo do intelecto e da verdade como muito melhor, sendo eterno e atemporal. Para Platão, a conclusão foi a de que ele precisava desenvolver o Estado ideal, não adaptar e evoluir, mas ter uma estrutura fixa e inalterável, permanecendo alheio (talvez como Heráclito naquele rio) a toda a mudança e fluxo.

As ideias de Pitágoras também haviam causado uma forte impressão em Platão. Por exemplo, em uma época em que tais opiniões eram raras, Pitágoras tornou regra que os membros dessa escola filosófica tratassem homens e mulheres como iguais, mantivessem propriedades em comum e vivessem e fizessem as refeições comunitariamente. Tudo isso reaparece na *República* de Platão como um estilo de vida recomendado para os governantes e sua sociedade também, que Platão chamava reiteradamente de "os guardiões". Outros floreios pitagóricos existiram também: os guardiões de Platão operam como uma classe separada e superior, tomando suas decisões secretamente (a opinião não era buscada nem desejada). Afinal, para os seguidores de Pitágoras, a primeira regra era o silêncio. "Ele, Pitágoras, é quem fala" era a única coisa que precisavam saber em sua busca pela sabedoria. Similarmente, os cidadãos do Estado ideal de Platão não deveriam participar de decisões importantes. Platão achava que as únicas preocupações das massas eram com coisas práticas. É melhor deixar que o mundo do conhecimento seja explorado somente pelos governantes — os filósofos-guardiões.

Entrando na *República* de Platão

Platão sugere que as comunidades, como as cidades-estados da Grécia em sua época, ou países inteiros, posteriormente, surgiam por razões práticas, econômicas. Isso se deve ao fato de que nenhum indivíduo é autossuficiente e todos têm muitas necessidades — por comida, proteção, aquecimento, ferramentas, estradas e vias e proteção contra ataques —, então, faz sentido que as pessoas vivam em grupos, podendo pedir ajuda umas às outras. Quando as pessoas se juntam para viver em um lugar, ajudando e apoiando umas às outras, Platão diz que é quando se estabelece um Estado. O ponto de partida, então, da filosofia política de Platão é a troca de bens e serviços entre as pessoas. É na necessidade e no interesse próprio (como ecoaram posteriormente, 2.000 anos depois, os marxistas em um "insight" que não foi tão radical quanto eles alegavam!) que está a origem da sociedade. A *República* de Platão afirma:

Construamos nosso Estado imaginário do princípio. Aparentemente, ele deverá sua existência às nossas necessidades, sendo a primeira e maior necessidade a provisão de comida para nos mantermos vivos. Em seguida, quereremos uma casa e, em terceiro lugar, coisas como vestimenta.

Então, se a economia é ponto de partida da sociedade, de que outra forma o Estado pode suprir as coisas que as pessoas querem?

Platão sugere que é por meio da divisão do trabalho — quando os trabalhos são divididos e as pessoas podem concentrar-se apenas naquilo em que são boas — que as comunidades afloram. Ele diz: “Precisaremos, pelo menos, de um homem para ser agricultor, outro para ser construtor e um terceiro, tecelão”. De fato, como Sócrates e seu público aparentemente perceberam depois no relato de Platão, pelo menos dois mais serão úteis: são estes um sapateiro e alguém para suprir as vontades pessoais, as quais ele não especifica.

Esse “Estado mínimo” funciona melhor quando cada membro dele faz apenas as coisas para as quais é mais adequado (Platão é muito igualitário, dando às mulheres a mesma oportunidade de emprego que aos homens, porque, afinal, a única parte importante dos seres humanos é a alma, e esta não é feminina nem masculina). E isso significa especialização. Ele diz: “o trabalho flui melhor e mais facilmente quando todos se livram de todos os outros afazeres para realizarem, no momento certo, a única coisa para as quais são naturalmente aptos”.

Na versão de Platão, pelo menos, Sócrates mesmo sugere um tipo de classe média, composta de sapateiros e banqueiros, gerenciando e vendendo bens. Isso é fácil de arranjar porque, como seu companheiro coloca, talvez de forma não muito agradável: “em comunidades bem-ordenadas, geralmente, há homens não fortes o suficiente para serem usados em qualquer outra ocupação”.

Platão acha que sua república será um lugar muito feliz, a menos que as pessoas sejam gananciosas. Afinal, como ele resume em outro diálogo, o *Fédon*, “todas as guerras são feitas com o intuito de conseguir dinheiro". Infelizmente, ele suspeita de que a maioria das pessoas seja gananciosa. Ele dá como exemplo disso o fato de as pessoas quererem comer carne em vez de contentarem-se com nozes e grãos (e chega a insinuar como o consumo excessivo pode levar à destruição ambiental).

O desdém de Platão pelo "acúmulo de dinheiro" e a busca por coisas materiais significava não só a abolição da propriedade privada para os guardiões (a classe governante) como também incluía uma estratégia geral para ameaçar laços parentais com seus filhos — como uma forma de reduzir o problema perene na sociedade política de pais favorecendo seus próprios filhos. Platão diz que todos deveriam criar suas proles coletivamente, usando os princípios guias da eugenia (isto é, criar selecionando os melhores espécimes) para separar os bons dos não muito promissores. Destruindo laços de família, Platão acreditava ser possível criar uma classe governante mais unida e evitar tanto o surgimento de uma rivalidade entre os governantes como o surgimento de uma elite dominante (esse tipo de sociedade — com uma elite dominante — os gregos chamavam de *oligarquia*).

Naturalmente, Platão está certo de que a educação é importante demais para deixar que os pais tenham qualquer poder de decisão e diz que o Estado deveria treinar e criar todas as crianças. Ele garante que isso não será um processo ameaçador, menos ainda uma doutrinação estatal, porque a criança deve ser ativa, não passiva, no processo de aprendizado. O professor apenas tentará mostrar a "fonte da luz", e ele aconselha: "Não use a compulsoriedade, mas deixe as lições de seus filhos assumirem a aparência de brincadeira".

De qualquer forma, Platão espera que, se as pessoas seguirem todas as suas instruções, o novo Estado, sua república, terá todas as virtudes importantes. Ele será:

- Sábio — à maneira de seu governo.
- Corajoso — à maneira de sua defesa.
- Temperado (calmo) — na aceitação contente de tudo em sua sociedade e sistema de governo.

Sabedoria, como você pode imaginar, é uma cortesia oferecida pelos próprios filósofos-guardiões. Platão omite a coragem em seu relato, mas, presumivelmente, ela seria oferecida por um novo exército especializado e profissional. Finalmente, a temperança é uma virtude mais sutil, porém Platão explica que ela é suprida através da garantia de um equilíbrio entre as várias partes do Estado — a parte que governa ou governantes, a parte administrativa ou executiva e a parte produtora ou classe trabalhadora. Essa ideia de equilíbrio de poder é muito importante na teoria política.

Quão boa é a teoria política de Platão? Alguns críticos traçaram paralelos entre a abordagem política de Platão e aquela que, nos tempos modernos, foi aplicada na União Soviética. Eles dizem que o sistema comunista era "neoplatônico" em seus aspectos essenciais, já que na URSS havia uma elite governante — o partido comunista —, um enorme e dominante aparato militar controlando todos os aspectos da vida dos cidadãos. Além do mais, a União Soviética dava atenção rigorosa à educação e às influências morais, igualdade entre os sexos, enfraquecimento dos laços de família e, por último, mas não menos importante, uma desaprovação geral da propriedade privada e da riqueza. O único problema era que as massas não gostavam disso. Elas queriam as frivolidades, todos os bens práticos, mais do que queriam ser virtuosas.

Mas vê-se um problema pior com a teoria de Platão em sociedades recentes onde as pessoas entusiasmaram-se com os planos de seus líderes — como aconteceu na Alemanha nazista.

Saudando Hegel e o Totalitarismo

Platão mais pensava do que fazia e sua *República*, provavelmente, não teria causado tantos problemas se tivesse permanecido somente como um ensaio filosófico. O problema é que suas ideias não só foram adotadas como foram, posteriormente, adaptadas por outros. E, se mais pessoas tinham ouvido falar da teoria política de Platão do que sabiam do prosseguimento dado pelo professor G. W. F. Hegel, isso não significa que Hegel (1770–1831) não tenha sido de fato tão influente quanto Platão. Talvez mais! Sua teorização em alemão inspirou a teoria revolucionária de Karl Marx, chamada *materialismo histórico*, bem como a ideologia que levou à ascensão dos partidos fascistas da Itália, Espanha e Alemanha, na primeira metade do século XX.

Os escritos de Georg Wilhelm Friedrich Hegel são notórios por serem trabalho árduo. Seu primeiro e mais célebre trabalho é *A Fenomenologia do Espírito* (pelo que ele quer dizer *mente*), e é cheio de jargões e referências gregas obscuras. Seu contemporâneo filosófico Arthur Schopenhauer desdenhou de sua obra e chamou-a de "pseudofilosofia" tomada de jargão.

Mas, apesar disso, enterrado na prosa confusa de Hegel, está o uso da antiga técnica grega que hoje é associada a ele, chamada *dialética*. Hegel a introduz como um sistema para a compreensão da própria história do mundo. Sua ideia é a de que a história é uma série de momentos revolucionários emergindo inevitavelmente a partir das contradições ou (para dizê-lo de forma mais branda) aspectos insatisfatórios do sistema anterior.

Uma batalha sangrenta

Para Hegel, a origem da sociedade está no primeiro conflito entre dois humanos, o que ele chama de "batalha sangrenta", com cada um buscando fazer o outro reconhecê-lo como mestre e aceitar o papel de escravo. No hegelianismo é o medo da morte que guia a sociedade. O medo da morte, originalmente, força parte da humanidade a submeter-se à outra, e a sociedade fica dividida para sempre em duas classes: escravos e mestres.

ÓTIMA IDEIA

Não são meramente rivalidade prática e necessidade material que impulsionam uma classe a oprimir a outra. Do que se tratou a Revolução Francesa? Foi simplesmente os escravos revoltando-se, Hegel diz. E, Hegel aprova os protestos. Ele enxerga neles o "desejo por reconhecimento". Ser revolucionário traz risco de morte, mas isso, diz Hegel, é o caminho para a liberdade.

Por outro lado, se as pessoas podem se libertar de humanos opressores, Hegel pega todas as forças concorrentes em uma sociedade — competindo por riqueza, por poder, por justiça — e faz com que todas elas obedeçam a uma vontade coletiva, que ele chama de *geist* (espírito). Na filosofia de Hegel, essa coisa invisível tem pleno poder e autoridade. O totalitarismo é dar a uma pessoa, ou a um grupo, pleno poder. Defender isso como desejável e inevitável é, essencialmente, o que faz de Hegel o pai fundador de duas doutrinas totalitárias, o fascismo e o comunismo. Hegel escreve:

> *A história do mundo é a disciplina da vontade natural descontrolada, trazendo-a em obediência a um princípio universal e conferindo uma liberdade subjetiva...*

O Absoluto

Hegel chama a realidade de Absoluto. O Absoluto é também como Deus. E, definitivamente, é alemão, como Hegel diz:

> *O Espírito Alemão é o espírito do novo mundo. Seu objetivo é a realização da verdade absoluta como a autodeterminação ilimitada da liberdade — aquela liberdade que tem sua própria forma absoluta como propósito.*

Talvez paradoxalmente, dado que o Absoluto deve ser tudo, Hegel opõe-se a todas as formas de governo do mundo, explicando em *Filosofia do Direito* (o livro que contém a versão de Hegel da marcha da história do mundo à medida que ele progride do estágio oriental, via gregos e romanos, para chegar definitivamente ao estágio germânico) que a guerra é essencial:

> *Assim como o soprar dos ventos preserva o mar da sujeira que seria o resultado de uma calma prolongada, assim também a corrupção nas nações seria o produto de uma paz prolongada, mais ainda de uma paz "perpétua".*

O entusiasmo de Hegel por conflito e guerra encontrou apoio tanto entre Karl Marx e os comunistas quanto entre os fascistas, inclusive Adolf Hitler. Marx, contudo, alemão como Hegel, não tinha tempo para a teoria sobre o espírito alemão e opunha-se ao nacionalismo. Mas Hitler (que, na verdade, era austríaco!) entusiasticamente assumiu a alegação de Hegel que o povo alemão tinha um papel especial e superior a executar no mundo.

Temendo Hitler e os Efeitos Cativantes da Propaganda

Hoje em dia, as pessoas não discutem o nacional-socialismo, ou nazismo, como é conhecido. Mas deveriam.

Se hoje em dia poucos países (desde o colapso do *apartheid* na África do Sul), formalmente, preferem um grupo racial em detrimento de outros, é lugar-comum que os países projetem seu interesse nacional ao custo de todo mundo. Porém, existem abordagens alternativas e as pessoas podem precisar recorrer a elas — particularmente na crescentemente urgente política de proteção ambiental e ecológica.

Mein Kampf

Muitos legados sutis da filosofia nazista abundam nas sociedades de hoje:

- A elevação da propaganda como forma de manipular a opinião e controlar a população.
- O uso calculado de ritos e a criação de tradições para criar uma aura carismática em torno do líder do governo.
- Controle governamental centralizado da educação.
- Criação de uma polícia onipotente e aparatos reservados de segurança.

Tudo que restou para fazer uma ponte da contradição entre supostamente derrotar o nazismo na guerra, mas adotar suas ideias-chave posteriormente são pronunciamentos do governo em sua dedicação a causas de liberdade e democracia. Mas *Mein Kampf*, o relato do próprio Hitler de seu "despertar" e "luta" políticos para construir o partido nazista, também é repleto dessas palavras grandiosas, juntamente a referências piedosas para servir a vontade do povo ou, até, mais jocosamente, do Senhor, e é decorado com panegíricos à beleza, nobreza e bondade.

Nazismo

O nazismo é uma filosofia com apenas uma peça: o preconceito. Ele foi bem-sucedido porque o preconceito racial — ainda que ultrajante e irracional — nunca está muito profundamente enterrado na psiquê humana. Hitler lançou seus primeiros ataques, como faria posteriormente na guerra, contra muitas outras categorias de "humanos inferiores" também: os eslavos, que haviam tomado as terras que pertenciam por direito ao povo alemão (dos quais muitas dezenas de milhões pereceriam); os "pretos", que ele acusa de terem começado a ameaçar as linhagens sanguíneas da Europa através da França (ele joga duas cartas raciais de uma vez!); e as "raças amarelas", como os japoneses. Se, alguns anos depois, Hitler confiaria na aliança japonesa para sua estratégia de guerra, em *Mein Kampf* ele chama tal tática de "quase imperdoável" em um relato de suas teorias raciais. De fato, ele chega a dizer que os alemães deveriam evitar seus futuros aliados, os italianos — Hitler refere-se ao sangue deles como "irrecuperavelmente adulterado", especialmente no sul. Hitler explica o significado para o público alemão com uma paródia crua da teoria evolucionária (então bem nova) de Darwin:

> *Qualquer cruzamento de dois seres que não têm exatamente o mesmo nível produz um meio-termo do nível de ambos os pais. Isso significa: o rebento provavelmente será superior ao pai racialmente inferior, mas não tão superior quanto o superior. Consequentemente, ele depois sucumbirá na luta contra o nível superior. Tal união é contrária à vontade da natureza por uma criação de toda a vida.*

Embora a *super-raça* de Hitler exclua a maioria das pessoas, inclusive a maioria do povo alemão, esse tipo de filosofia era atraente para boa parte de seu público. Certamente, as recompensas que Hitler mostrava a seu público por apoiar seu programa nazista eram escassas. Hitler desdenha dos "alemães" e frequentemente os critica por sua suposta fraqueza e falhas. Ele alerta aos "imperfeitos" que eles não terão permissão para ter filhos, apenas assumir o serviço militar e esperar morrer por seu país. E nesse meio-tempo, é claro, devem trabalhar mais.

Os nazistas ofereciam uma chance de odiar o inimigo no estado — um inimigo pavoroso que era, ele dizia, a causa da pobreza, do conflito e da doença; o inimigo que Hitler chamava de *social-democracia*. O inimigo consiste dos "vermelhos", organizações sindicais, pornógrafos, deficientes, artistas transgressores e assim por diante. Era uma lista tão grande e confusa de inimigos que não surpreende o fato de Hitler ter inventado uma lista simples. Todas as coisas ruins da sociedade alemã, até do mundo, eram culpa dos "judeus".

A grande ideia de Hitler, contudo, é menos misteriosa do que a de Hegel. Hitler toma a noção de Platão de criar pessoas melhores. Ele explica cruelmente que, em "seu Estado ideal", a contracepção irá tornar-se legal e "a procriação, impossível para sifilíticos e aqueles que sofrem de tuberculose ou outra doença hereditária, também os aleijados ou loucos". Ele exclui os filhos da maioria dos cidadãos por um ou outro preconceito.

Mein Kampf inclui longas descrições de políticas práticas para o novo Estado, notoriamente, a eugenia, doutrinação e propaganda.

E é aqui, na área da manipulação da opinião pública, que *Mein Kampf* se torna uma contribuição distinta e bastante venenosa para a teoria política. Este é o forte de Hitler: propaganda e sugestão de massa. Ele diz que:

> *A arte da propaganda encontra-se na compreensão das ideias emocionais das grandes massas e em encontrar, por meio de uma forma psicologicamente correta, o caminho para a atenção e, então, para o coração das amplas massas.*

Lembre-se, ele alerta que "a receptividade das grandes massas é muito limitada, sua inteligência é pequena, mas seu poder de esquecer é enorme". Em consequência disto:

> *...Toda propaganda efetiva deve ser limitada a muitos poucos pontos e deve ressoar em slogans até que o último membro do público entenda o que você quer que ele entenda por seu slogan.*

Marchando pelo Marxismo

O *Manifesto Comunista*, escrito por Karl Marx e Friedrich Engels em 1847 e publicado um ano depois, começa com a famosa promessa:

> *Que as classes governantes tremam ante a revolução comunista. Os proletários não têm nada a perder senão suas correntes. Eles têm um mundo para conquistar!*

Lamentavelmente, é claro, a vida real nunca é tão simples, como muitas sociedades comunistas fracassadas atestam, sem falar das ditaduras anticomunistas. Mas por, pelo menos, um século, da metade do século XIX até a queda do Muro de Berlim, em 1989, certamente pareceu que as grandes previsões de Marx e Engels estavam certas e que o mundo realmente estava envolvido em uma luta direta entre as forças dos trabalhadores de um lado (exigindo a posse comum dos meios de produção) e uma elite crescentemente cercada e impopular apegando-se à propriedade privada — a propriedade *dela*, é claro.

Então, do que se trata o marxismo? Karl Marx (1818–1883) e Friedrich Engels (1820–1895) escreveram bastante sobre uma variedade túrgida quase econômica. Temos as três partes volumosas de *Das Kapital*, mas também a *Crítica da Filosofia do Direito de Hegel*, em que Marx e Engels declaram que a religião é o "ópio do povo", e *Teses Sobre Feuerbach*, em que eles observam que "os filósofos apenas interpretaram o mundo de várias formas — o objetivo é mudá-lo". Mas, para os trabalhadores do mundo, o marxismo é essencialmente envolto em apenas um documento — o curto e colorido manifesto para o embrionário partido comunista. Ele foi originalmente escrito em alemão, impresso em Londres e, finalmente, traduzido de forma rápida para o francês, de modo a inspirar os trabalhadores em levante na Paris de junho de 1848.

O Manifesto Comunista

O ano em que o *Manifesto Comunista* foi publicado foi o "Ano das Revoluções" na Europa. Os protestos espalharam-se não só em Paris, mas também em Roma, Berlim, Viena, Praga e Budapeste. A própria

Insurreição de Paris começou como um protesto de rua contra a interferência real no governo civil, inflamado pelo ressentimento com a traição percebida dos princípios da Revolução Francesa, de 1789. A revolução anterior, que as multidões conheciam muito bem, havia prometido não só liberdade e fraternidade (companheirismo) como também, igualdade. A última parte do trato nunca foi entregue; daí, os motins. Tropas atiravam nas multidões, o governo sucumbiu ao escândalo que se seguiu e um novo governo chegou — que atacou os manifestantes ainda mais severamente do que o primeiro.

As outras revoluções daquele ano também fracassaram para as classes trabalhadoras, rebatidas pela burguesia (a classe média alta, se preferir; sujeitos educados, que possuem coisas como fábricas e fazendas), para frustração de Marx e Engels. Entretanto, esse foi o pano de fundo revolucionário para o *Manifesto Comunista* — uma época caótica em que parece ter havido uma nova classe trabalhadora, encarando um novo tipo de exploração. Esses trabalhadores já tinham a escolha de um novo movimento político — o socialismo. Nos dias de hoje, as pessoas usam os termos *comunismo* e *socialismo* como se fossem a mesma coisa. Literalmente, o comunismo é um sistema político onde tudo é, o máximo possível, de posse "comum", e o socialismo é um sistema de organização social no qual a propriedade e a distribuição de renda estão sujeitas ao controle social, que basicamente quer dizer a mesma coisa. Um "ismo" bastaria! Mas, na época, nem Marx, nem Engels haviam tido muito tempo para o socialismo, que eles consideravam uma preocupação da classe média, que dizia respeito às classes governantes e à burguesia, em que qualquer doutrina decente deveria ser intoleravelmente perigosa e subversiva. O comunismo, eles acreditavam, era muito melhor: a face inaceitável do poder da classe trabalhadora, apresentando uma cara totalmente alheia à classe capitalista.

Em uma sociedade industrial, o *Manifesto* continua, os próprios trabalhadores tornaram-se meramente apêndices (humanos), presos a máquinas, de quem apenas a atividade mais simples e monótona é exigida. Somado a isso, Marx diz, o "estrato mais baixo" da classe média, vendedores e comerciários afundam lentamente no proletariado, à medida que os capitalistas consideram suas aptidões irrelevantes pelo poder de seus novos métodos de produção.

De fato, o *Manifesto* diz que a sociedade industrial não só cria, mas exige uma mudança constante em oposição à tranquilidade das épocas feudais e outras. Ele alerta, "revolução constante no método de produção, perturbação ininterrupta das condições sociais, incerteza duradoura e agitação distinguem a época burguesa...".

O problema com o capitalismo

Os marxistas veem outro problema com o capitalismo, que este se baseia em explorar mercados sempre novos, uma alegação que o filósofo escocês Adam Smith fez anteriormente em sua análise amplamente lida da criação da riqueza (*A Riqueza das Nações*, publicado em 1792). A previsão marxista é de que as indústrias devem obter matéria-prima de fontes ainda mais obscuras e remotas e devem convencer os consumidores de novas e exóticas necessidades, criando, no processo, um mercado mundial. A mesma lógica aplica-se à esfera intelectual, com a ascensão de uma "literatura mundial". Sistemas legais, governos e métodos de taxação devem transcender qualquer fronteira. As nações "mais bárbaras" devem ser arrastadas para a equação impossível e os baixos preços de commodities são a "artilharia pesada" com a qual a burguesia força os bárbaros a uma capitulação. Todas as nações, no medo da extinção, são compelidas a adotarem o modo de produção capitalista.

O problema do capitalismo é que, criando um proletariado, a burguesia já "forjou as armas que trazem a morte para si". Bem, pelo menos é isso que Marx e Engels esperavam que tivesse feito.

Economia marxista: Predições do apocalipse

O marxismo é uma teoria econômica que prevê que o capitalismo deve fracassar, porque se baseia na exploração sempre crescente dos trabalhadores pelos donos dos meios de produção — terra, fábricas e máquinas. À medida que a condição dos trabalhadores se deteriora, o ressentimento contra os patrões aumenta, e a revolução é inevitável.

Porém, quanto à alegação crucial, factual, da crescente pobreza absoluta, o marxismo simplesmente estava errado. Marx e Engels não perceberam a engenhosidade quase que inexaurível do sistema capitalista no aumento da produção por meio de progresso técnico e gerando consigo recursos financeiros aparentemente ilimitados, tornando possíveis altos padrões de vida não apenas para a minoria de proprietários de moinho e a sempre crescente posição da mesquinha burguesia, mas para os trabalhadores também.

Marxismo e psicologia humana

O marxismo também é uma teoria de relações psicológicas e sociais. Ele invoca um tipo de *anomia,* ou alienação como característica central da vida em uma sociedade industrial. Marx e Engels, portanto, acreditam que a chave para reformar a vida social, quer seus problemas sejam materiais ou espirituais, é abolir a propriedade. Sem propriedade, não pode mais haver duas classes. Sem classes, o conflito não mais existe.

O *Manifesto Comunista* (como o anarquismo, a ideologia rival da época) exige de seus partidários uma grande dose de fé cega. Nesse aspecto, é mais uma doutrina religiosa do que uma teoria científica. Por essa razão, não é surpresa que as palavras do *Manifesto* enraizaram-se entre sociedades pré-industriais da África, China, América do Sul e Rússia — entre os "idiotas rurais", como Marx e Engels costumavam se referir ao povo que trabalhava na terra. De fato, como os últimos anos do século XX mostraram, a industrialização da Rússia e da China, que aconteceu com o comunismo, na verdade, trouxe o colapso da economia de comando (em que bens e serviços, e mesmo os preços, eram regulados pelo governo em vez de pelas forças do mercado) e o retorno do capitalismo.

Assinando o Contrato Social

Aristóteles achava que as pessoas, sendo racionais, seriam naturalmente inclinadas a organizarem-se voluntariamente em sociedades. Thomas Hobbes (1588—1679), escrevendo quase 2.000 anos depois, achava que as pessoas, sendo racionais, não o fariam.

Hobbes considera que a vida social é apenas uma mistura de egoísmo, violência e medo, finalizada com um saudável bocado de engano; o último, a fazer as coisas funcionarem mais suavemente. Hobbes chama-o de "Estado de Natureza", uma expressão chocante, calculada para despertar a ira da Igreja, que conflitava com a imagem cor-de-rosa de Adão e Eva no Jardim do Éden antes da queda.

No Estado da Natureza, Hobbes escreve, "A própria vida não passa de Movimento e nunca pode ser sem Desejo, nem sem Medo, assim como não pode ser sem Sentido". Em consequência:

> ...*Não há lugar para a indústria; porque o fruto dela é incerto: e, consequentemente, nada de cultura da terra, nada de navegação ou uso das matérias-primas que podem ser importadas por mar, nem construções amplas, nem instrumentos para mover ou remover coisas que exigem muita força, nenhum conhecimento da face da terra, nenhuma contagem de tempo, nada de arte, cartas, sociedade e, o que é pior de tudo, medo contínuo, perigo de morte violenta; e a vida do homem, solitária, pobre, abjeta, bruta e curta.*

Para aqueles de seus contemporâneos que discutem essa natureza para os humanos, talvez perguntando por que Deus deveria criar tal raça, Hobbes desafia-os a irem dormir com as portas e baús de dinheiro destrancados. De qualquer modo, ele diz, não está acusando a natureza das pessoas tanto quanto suas ações. "Os desejos e outras paixões dos homens não são pecados em si". Isso porque na:

> ...*Guerra de cada homem contra cada outro homem, isso também é consequência, que nada pode ser injusto. As noções de certo e errado, justiça e injustiça não têm lugar lá. Onde não há poder comum, não há lei: onde não há lei, não há injustiça.*

Noções de justiça ou justeza e direitos são "qualidades que se relacionam aos homens na sociedade, não sozinhos". A moralidade exige sociedade. O homem solitário não é moral. Apenas por meio da sociedade pode o "homem solitário" alcançar algum alívio do medo, alguma paz e segurança: "Medo de opressão dispõe um homem a antecipar ou buscar ajuda da sociedade: pois não há outro modo pelo qual o homem possa segurar sua vida e liberdade".

Contudo, mesmo que a justiça não exista, as outras leis da natureza são reais o suficiente. A mais fundamental dessas leis é que cada coisa viva luta para sobreviver. Pois a melhor forma para fazer isso é que haja paz, e não guerra, a exigência é buscar a paz.

Preocupando-se com o mundo mau de Hobbes

A visão de Hobbes é a de que as pessoas são apenas máquinas, movidas pelo que ele chama de apetites e aversões. Todo mundo busca satisfazer seus apetites, variando apenas em grau e gosto particular. Hobbes diz que a "máquina humana" é programada para direcionar suas energias egoistamente. Ele duvida de que seja possível que seres humanos ajam altruistamente, e mesmo a ação aparentemente benevolente é, na verdade, por interesse próprio, talvez uma tentativa de fazer com que as pessoas se sintam bem com elas mesmas.

Hobbes diz que só é possível fazer com que as pessoas parem de lutar umas com as outras até a morte, forçando-as a comportarem-se; daí o contrato social. É assim que ele introduz:

> *Transferir o direito de usar a força para uma autoridade soberana, pelo povo, "a transferência mútua de Direito" é "aquilo que os homens chamam Contrato".*

A única forma de fazer isso, prossegue Hobbes, é:

> *...Conferindo todo poder e força a um homem, ou a um grupo de homens, que pode reduzir todas as suas vontades, pela pluralidade de vozes, a uma Vontade... Isso é mais que consenso ou concórdia; é uma verdadeira unidade de todos eles, em uma e a mesma pessoa, feita pela concordância de cada homem com cada homem...*

E essa nova criação, o Estado (ou, como Hobbes o chama, Comunidade), é "aquele grande Leviatã" (que é um daqueles termos bíblicos para um monstro marinho gigante), que só surge quando um homem "por guerra subjugou seus inimigos à sua vontade" ou quando "os homens concordam entre si a submeter-se a algum Homem, ou grupo de homens, voluntariamente, na confiança de ser protegido por ele contra todos os outros".

Hobbes apresenta suas ideias em um livro que ele chama *Leviatã* ou *Matéria, Forma e Poder de um Estado Eclesiástico e Civil* (1651). Muito de *Leviatã* tem um tom legalista, visto que condiz com uma teoria baseada em construir a ordem a partir da anarquia. Crucialmente, existem restrições mesmo ao soberano onipotente. Nenhum homem "pode ser obrigado por acordo a acusar-se, muito menos matar, ferir ou mutilar a si mesmo". Por outro lado, acordos (obrigações legais) nos quais se entram por medo são obrigatórios, assim como, Hobbes diz, se alguém concordou em pagar um resgate, então ele ou ela deve pagá-lo. Ele diz:

> *A causa final. Fim ou desígnio do homem (que, naturalmente, ama a liberdade e o domínio sobre outros) na introdução daquela restrição a si mesmo... é a antecipação de sua própria preservação e de uma vida mais satisfeita em decorrência; isso quer dizer sair daquela condição desgraçada de guerra, que é necessariamente consequente... para as paixões naturais dos homens, quando não há poder visível para mantê-los impressionados e uni-los pelo medo da punição à execução de seus Acordos... Acordos sem espada não passam de palavras.*

E a espada tem grande alcance e liberdade na sociedade civil de Hobbes. Para começar, qualquer homem que deixe de consentir com os decretos do Leviatã (o Estado todo-poderoso) pode "sem injustiça ser destruído por absolutamente qualquer homem" (com exceção dos "tolos, crianças pequenas e loucos, que não entendem a injunção para início de conversa"). Ao mesmo tempo, todo aquele que tiver o que Hobbes chama de "poder soberano" (como reis e presidentes) não pode ser justamente punido, pois tudo que ele ou ela fizer é, por definição, justo. Não é sequer aceitável questionar as ações do soberano, pois isso seria sobrepor uma nova autoridade sobre ele ou ela.

E a política social na comunidade? Hobbes acha que o Estado deve ajudar e cuidar daqueles incapazes de trabalhar, mas compelir aqueles que não querem fazê-lo. Seu igualitarismo estende-se à distribuição das "coisas que não podem ser compartilhadas": o Estado deve mantê-las em comum (ou então distribuí-las por lote).

Outra ideia-chave (ainda uma parte importante da constituição britânica) é que o Estado e a Igreja devem ser unidos — e, então, as leis não serão ambíguas.

Hobbes termina o *Leviatã* dizendo que espera que não haja nada muito controverso em suas visões e com um desejo respeitoso de que, algum dia, no futuro, um soberano venha a adotar seu livro como um guia parcial.

Desafiando Hobbes

Escrevendo um século depois de Hobbes, John Locke diz que, por conta dos poderes arbitrários que ele dá aos soberanos, o contrato social de Hobbes é, na verdade, pior do que o estado da natureza ao qual deve ajudá-lo a sobrepor-se. Quem, Locke pergunta, assinaria um contrato para escapar de "furões ou raposas", se o resultado fosse ser colocado "à mercê de leões"?

Filósofos debruçaram-se sobre muitas ideias em *Leviatã*. No século XIX, Nietzsche tomou inapropriadamente a "submissão ao poder"; no século XX, John Rawls tomou emprestada a ideia de um contrato social para explicar a tomada de decisão moral e, atualmente, o *determinismo social* (a visão de que as pessoas pensam e agem de formas determinadas por forças externas maiores que elas) em geral é ecoado, por exemplo, quando se fala do "gene egoísta" que os cientistas, às vezes, alegam explicar o comportamento humano.

A ideia de Hobbes de que se poderia deduzir e tirar direitos individuais de um suposto direito fundamental à autopreservação arraigou-se em muitos sistemas legais de vários Estados. De fato, juntamente a seus trabalhos com o advogado e político holandês, Hugo Grotius, ele definiu o estilo e lançou as bases para um futuro trabalho nas áreas de teoria política, ética social e lei internacional.

O interesse de Hobbes pelos métodos da geometria e das ciências naturais também trouxe à teorização política um novo estilo de argumento que é mais persuasivo e mais efetivo. E, finalmente, de Hobbes vem um alerta de que, visto que a organização social inicia-se de uma luta entre seus membros, embora pretenda estar comprometida com justiça e igualdade, ela, inevitavelmente, cria desigualdades e torna-se autoritária.

Aplicando a Cola Social de Maquiavel

O filósofo político italiano Maquiavel, tem uma reputação ruim. De fato, as pessoas hoje em dia usam seu nome como um tipo de adjetivo significando ardiloso, amoral, intrigueiro, traiçoeiro ou mau. Mas, na verdade, sua reputação — seu apelido era Médico dos Malditos — é pior do que ele merece.

Ironicamente, talvez, para aquele que oferece sua teoria política para benefício dos príncipes, Maquiavel (1469—1527) foi o primeiro escritor a afastar-se do paternalismo da sociedade tradicional, indo em direção a algo mais próximo das noções atuais de democracia. Em seus escritos, as massas, embora possam ser ignorantes e vulgares, são melhores guardiãs da estabilidade e da liberdade do que os indivíduos conseguem ser. Maquiavel argumenta que, devido ao fato de que as pessoas são todas mistas, nenhuma muito superior à outra, e nenhum sistema é perfeito tampouco, mesmo um bom príncipe pode se corromper, então, é melhor elaborar um Estado com uma série de conferências e equilíbrios. E, visto que o Estado só é tão bom quanto seus cidadãos, os governantes devem estar cientes dos perigos de permitir que o espírito cívico decline.

Apesar de ter reputação de cínico, Maquiavel lembra às pessoas que a injustiça ameaça as bases da sociedade e encoraja as pessoas a sempre combatê-la — onde quer que apareça e a quem quer que afete. Essa reputação sórdida vem de duas das obras políticas mais notáveis já escritas, *O Príncipe* (1532) e *Os Discursos* (1531).

Antes de Maquiavel, os escritores medievais baseavam a legitimidade em Deus, que expressa Sua vontade por meio da hierarquia de papa, bispos e sacerdotes ou, alternativamente, por meio do imperador e das famílias reais da Europa. Maquiavel, em contraste, não tem dúvida de que o poder está disponível a todos e qualquer um que esteja apto o suficiente para aproveitá-lo. O governo popular é melhor do que a tirania, não por nenhuma razão moral, mas por seu sucesso em criar certos objetivos políticos: independência nacional, segurança e uma constituição bem-feita. Isso significa compartilhar o poder entre príncipes, nobres e povo em proporção ao seu poder real. Maquiavel é a primeira grande figura europeia a louvar a liberdade como virtude primária, escrevendo que "todas as cidades e todos os países que são livres em todos os aspectos lucram enormemente com isso".

Capítulo 12

Cuidando da Liberdade

Neste Capítulo

- Explorando a liberdade no estilo americano
- Examinando as contradições de Locke
- Delineando o liberalismo clássico com J. S. Mill
- Encorajando o egoísmo com Adam Smith
- Abordando a desigualdade com Rousseau

Consideramos essas verdades como autoevidentes, que todos os homens são criados iguais.

— Declaração de Independência dos Estados Unidos da América

A linha de abertura da Declaração de Independência norte-americana não deixa dúvida. A liberdade, pelo menos como a entendemos como membros de uma sociedade democrática, é uma condição plenamente assegurada.

Este capítulo examina as várias abordagens da liberdade, começando com a mais famosa de todas, a Declaração de Independência, convocando os pensadores mais importantes no assunto.

Louvando a Liberdade: A Declaração de Independência Norte-americana

A única superpotência do mundo (como os norte-americanos gostam de chamar a si mesmos) deve muito de sua dominância militar, econômica e cultural a uma receita política. Essa receita está definida em apenas alguns documentos esboçados na época da Revolução Americana — em particular, a Declaração de Independência norte-americana e a Constituição dos Estados Unidos.

Um slogan em particular deixou uma marca indelével na filosofia política. Ele vem da Declaração de Independência, que afirma que todos os "homens" (porém, infelizmente, não mulheres, nem indígenas, nem negros) são iguais:

> *Consideramos essas verdades como autoevidentes, que todos os homens são criados iguais, que são dotados por seu Criador com certos Direitos inalienáveis, e entre estes estão Vida, Liberdade e a busca pela Felicidade. Que para assegurar esses direitos, os Governos são instituídos entre Homens, derivando seus justos poderes do consentimento dos governados. Que sempre que qualquer forma de Governo tornar-se destruidora desses fins, é direito do povo alterá-la ou aboli-la e instituir um novo Governo, lançando suas bases em tais princípios e organizando seus poderes de tal forma que pareçam mais eficientes para realizar-lhe sua própria Segurança e Felicidade.*

O crítico político contemporâneo Simon Jenkins, escrevendo no jornal *Guardian* (Londres) em 2007, certamente refletiu uma visão comum quando declarou "o testamento mais nobre à liberdade é a Constituição dos Estados Unidos". Contudo, na realidade, a Constituição é bem o oposto. É um documento notável, indubitavelmente visionário e bem-sucedido, mas sua meta não era, de forma alguma, proteger liberdades individuais, muito menos a liberdade de fato. Ela deixou os norte-americanos negros como escravos e indígenas em reservas. Deixou as mulheres sem direitos civis. Ela reflete sua origem na reconciliação de vários pontos de vista em compromissos construtivos. Seu objetivo principal parece ter sido criar conferências e equilíbrios contra a dominância de um ponto de vista.

Fazendo emendas

Então, o que aconteceu com os direitos individuais dos cidadãos que deram início à Guerra da Independência e que os norte-americanos tanto celebram a Constituição para protegê-los? Essas e todas as outras questões contenciosas tiveram que ser deixadas para que políticos posteriores incorporassem ao documento como emendas. Visto que os Pais Fundadores (os líderes revolucionários que esboçaram os documentos) estavam inicialmente preocupados em equilibrar os poderes dos estados, tiveram que deixar a proteção dos direitos individuais de lado. E, pelo fato de que a maioria dos estados já possuía constituições escritas contendo declarações de direitos, as pessoas viram a Constituição federal como potencialmente ameaçadora ou conflitante com esses direitos.

Então, você deve procurar os famosos direitos dos cidadãos dos Estados Unidos nas emendas, não na própria Constituição. É apenas a primeira emenda que oferece liberdade individual de escolha religiosa e liberdade de expressão. Ela declara que:

> *O Congresso não fará nenhuma lei a respeito do estabelecimento de uma religião ou proibindo o livre exercício desta, nem diminuindo a liberdade de expressão ou de imprensa, ou o direito do povo de pacificamente reunir-se e fazer uma petição para que o Governo retifique agravos.*

Contudo, a religião nos Estados Unidos, assim como em outros lugares, continua a ser uma questão desagregadora. No decorrer dos anos, o pêndulo balançou entre conservadores religiosos e reformadores seculares sempre se encontrando em batalha no terreno de outros pontos legais obscuros na Suprema Corte, que, nos Estados Unidos, é o tribunal superior com a responsabilidade de guardar o espírito da Constituição Norte-americana.

Muitas das outras emendas são controversas também. Pegue a Segunda Emenda, que diz que: "uma milícia bem regulamentada, sendo necessária à segurança de um Estado livre, o direito das pessoas de manterem e portarem armas não deve ser infringido". Isso dá aos norte-americanos o direito de terem suas próprias armas. E são as grandonas, como metralhadoras e lançadores de morteiros também. Isso é uma boa ideia? Certamente, contando apenas a partir do final da Segunda Guerra Mundial, um milhão de americanos, um número estarrecedor, foram mortos por tiro por seus próprios compatriotas! E, como muitas das ideias dos autores da Constituição, não parece importar que a emenda diga claramente que o direito de portar armas só existe para permitir milícias individuais nos estados — um tipo de polícia militar.

Da mesma maneira, muitas pessoas sempre contestaram outras proteções principais da Constituição. O governo dos Estados Unidos tem violado regularmente a Quarta Emenda, que protege o "direito do povo de proteger suas pessoas, casas, documentos e propriedades contra buscas irrazoáveis e confisco", mais recentemente como parte da chamada "Guerra contra o Terror", grampeando telefones, colocando escutas em casas e, claro, lendo e-mails.

Mas um exemplo mais mortal de por que os direitos importam foi mostrado pelo que aconteceu nos primeiros anos dos Estados Unidos com os índios cherokee. Eles foram uma das raças originais do continente, que tinham se tornado, no papel, um parceiro reconhecido do novo EUA. Os estadunidenses confiscaram as terras dos cherokees com base em uma lei especial chamada Ato de Remoção Indígena; e de quem foi essa ideia? De ninguém menos do que Thomas Jefferson, que havia escrito aquelas lindas palavras para a Declaração da Independência com as quais dou início ao capítulo!

Quanto à Quinta e Sexta Emenda, que oferecem vários direitos legais, notoriamente o direito a um julgamento por um júri imparcial, os negros americanos frequentemente viram-se sendo julgados por jurados brancos preconceituosos. Porém, a origem histórica dessa disposição era a ideia de que os júris deveriam ser compostos por pessoas "iguais ao réu" — uma proteção voltada mais para a aristocracia do que para as pessoas comuns. Uma proteção similarmente bem-intencionada, mas ineficiente, é oferecida na Oitava Emenda, que buscava tornar ilegais "punições cruéis e incomuns", que, contudo, nunca pôde prevenir a aplicação rotineira de várias punições cruéis e incomuns, inclusive formas de execução.

A Constituição e a política

Por mais estranho que pareça, a Constituição dos Estados Unidos não tem nada a dizer sobre política. Isso se deve ao fato de que na época dos Artigos da Confederação (o que foi, em certo sentido, a primeira constituição dos Estados Unidos, esboçada em 1777 e estabelecendo uma "firme liga de amizade" apenas entre os, na época, 13 estados) não existiam partidos políticos. Havia blocos regionais e afiliações temporárias, mas nada como os agrupamentos políticos em torno de manifestos compartilhados. Por essa razão, detalhes sobre como votar, como os partidos escolhem seus candidatos e mesmo como organizar coisas como distritos congressionais não fazem parte da Constituição. Os Pais Fundadores não estavam interessados em democracia como o conceito é entendido hoje, com todos escolhendo um presidente, mas, sim, em como equilibrar os poderes dos estados americanos na União. Eles nunca imaginaram que um dia um presidente efetivamente conduziria tudo.

Lucrando com o Comércio de Escravos com John Locke

As pessoas que elaboraram a Constituição dos Estados Unidos deveriam ter ouvido mais os ingleses (ainda que pretendessem expulsá-los dos Estados Unidos) — ou pelo menos os filósofos ingleses? De fato, a teoria política do inglês John Locke (1632–1704), definida em *Dois Tratados Sobre o Governo Civil* (1690), recebe o crédito de ter inspirado tanto a Revolução Americana como a Francesa em nome dos direitos e liberdades fundamentais. A influência de Locke está na Declaração de Independência Norte-americana, na separação de poderes e na Declaração dos Direitos. Também está presente na doutrina dos direitos naturais que aparece no princípio da Revolução Francesa e na *Declaração dos Direitos do Homem* da revolução, que afirma que os direitos do Homem são universais: válidos em todas as épocas e em todo lugar.

Todos são iguais (bem, quase todos)

Todos são iguais: bem, exceto os escravos. Porque, curiosamente, o filósofo cujo nome inspirou outros a exigir liberdade teve um outro lado, mais sinistro.

Foi enquanto trabalhava como secretário de um diplomata que John Locke conheceu o Lorde Shaftesbury (Anthony Ashley Cooper). O nobre lorde ficou encantado com a sagacidade e estudo de Locke e imediatamente convidou-o para fazer parte de seu lar como médico-filósofo. Ashley, que posteriormente veio a ser o Primeiro Conde de Shaftesbury, foi uma figura essencial na vida política inglesa e, sob sua influência, Locke logo começou a trabalhar, paralelamente a seu *Ensaio Acerca do Entendimento Humano*, em sua *Carta Acerca da Tolerância* e *Dois Tratados Sobre o Governo*. Este último trabalho, célebre, reflete os interesses de seu chefe no comércio e nas colônias.

Lorde Shaftesbury já tinha um importante interesse em negócios nas Américas coloniais. Ele foi um dos líderes dos Lordes Proprietários das Carolinas, uma empresa para que o Royal Charter fundasse uma colônia no que é hoje a Carolina do Norte e do Sul, no Novo Mundo. Locke tornou-se secretário (literalmente, gerente-geral e supervisor) da empresa (1668–1671), bem como secretário do Conselho de Comércio e Plantações (1673–1674) e membro da Banca de Comércio (1696–1700)! De fato, Locke foi um de apenas uma dúzia de homens durante a Restauração (período que se seguiu à Guerra Civil Inglesa, quando a monarquia foi restaurada pelo rei Charles II) que criou e supervisionou tanto as colônias como seus severos e injustos sistemas de servidão. E um dos seus trabalhos mais importantes envolveu escrever uma constituição para a nova colônia, assim, colocando seus princípios filosóficos em prática. Então, aonde seus princípios o levaram?

O preâmbulo à Constituição para os miniestados de Locke declara especificamente que, com o fim de "evitar erigir uma democracia numerosa", oito lordes proprietários (incluindo o próprio Conde de Shaftesbury) se tornariam uma nobreza hereditária, com controle absoluto sobre os cidadãos. Esses governariam os servos feudais ou o que ele chama de *leet-men*.

Uma cláusula legal explica que: "qualquer lorde de uma casa senhorial pode alienar, vender ou dispor para qualquer outra pessoa e seus herdeiros para sempre sua casa senhorial, com absolutamente tudo, com todos os privilégios e servos que a ela pertençam...".

Outra regra observa que todos os servos devem estar:

> *...Sob a jurisdição dos respectivos lordes de dita senhoria, baronia ou casa senhorial, sem apelo dele. Nem deverá qualquer servo, ou serva, ter liberdade de deixar a terra de seu lorde particular e viver em qualquer outro lugar sem licença de seu dito lorde, mediante documento com sua assinatura e selo.*

Além do mais, "todos os filhos dos servos devem ser servos e o mesmo serve para todas as gerações". Quanto aos africanos (chegando lá acorrentados), a Constituição dá a cada colono "poder absoluto sobre seus escravos negros".

O tráfico transatlântico de escravos estava apenas começando quando Locke escreveu a Constituição. Em dado momento, essa viria a ser uma das maiores migrações forçadas de povos na Era Moderna.

Se Locke, como Shaftesbury, tinha responsabilidades públicas para cumprir, ele também teve suas visões privadas. Em 1671, ele comprou partes dos lucrativos comércios escravagistas, a Royal Africa Company (que marcava cada escravo com as letras *RAC*), bem como, um ano depois, o The Bahamas Adventurers.

Propriedade de escravos: Filosoficamente, está tudo bem

A filosofia, por muito tempo, achou a propriedade de escravos correta. Para Aristóteles, em particular, o escravo doméstico era definido como posse e propriedade ou como se fossem "parte separada do senhor", mesmo que ele achasse que as pessoas deveriam utilizar os escravos não meramente de acordo com seu próprio interesse ou capricho, mas pelo bem geral e segundo a razão. Da mesma forma, Aristóteles definia os escravos como pessoas "naturalmente" adequadas para sê-los, escrevendo em seu livro, *Ética a Nicômaco*:

> *Aqueles homens, portanto, cujos poderes estão principalmente confinados ao corpo e cuja principal excelência consiste em disponibilizar serviço braçal; aqueles, eu digo, são escravos naturais, pois é de seu interesse que sejam. Eles podem obedecer à razão, embora sejam incapazes de exercitá-la; e, embora diferentes de animais domados, que são disciplinados por meio meramente de suas próprias sensações e apetites, eles executam quase que as mesmas tarefas e tornam-se a propriedade de outros homens, porque sua segurança o exige.*

Essa é uma visão ultrajante, mas politicamente útil, e, certamente, o próprio Locke, em *Segundo Tratado*, escreve:

> *...Há outro tipo de servos, que por um nome peculiar chamamos de escravos, que, sendo cativos tomados em uma guerra justa, estão, pelo direito natural, sujeitos ao domínio absoluto e ao poder arbitrário de seus senhores. Tendo esses homens, como eu digo, sido privados de suas vidas e, com elas, de sua liberdade e perdido suas posses e estando em estado de escravidão, incapazes de qualquer propriedade, não podem declarar pertencer a qualquer parte da sociedade civil; o principal fim, então, é a preservação da propriedade.*

Nos dias de hoje, os filósofos não falam muito da visão de Locke sobre os escravos. Mas isso não significa que o assunto é irrelevante. Pois, na filosofia de Locke, a propriedade é a chave para a sociedade civil, e a chave para a propriedade é o trabalho.

Contudo, a posição de Locke acerca da liberdade é, de fato, ambígua. No *Ensaio Sobre a Verdadeira Origem, Extensão e Fim do Governo Civil*, Locke insiste que a escravidão "é um estado do homem tão vil e desgraçado" e "tão diretamente oposto ao temperamento e espírito benevolente da nação" que "era difícil conceber que qualquer inglês, menos ainda um cavalheiro, deveria pleiteá-lo". A liberdade natural do homem, aqui, representa uma liberdade inalienável do poder absoluto, arbitrário. Contudo, para justificar a economia da escravatura, Locke achou necessário privar algumas pessoas de sua razão e, assim, de sua liberdade.

De fato, foi apenas colocando os escravos fora do contrato social e criando conceitos de inferioridade cultural e intelectual que Locke pôde reconciliar sua crença nos direitos inalienáveis de uma pessoa sobre si própria com as vantagens pessoais de exercer um papel fundamental na instituição da escravidão.

Dando uma Virada Democrática com J. S. Mill

John Stuart Mill (1806–1873) nasceu em Londres, filho de James Mill, e trabalhou na Companhia das Índias Orientais, tendo passado um breve período como membro do parlamento. Ele era particularmente interessado nos direitos das mulheres, na reforma constitucional e econômica. Em 1830, conheceu Harriet Taylor, a quem, ele diz em autobiografia, não deve nenhuma de suas "doutrinas técnicas", mas todas as suas ideias liberais.

Mill defende que permitir às pessoas decidirem por si próprias o máximo possível aumenta a felicidade geral, chegando a uma filosofia que argumenta a favor da liberdade de pensamento, de expressão e associação. E são essas ideias sobre o papel dos indivíduos e da sociedade, expostas em *Sobre a Liberdade* e *Princípios da Economia Política (com Algumas de suas Aplicações à Filosofia Social)*, que criaram uma nova filosofia política nas democracias ocidentais: o liberalismo clássico.

Mill escreveu *Princípios da Economia Política* em 1848, por volta da mesma época em que Marx e Engels tentavam iniciar uma revolução proletária. O escrito de Mill é essencialmente uma tentativa de imitar seu ilustre predecessor escocês Adam Smith, ao definir o funcionamento do Estado moderno.

Por exemplo, ele escreve, seguindo Smith, que o elemento da cooperação é a chave para as sociedades modernas. De tal cooperação, um grande "florescimento de cooperativas" e empresas conjuntas pode se seguir, Mill sugere entusiasticamente. Entretanto, ele também acrescenta que:

> *Qualquer teoria que adotemos a respeito da fundação da união social e com qualquer instituição política em que vivamos tem um círculo em volta de cada ser humano em que nenhum governo deve ter permissão para pisar: o ponto a ser determinado é onde o limite dever ser posto, quão grande deve ser uma província de vida humana.*

Essa é a essência do liberalismo clássico. A variedade de Mill é fundamentada na ética utilitarista adotada de Jeremy Bentham em vez de no apelo aos direitos fundamentais de outro grande liberal inglês, John Locke. Contudo, apesar dos diferentes pontos de partida, ambos chegam ao conjunto característico de direitos e liberdades.

ÓTIMA IDEIA

Ainda evidentemente no espírito de Smith, Mill oferece alguns grandes conselhos para o governo a respeito do dinheiro. Ele diz que apenas o trabalho gera riqueza, mas o capital é gerado no trabalho e pode ser acumulado — ou mesmo herdado — legitimamente. A herança é aceitável, ainda que inicialmente baseada em injustiça, quando algumas gerações tiverem passado, porque remediar a injustiça criaria problemas piores do que abandonar a situação. Por outro lado, o Estado poderia impedir a herança de riqueza, para além do ponto de se conquistar uma "independência confortável", intervindo e confiscando ativos. As pessoas que quiserem viver mais do que "confortavelmente" devem trabalhar por isso.

Então, qual é a influência de Mill? Ele é um dos primeiros escritores a se considerar um cientista social e era firme em sua convicção de que as ciências sociais relacionavam-se justamente com as ciências naturais e que era possível persegui-las utilizando métodos similares. Mill fazia distinção entre o estudo dos indivíduos, que seria grandemente psicológico, e das sociedades, que seria grandemente econômico e político.

Votando na Vida, Liberdade e Busca por Riqueza

Adam Smith (1723–1790) é um filósofo muito mais radical do que normalmente se diz. Enquanto filósofos anteriores, como Platão e Locke, achavam que a sociedade deveria ser baseada no altruísmo, ou, pelo menos, na supressão do egoísmo, ele admite que o egoísmo é, na realidade, uma coisa muito útil e a sociedade deveria incentivá-lo mais! Ou, como ele coloca, não é da benevolência do açougueiro nem do padeiro que se pode esperar por sua refeição; é por sua noção clara de seu próprio interesse. Não despreze o interesse próprio, ele diz, porque

> *...Isso nunca deveria ser imposto a um grande número de pessoas, nem causar um alarme tão geral entre aqueles que são amigos de princípios melhores, caso não estivesse embasado pela verdade.*

Paralelamente a *Riqueza das Nações*, publicado no mesmo ano da Declaração de Independência Norte-americana (1776) e ainda uma leitura popular entre políticos, Adam Smith escreveu outra obra significativa, *Sentimentos Morais*, escrito um tanto depois e baseado na observação dos outros. Manter a justiça tornou-se a tarefa-chave dos governos, mesmo se as forças econômicas estiverem em colapso.

A primeira edição de *Uma Inquirição Sobre a Natureza e a Causa da Riqueza das Nações* custou 1,16 libra e esgotou em seis meses. Foi um sucesso estrondoso porque *A Riqueza das Nações* não é, apesar do título, voltado meramente à economia. É uma visão muito mais abrangente da sociedade e, em suas páginas, a economia é meramente um coproduto, embora necessário, da vida social.

Buscando Igualdade de Resultado ou de Oportunidade

Jean-Jacques Rousseau (1712–1778) enraíza sua filosofia política em questões de justiça também, em particular, a questão da origem da desigualdade, e começa distinguindo dois tipos de desigualdade:

- **Desigualdade natural ou física:** Diferenças de idade, saúde, força e inteligência.
- **Desigualdade moral ou política:** "Os privilégios diferentes de que alguns desfrutam em prejuízo de outros" — coisas como riqueza, honra e poder.

Seu ensaio, *Discurso Sobre a Origem e os Fundamentos da Desigualdade Entre os Homens*, escrito em 1754 para que ele se inscrevesse em um concurso da Academia de Dijon, não ganhou o prêmio, mas tem pontos originais.

Aqueles que falaram incessantemente de "ganância, opressão, desejo e orgulho", Rousseau diz, não perceberam que estavam introduzindo na natureza ideias que apenas se originaram na sociedade. Essa é a noção preferida no coração da filosofia alternativa de Rousseau. Mas e todas as outras supostas vantagens da civilização? Rousseau lida sem cerimônia com elas. Elas não passam de:

> *...A desigualdade extrema de nossas formas de vida, o excesso de ócio entre alguns e o excesso de trabalho entre outros.*

Rousseau diz que um dos erros que Hobbes cometeu foi ter imaginado que o selvagem compartilhava das ganâncias e paixões do homem civilizado. Ao invés disso, Hobbes deveria ter percebido que o estado da natureza é um estado feliz. É preciso um conhecimento sofisticado, racional, do bem e do mal para tornar um homem civilizado tão perverso.

Rousseau diz que os primeiros povos viviam como animais. Não diz isso em um sentido depreciativo, mas meramente no sentido de que os povos originais buscavam somente atender às suas necessidades físicas. Rousseau aponta que muito do imaginário, tanto em Hobbes como em Locke, pertence a uma sociedade proprietária de bens, não ao suposto estado natural anterior à invenção dos direitos de propriedade. Percebendo isso, "não somos obrigados a tornar um homem filósofo antes de poder torná-lo um homem". A primeira vez que as pessoas tiveram um senso de propriedade, Rousseau acha, foi quando elas se assentaram em um local e construíram cabanas para morar.

Mesmo a união sexual, Rousseau observa pragmaticamente — bem como refletindo sua própria experiência (ele teve cinco filhos ilegítimos que deixou negligenciados em um orfanato) —, não parece ter implicado qualquer exclusividade, mas é mais provável que tenha sido apenas um episódio luxurioso que, logo após vivenciado, era esquecido, lembrado, muito menos em termos, apenas por conta dos filhos. Nem o pai nem a mãe, provavelmente, sabem de quem são os filhos que geraram, ele argumenta, assumindo que a paternidade é a característica definidora e minimizando o conhecimento definido da mãe!

Visto que esse estado primitivo é, na realidade, superior àqueles que se seguiram, Rousseu prossegue sugerindo que a única razão pela qual essa sociedade primária mudou deve ter sido resultado de algum tipo de desastre, talvez um que tenha gerado escassez de alimento ou outra dificuldade. Isso teria forçado as pessoas a começarem a identificar certas áreas como suas e, talvez, começarem a viver em grupos. Isso, por sua vez, implicaria uma comunicação aumentada e o desenvolvimento da linguagem. E existe uma segunda dimensão para essas mudanças: as pessoas começaram a se julgar por um novo critério: como as outras pensavam dela. Para Rousseau, esta última é uma mudança de maior significância, pois foi a autoconsciência que causou a queda de Adão e Eva no Jardim do Éden e é ela que deixa a humanidade permanentemente infeliz com o que possui e ressentida ou temerosa em relação aos outros.

Depois disso, infelizmente, "todo o progresso da raça humana afasta, cada vez mais, o homem de seu estado primitivo". Segundo Rousseau (neste ponto seguindo Thomas Hobbes), a sociedade necessariamente leva as pessoas a odiarem umas às outras, de acordo com seus diferentes interesses econômicos. Mas o tal contrato social de Hobbes é, na verdade, feito pelos ricos como uma forma de rebaixar os pobres. Na realidade, nem mesmo os ricos se beneficiam do contrato, porque se pervertem e ficam cada vez mais longe do contato com a harmonia da natureza, elevados desnecessariamente acima de seu estado próprio, assim como os pobres são rebaixados em seu estado.

Para Rousseau, a justiça não é igualdade crua, mas a colocação correta dos indivíduos de acordo com seus talentos e habilidades — de acordo com seu mérito. Infelizmente, a sociedade quebra esse equilíbrio (que também é o problema que Platão discute em *A República*). E Rousseau considera a própria noção do contrato social falha: Rousseau sugere que, em vez disso, apenas duas leis, ou princípios, podem ser consideradas "anteriores à razão", anteriores querendo dizer que "vieram antes". A primeira (como em Hobbes) é um poderoso interesse pela autopreservação e bem-estar pessoal; a segunda, contudo, é uma "aversão natural a ver qualquer outro ser senciente perecer ou sofrer, especialmente se for um de seu grupo". O único momento em que um homem natural poderia ferir outro é quando seu próprio bem-estar o exige. Dizendo isso, Rousseau está traçando um paralelo entre a humanidade e os animais, que — diferentes de seus donos — nunca se ferem mutuamente apenas por maldade.

A versão de Rousseau para a divisão de trabalho é similarmente perversa e mesmo bizarra. Em vez do uso de ferro (para arados e outros) aprimorando a agricultura e tornando o cultivo mais fácil e mais eficiente, ele vê as novas tecnologias como um fardo sobre os produtores de alimento. "Quanto mais se multiplicam os números dos trabalhadores industriais, menos mãos engajadas em oferecer a subsistência comum, sem que haja menos bocas para alimentar." Então, ele diz, devem-se considerar todos os negócios não saudáveis da sociedade moderna — trabalho em minas, preparação de certos metais (como chumbo) — e a migração geral para as cidades antes de afirmar que a sociedade melhorou a vida das pessoas.

Contudo, Rousseau diz que as pessoas fora da sociedade não tolerarão ser subjugadas, "como um cavalo preso bate no chão com seu casco" e recua quando a cela se aproxima, ou animais batem a cabeça contra as "barras de suas prisões" — contudo, a sociedade reduz todos a escravos. E Rousseau descarta a explicação oferecida por filósofos como John Locke de que o governo é como um pai, pois "pela lei da natureza, o pai é o mestre do filho apenas pelo tempo que sua ajuda for necessária e que, além desse estágio, os dois são iguais, o filho tornando-se perfeitamente independente do pai". De fato, abrindo mão de sua liberdade, um homem degrada seu ser.

Passando do cenário menor para o mais amplo, Rousseau oferece um estado de "mãos lavadas". Afinal, ele diz, a única maneira pela qual um soberano e o povo podem ter um único interesse idêntico, de modo que todos os movimentos da máquina civil tendam a promover a felicidade comum, é os dois sendo um e o mesmo — o que não acontecerá. Na realidade, em seus escritos posteriores, notoriamente em *Do Contrato Social*, Rousseau sugere que talvez exista, *sim*, uma forma de contornar o egoísmo, por meio de um sistema de voto da maioria, no qual o desejo de cada indivíduo torna-se parte de uma vontade geral, ao invés de refletir diretamente os desejos particulares de alguém. Mas sua alegação anterior é mais inspirada.

Outra implicação importante é a de que ninguém pode ficar fora da lei, pois, quando algumas pessoas ficam, outras são deixadas "ao seu próprio discernimento". Além do mais, a sociedade deveria ter poucas leis e a introdução de novas deve ser feita somente com o máximo de circunspecção, de modo que, "antes de que a constituição possa ser perturbada, haja tempo suficiente para que todos reflitam que é, sobretudo, a antiguidade das leis que as torna sagradas e invioláveis".

Parte V

Filosofia e Ciência

"Eu gostaria que você conhecesse Pitágoras Johnson, Aristóteles Sutton, Platão Hinks, Demócrito Wilford, Hegel Smith, Descartes Mitchell..."

Nesta parte...

"Eu não comprei um livro de filosofia para ler sobre a chatice da ciência", dizia a carta de um de meus fãs outro dia. Mas, da mesma forma, muitas pessoas nos dias de hoje só querem ler sobre ciência. Elas só querem as mais recentes teorias do universo — a visão científica de mundo — e não essa história de ideias! Mas, nesta parte, ambos os gostos serão atendidos, pois reúno as metades da filosofia — em geral, separadas. O resultado? Ao final do livro, teremos, de fato, uma "teoria de tudo" e tudo separado e organizado. Tudo, eu prometo. E, se esta parte não torná-lo cético quanto à capacidade de alguém fazê-lo, nada mais tornará.

Capítulo 13

Da Ciência Antiga à Filosofia Moderna

Neste Capítulo

- Dividindo o mundo em partes com Tales e Demócrito
- Pensando sobre a natureza da natureza com Platão e Aristóteles
- Descobrindo como a teoria de Darwin é o elo perdido entre a ciência e a filosofia
- Cortejando a controvérsia com Galileu

Os argumentos mais fortes não provam nada, caso as conclusoes nao sejam verificadas pela experiência. A ciência experimental é a rainha das ciências e o objetivo de toda especulação.

— Roger Bacon

Ouve-se muito falar sobre filósofos antigos, mas não muito sobre cientistas antigos. Pelo menos é o que parece. Porém, as palavras podem enganar! Até o final do século XVIII, o que agora se chama de ciência *era* o tema central da filosofia. Da mesma maneira (ainda que pareça confuso), o que era *então* chamado de ciência era, na realidade, filosofia ou "conhecimento do que é necessariamente verdade". Foi apenas após Isaac Newton, que pôs no papel uma nova forma de nomear e definir as coisas, que tivemos não só a "physiks", mas a ciência também. A filosofia da natureza (como era chamada então) foi igualmente estudada por Aristóteles, Kant e Descartes, no time dos filósofos, como seria, posteriormente, por Copérnico, Kepler, Galileu, Bacon e Newton, no recém-nomeado time dos cientistas.

Este capítulo começa com uma olhada nas primeiras tentativas de compreender os eventos e processos no mundo cotidiano ao nosso redor, da gravidade à luz, átomos e espaço vazio — ou "nada". Ele também cobre um pouco da "ciência" mais convencional, como os esforços de Newton e Darwin para compreender a natureza, supondo novas leis e mecanismos subjacentes.

Teorizando Sobre Tudo com os Primeiros Filósofos Gregos

A suposição central da ciência é a de que o mundo segue regras — que podem ser identificadas e investigadas. A mais importante dessas regras é a da *causa e efeito* — se algo acontece, então, algo deve tê-lo causado. E, se puder encontrar a causa, é possível fazer as coisas pararem de acontecer ou fazê-las acontecer, exatamente quando e o quanto quiser. Ligadas a isso estão a crença de que o mundo é ordenado e consistente e a suposição de que condições idênticas produzirão resultados idênticos. Notou algo sobre isso? São todas ideias filosóficas, e não podem ser provadas de forma científica!

Então, quando os filósofos, hoje em dia, analisam o que os antigos pensaram, não é apenas diversão histórica. Suas visões ordenam e continuam a emoldurar as visões de hoje. *Para melhor ou pior.*

Vendo água por toda parte com Tales

Tales de Mileto é, às vezes, chamado de o primeiro verdadeiro filósofo. Porém, se for verdade, ele também é o primeiro verdadeiro cientista. Provavelmente viveu por volta de 2.600 anos atrás e foi considerado um dos Sete Sábios do Mundo Antigo por conta de seu conhecimento matemático e astronômico, aplicado a questões práticas.

Entre os feitos de Tales, está a previsão do eclipse de 585 a.C., que foi quase total e aconteceu durante uma batalha — deixando a luta bem mais esquisita. Outra história (contada por Aristóteles) descreve como sua ciência o levou a antecipar uma safra de azeitonas muito boa, e, assim, ele contratou antecipadamente todas as prensas de azeitona de Mileto. Aquele verão, de fato, teve uma plantação farta e, então, tendo monopolizado todas as prensas de azeitona do mercado, ele pode sublocá-las com um belo lucro.

Sem dúvida, esse ganho inesperado financiou vários anos de especulações menos lucrativas de Tales sobre o *estudo das essências* — a busca pelas características definidoras das coisas acima e além de suas aparências superficiais não confiáveis. Esse é o problema de que Platão fala o tempo todo. Contudo, Tales, assim como o aluno do contra de Platão, Aristóteles (sempre discordando de seu chefe!), abordou as coisas, investigando e observando a natureza, em vez de usar o processo de reflexões retóricas que levavam à criação de propriedade novas, abstratas.

Tales concluiu que a alma humana deve ser um tipo de ímã, porque apenas os ímas podem fazer as coisas se moverem por uma força invisível (como as pessoas achavam que a alma podia). Similarmente, as investigações práticas o levaram a concluir que o mundo era, em essência, água. Tales viu que a água podia virar ar (vapor) e, da mesma forma, congelar e virar pedras — gelo. A ideia dele não é tão boba e leva à possibilidade que as pessoas prezam hoje, a de que tudo é feito da mesma coisa: átomos.

Dividindo tudo em átomos com Demócrito

Se Tales começou a busca pela essência da matéria (veja a seção anterior), o grande Leucipo originalmente pensou na primeira teoria do atomismo. Porém, por conta de Leucipo ter deixado apenas alguns rascunhos, é seu pupilo (cerca de 460–370 a.C.), comparativamente bem servido com uns 50 fragmentos dos escritos deixados, quem ganha a maior parte do crédito.

O *atomismo* teoriza que o mundo todo, com toda sua diversidade de aparência, é fundamentalmente criado por minúsculos (invisíveis) blocos exatamente iguais. Parte da antiga teoria era de que nada poderia dividir esses blocos. Hoje em dia, os átomos são divididos o tempo todo para gerar eletricidade. De qualquer forma, os átomos são tanto uma teoria moderna como algo que já estava por aí há vários milhares de anos. E também teve seus reveses, porque o problema com os átomos é que, entre um e outro, algo deve existir ou não há nada — o vazio —, o que é um problema muito pior do que ter algo despercebido, pois como um filósofo sério poderia dizer que o nada existe?

Leucipo fez precisamente isso, dizendo romanticamente que os átomos se encontram no vazio e se reúnem para formar compostos com diferentes propriedades, antes de se separarem novamente. Demócrito acrescentou a isso sua própria ideia de que certos átomos de qualidade particularmente superior e uniforme compõem as almas das pessoas e interagem com os, ligeiramente mais brutos, átomos do mundo, assim, gerando as sensações. Seja como for, esse pedaço da ciência antiga caiu por terra.

Descobrindo o Mundo com os Filósofos Naturalistas

Os filósofos gostam de falar sobre o nada, e a melhor forma de nada é, claro, o espaço. Bem no começo da filosofia (registrada), Demócrito disse simplesmente que o vazio é o que "não é". Porém Platão, que tem a palavra definitiva sobre isso, assim como em muitos assuntos, achava que o espaço é, na verdade, um tipo muito especial de coisa, nem feito de matéria, como o resto do universo, nem inteiramente abstrato, como as próprias formas (as misteriosas "Formas" de Platão são explicadas no Capítulo 2). O espaço é um meio-termo: "uma coisa invisível e sem característica, que recebe todas as coisas e compartilha de uma forma espantosa de tudo que é inteligível", ou, pelo menos, foi assim que o amigo de Sócrates, Timeu, explicou nos diálogos de mesmo nome. A única maneira de investigar suas propriedades é por um tipo de "proposição órfã (isto é, separado de suas origens) que não envolva a percepção sensorial", como em um transe durante o sono.

A ideia de Platão é mais sofisticada do que aquelas de outros filósofos e, na verdade, mesmo de físicos, incluindo até Einstein. Certamente, a maioria do restante, seguindo Aristóteles e Newton, até pensou que o espaço era passível de investigação empírica e experimental e acabou com um *espaço absoluto* altamente teórico, absoluto no que concerne ao fato de ser eterno, fixo e muito, muito regular — o que nem mesmo condizia com os fatos.

O não ser e o nada

"Nada deve vir do nada, fale novamente", aconselhou o rei Lear à sua filha, porém, como muitos filósofos antes dela e desde então, ela não lhe deu ouvidos. A controvérsia a respeito de se o nada realmente existe pode remontar aos filósofos pré-socráticos na Grécia Antiga ou, para ser mais preciso, na Ásia Menor, Itália e Sicília. Primeiramente, entre eles estava Parmênides de Eleia, que alertou, no início do quinto século a.C., que não ser era tomar um "curso completamente incrível, visto que não se pode reconhecer o Não Ser (pois isso é impossível) nem falar dele, pois o pensamento e o Ser são a mesma coisa".

Parmênides e seus seguidores, os eleáticos, estavam desafiando os ensinamentos de Pitágoras, que alegava que nada, um tipo de Não Ser, de fato existe. Porém, outros — como Demócrito de Abdera, que é lembrado por sua teoria de que o mundo é feito de átomos —, algumas décadas depois de Parmênides, insistiram, como Pitágoras, em que o Não Ser deve de fato Ser, seja lá o que for que Parmênides tivesse concluído.

Então, encontramos Platão também, na obra chamada *O Sofista*, defendendo o nada e dizendo que o que não é, em algum sentido, também é. Para Platão, não ser é uma parte necessária da criação de distinções a princípio. Se não fosse possível ter nada no armário, também não seria possível ter algo nele! Esse é o mesmo pensamento que convenceu os teólogos medievais, como São Tomás de Aquino, a dizer que é necessário que Deus crie as coisas a partir do nada e instigou Leibniz a insistir no nada do espaço vazio como o estágio preliminar onde organizar suas mônadas. Se o existencialismo é o pináculo da filosofia abstrata, suas origens estão nas divagações sobre a estrutura física do universo.

Briga sobre a ciência: Aristóteles e Platão

Aristóteles considerava que a origem da investigação filosófica surgia do desejo inato das pessoas de entender as causas por trás do mundo natural. Para ele, era um senso comum ligar os deuses da mitologia e as "verdadeiras essências" da filosofia, porque ambos tentam explicar as forças da natureza.

Desde a aurora da era científica no século XVII, os filósofos-cientistas insistiam em que as pessoas deveriam deixar de lado as histórias belas, porém irracionais, dos poetas, artistas ou místicos e aceitar, ao invés disso, apenas as explicações científicas do mundo natural, que podem ser defendidas por meio de argumento e demonstração.

Entretanto, esse novo conceito de verdade não é tão novo. Aristóteles envolveu-se em extensivos estudos biológicos dos organismos vivos, que respiram, mas ainda teve que enquadrar seus estudos dentro de uma teoria — que sempre é, em cada aspecto, tão imaginária quanto qualquer coisa em um mito. Na ciência de Aristóteles, tanto as partes individuais dos organismos quanto suas atividades contribuem para um único fim definitivo. Tudo possui uma função ou propósito. Darwin desafiou essa visão de certa forma, tornando tudo na natureza aleatório. Porém, ele ainda defende um propósito geral para todas as coisas — nesse caso, a necessidade de sobreviver (veja seção posterior "Explicando a evolução com Darwin"). A teoria de Darwin tem grande poder explicativo, é claro. Porém, a de Aristóteles também o tinha. E igualmente o tem os contos fundamentais dos antigos.

Abrindo o livro da natureza com Isaac Newton

Sir Isaac Newton é um filósofo tão bom que foi conspicuamente banido da maioria dos livros sobre o assunto, para, suponho, não fazer o restante dos filósofos parecerem inúteis. Cada porção de filosofia que ele estuda, afinal, virou ciência — a vingança! Apenas as coisas com que ele não se envolveu permaneceram como filosofia para os filósofos atuais.

Os cientistas de hoje lembram que Newton "inventou" as leis da gravidade e muitas outras coisas muito úteis, que não descreverei aqui, nos campos de matemática, óptica (a ciência e os mistérios da luz), teologia e alquimia também.

Ele era particularmente interessado em algo chamado salitre — um estranho composto mineral que era feito de um ácido (idealmente ácido nítrico, para os alquimistas que estiverem lendo), um sal alcalino (como o bicarbonato de sódio, um pó branco com o qual se pode limpar os dentes, entre outras utilidades) e, por último, mas não menos importante, o "sal volátil" (como o carbonato de amônia), líquidos que eram conhecidos por despertar pessoas desmaiadas. Misture todos esses ingredientes corretamente e (Newton e outros alquimistas achavam) você pode criar um tipo de ingrediente mágico que torna os metais capazes de crescer como plantas. E por que não, eles pensaram, quando as plantas podem crescer na terra. De fato, porque continha salitre, Newton e outros achavam que a Terra era um grande animal ou, mais precisamente, um enorme vegetal animado. Maluquice? Talvez. Contudo, foi por meio de ideias como essa que Newton explicou a lei da gravidade. Para Newton, a gravidade não só era uma força invisível, como outras que a química revelou, mas também, de fato, a própria mão de Deus.

Entretanto, de todos os seus muitos interesses, é à filosofia que ele sempre retorna.

E, por que não, visto que, antes de ele nascer (em 1642), os filósofos não faziam nenhuma distinção entre os tipos de conhecimento que eles buscavam e os tipos que os cientistas naturais buscavam. Por exemplo, em seu grande livro *Principia Mathematica*, ele reconhece que se pode traçar os caminhos da matemática das leis da gravidade até Pitágoras. Newton lembra do grego antigo que:

> *...Por meio de experimentos verificou as ponderações de que todos os aspectos em cordas iguais eram proporcionais aos quadrados do comprimento da corda... As proporções descobertas...ele aplicou aos céus e... comparando aqueles*

pesos àqueles dos planetas e comprimentos das cordas às distâncias dos planetas, ele entendeu por meio da harmonia dos céus que os pesos dos planetas em direção ao sol eram proporcionais aos quadrados de suas distâncias do Sol.

Em filosofia, assim como no discurso cotidiano, o termo *natureza* é vago e elástico. Cobre basicamente tudo, da natureza definitiva do universo ao mundo vivo, ao mundo não humano, a (no sentido mais amplo) tudo que existe.

Fazendo amizade com a natureza

Para a maioria dos gregos antigos, inclusive Platão e Aristóteles, as leis naturais são reveladas tanto pelas disciplinas que a Era Moderna chama de filosofia quanto pela ciência — e, na verdade, pela religião também. Vista assim, a natureza tem um tipo de inteligência, uma mente própria, com a qual devemos nos afinar para compreender as regularidades sutis de seu funcionamento. Entender a natureza é, nesse sentido, compreender os padrões nas intenções de Deus. Essa é uma influência na associação da natureza com coisas de valor, seja ética ou esteticamente falando. O natural é bom: a verdadeira arte representa essa bondade ou segue seu ritmo; a verdadeira moralidade captura a bondade nas pessoas e oferece princípios pelos quais a humanidade pode florescer. Essa intuição geral emerge de diferentes formas na história ocidental, da teologia medieval aos poetas românticos.

A natureza contrasta com o mundo artificial: isto é, as coisas feitas pelos seres humanos. Isso se refere a todo o universo, e a todo o tempo. As visões filosóficas da natureza flutuaram, com as pessoas, às vezes, vendo-as como aleatórias, desordenadas e imperfeitas. Os escritores românticos e filósofos como Shelley reagiram ao recente domínio da natureza por Newton (reduzindo os planetas a meros pedaços de rocha girando em torno do sol) e sugeriram que a natureza, ao contrário, tem um estado superior que determina todos os valores.

Para muitos filósofos a partir de Descartes, ser humano é ser capaz de transcender às restrições da natureza por meio da razão. Para existencialistas como Sartre, a ideia de que a natureza, o humano ou outro podem conter um valor para as vidas das pessoas, ou para as decisões que as pessoas tomam, é tanto errada como moralmente degradante. Vista dessa forma, a natureza é um tipo de ameaça à liberdade humana — um sistema mecânico do qual você precisa escapar a fim de ser totalmente você mesmo.

Mas o que é a natureza em si? Se você olhar o mundo natural, descobrirá que ela é moldada e modificada pela influência humana. Você é *parte* da natureza.

Explicando a evolução com Darwin

Charles Darwin (1809–1882) nasceu na Inglaterra, em Shrewsbury, para ser preciso, mas as pessoas não se lembram dele por sua busca por fósseis em Wenlock Edge. Em vez disso, ele é famoso por suas viagens no navio *Beagle* a lugares exóticos como a ilha Galápagos, bem como à Terra do Fogo, onde ele ficou mais impressionado com os locais, sobre os quais ele observou em seu diário:

> *...Quão pouco as mentes de um desses pequenos seres devem se parecem com a dos homens educados! Que escala de aprimoramento está contida entre as faculdades dos selvagens fueguinos e de um Sir Isaac Newton! De onde vem esse povo? Eles permaneceram no mesmo estado desde a criação do mundo?*

Ele finalmente escreveu tudo, ampliando uma teoria científica já existente em seu célebre relato *A Origem das Espécies*, com o subtítulo *Por meio da Seleção ou a Preservação de Raças Favorecidas na Luta pela Vida* (1859).

Na obra, ele usou exemplos de espécies recém-descobertas ou pouco conhecidas, peculiares a essas ilhas remotas, para tentar demonstrar que espécies relacionadas, em algum ponto, tiveram um ancestral comum, que por um processo de adaptação bem-sucedido às circunstâncias floresceu ou que não se adaptou e, portanto, morreu, assim, as espécies evoluíram para a miríade de formas que ele viu à época.

Darwin estendeu sua teoria para cobrir a raça humana, e isso desafiou muitas suposições sociais, éticas e psicológicas profundamente arraigadas. Até mesmo os valores morais foram apenas outra forma de comportamento gerado aleatoriamente cujo efeito foi aprimorar as chances de preservação da espécie.

Foi isso que Darwin teve a dizer, por exemplo, no livro sobre a ligação entre moralidade e evolução:

> *A natureza moral do homem alcançou seu padrão atual parcialmente por meio do avanço em seus poderes de raciocínio e, consequentemente, de uma opinião pública justa, porém, especificamente de suas simpatias terem se tornado mais tenras e amplamente difusas por meio de efeitos do hábito, exemplo, instrução e reflexão. Não é improvável que, após longa prática, as tendências virtuosas possam ser herdadas.*

Darwin, então, prossegue explicando que, "com as raças mais civilizadas", a crença em Deus teve uma profunda influência no desenvolvimento de códigos morais. Contudo, ele conclui:

> *...O primeiro fundamento ou origem do senso moral encontra-se nos instintos sociais, inclusive a simpatia; e esses instintos, sem dúvida, foram adquiridos primariamente, como no caso de mamíferos inferiores, por meio da seleção natural.*

Alguns filósofos, particularmente aqueles que acham que Deus tem uma função na moral, resistem à redução da ética a uma estratégia de sobrevivência, argumentando que, visto que a teoria evolucionária é fundamentada nesse princípio aleatório, aplicar a teoria à sociedade e à cultura humana é inapropriado. Mas parece que isso deixa o foco passar despercebido. Darwin está indicando como um mecanismo simples pode resultar em um comportamento complexo — mesmo o comportamento moral.

Descobrindo a relatividade com Galileu

Galileu Galilei nasceu em Pisa, onde estudou medicina e posteriormente matemática. Entre 1592 e 1610, foi professor de matemática em Pádua, aplicando sua matemática aos mistérios do movimento, tanto celestial quanto terreno. A partir de 1610, tornou-se "o primeiro filósofo" e matemático particular do Grão-duque da Toscana, uma posição que lhe permitiu se dedicar a propagar suas ideias por meio de uma série de livros que mudaram a direção tanto da filosofia como da ciência.

Desafiando os antigos

A nova abordagem de Galileu foi algo que veio com muito atraso, porque, desde Aristóteles, os filósofos promoviam posições que não só eram erradas (como a de que objetos pesados caem proporcionalmente mais rápido do que os leves), como também desajeitadas e improdutivas. Em um livro chamado *O Ensaiador* (1623), Galileu concentra-se particularmente em analisar Aristóteles, separando sua noção de movimento, que permitia, por exemplo, que plantas se movessem em direção ao sol, da mesma forma que você ou eu podemos nos mover.

Analisando o mundo

Galileu oferece uma visão mais precisa que separa em mundos físicos e psicológicos. Essa separação torna o mundo físico aberto à análise matemática. O *Diálogo Sobre os Dois Principais Sistemas do Mundo — Ptolomaico e Copernicano* (1632) estabelece, além dos conhecidos argumentos de um sistema solar heliocêntrico, um mais original sobre a relatividade do movimento e do espaço.

O *Diálogo* fez com que o Vaticano condenasse Galileu, um ano após sua publicação — confinando-o à sua casa de fazenda italiana (que, na verdade, era bem bacana) e obrigando-o a um retiro. Mas a razão para essa censura parece ter tido menos a ver com o debate acerca dos dois sistemas astronômicos rivais e mais com um insulto muito contundente incluído por Galileu (que não era nada arrogante) à sagacidade do próprio Papa. Em seu elegante e espirituoso *Diálogo*, Galileu coloca as visões bem conhecidas do Papa na boca de um personagem imaginário — um palhaço — que ele chamou de Simplício.

Bem como um grande escritor e um tanto satírico, Galileu também foi um cuidadoso cientista empírico, que fez da observação sistemática e efetiva parte de seu método, notoriamente, usando seu novo telescópio. Porém, foi ele que escreveu que o livro da natureza é escrito em matematiquês.

Capítulo 14

Investigando a Ciência Social

Neste Capítulo

- Bebericando com os principais sociólogos
- Investindo tempo para observar a economia
- Refletindo sobre a teoria do caos

O privilégio das características do homem é que o laço que ele aceita não é físico, mas moral; isto é, social. Ele não é governado por um ambiente mental brutalmente imposto a ele, mas por uma consciência superior de si, a superioridade que ele sente. Visto que a maior, melhor parte de sua existência transcende o corpo, ele escapa do jugo do corpo, porém, está sujeito ao jugo da sociedade.

— Émile Durkheim

Existe realmente uma ciência da sociedade? Ninguém está bem certo. Não estão nem certos de como chamá-la: *ciência social*, *sociologia* ou, talvez, algo diferente como *estudos culturais*. Mas não se prenda a isso tudo. Neste capítulo, abordo esse ramo da filosofia, popularizado pelos pioneiros da sociologia, como Auguste Comte, Max Weber e Karl Marx.

Entendendo a Ciência Social

Auguste Comte cunhou o termo *sociologia* no século XIX. Os pioneiros ou fundadores da ciência da sociedade incluem Jean-Jacques Rousseau, Alexis de Tocqueville e Karl Marx. O marxismo fez da classe social a chave para entender as relações humanas, e Marx Weber introduziu categorias diferentes de racionalidade como caminho para entender o que motiva as pessoas e completou a teoria de Marx sobre o conflito de classes, acrescentando um elemento simbólico, o status social. Mas é o estudo de Émile Durkheim sobre o suicídio que é o exemplo clássico da abordagem sociológica. Nele, o filósofo francês demonstra que o suicídio não é apenas um fenômeno individual, mas um fenômeno social que muda de acordo com crenças religiosas e estruturas sociais.

Para estudar a sociedade e não apenas as motivações individuais, é necessário para compreender a vida humana. A filosofia política, em particular, não pode ignorar a influência de ideologias e sistemas de crenças compartilhados. Os antropólogos também observam e analisam rituais, mitos, magia e várias formas de crença, interpretando-os como exemplos de pensamentos primitivos que todas as sociedades possuem, por mais que pareçam modernas e desenvolvidas.

Mantendo-se Positivo com Comte

A ciência social começa realmente com Auguste Comte (1798–1857), um intelectual francês de classe média. Ele foi inspirado por seus estudos sobre os estudiosos católicos medievais em uma tentativa de produzir não só uma nova religião da humanidade, mas um roteiro para uma nova ordem social.

Comte escreveu seis volumes de seu *Cours de Philosophie Positive*, que significa *Curso de Filosofia Positiva*, entre 1830 e 1842. Como René Descartes e muitos filósofos desde então, Comte parte de uma posição de profunda admiração pela precisão e autoridade das ciências naturais, caracterizadas (pelo menos na mente do público) pelos avanços na física e na química. Sua ideia positivista era de que os métodos da ciência natural eram o único caminho para entender a natureza humana, tanto individual como coletivamente. Por conseguinte, a única forma de descobrir como organizar a sociedade era aplicar, de fato, esses métodos científicos, quantitativos (isto é, medindo as coisas), à própria sociedade, dissecando-a para descobrir as leis e os princípios que a governam.

A grande descoberta de Comte foi a Lei do Progresso Humano. De acordo com ela, todas as sociedades atravessam três estágios: o teológico, o metafísico e o científico ou positivo.

A característica definidora de cada estágio é a atitude mental das pessoas:

- Durante o *estágio teológico*, as pessoas buscam descobrir a natureza essencial das coisas e a causa definitiva da existência, interpretada como Deus. Os filósofos, Comte pensava, ficavam estagnados nesse estágio, perpétua e infrutiferamente perseguindo esses tipos de questões.
- A maioria das pessoas, no entanto, estava no próximo, o *estágio metafísico*, que envolve aumentar o uso da teoria abstrata.
- O estágio final — o chamado *estágio científico* (ou *positivo*) — só chega quando um número suficiente de pessoas em uma sociedade deixa de lado as ilusões da opinião (Comte reverbera Platão mais do que um pouco aqui) e limitam-se à dedução lógica dos fenômenos observados.

Os estágios também devem corresponder a períodos da história humana:

- O estágio teológico relaciona-se aos velhos e maus dias antes da história registrada e depois, no mundo medieval.
- Comte compara o estágio metafísico aos séculos XVI, XVII e XVIII, uma época em que monarquias e déspotas militares substituíam ideais políticos como a democracia e os direitos humanos, inclusive, mais importante para a vida social, os direitos de propriedade.
- O último estágio da história, Comte pensa, será uma era científica, tecnológica, em que as pessoas planejarão racionalmente toda atividade, e regras morais terão se tornado universais. Nesse estágio final, a ciência social — sociologia — será reconhecida.

Esses estágios se aplicam também a indivíduos. Comte, de forma bastante inconvincente, declara:

> *Agora, cada um de nós está ciente, se olhar para trás em sua própria história, que foi um teólogo na infância, um metafísico em sua juventude e filósofo natural em sua idade adulta.*

Por outro lado, lembre-se de que Comte também foi um idealista, que escreveu sobre o amor como princípio guia e capaz de levar "sentimento, razão e atividade a uma harmonia permanente".

Socializando com Durkheim

Nascido no ano seguinte à morte de Comte (veja a seção anterior), Émile Durkheim tentou levar a aposta de Comte para desenvolver a ciência social um passo além. Durkheim tentou usar os métodos da ciência natural (especialmente física e química) para compreender os fenômenos sociais que as pessoas consideravam, essencialmente, apenas outra parte do mundo natural. Os dados relativos à estrutura da sociedade foram encontrados por ele não em um tubo de ensaio, mas nas prateleiras de arquivos oficiais contendo informações estatísticas sobre suicídios, na força de trabalho e nos detalhes do censo, que registravam religião e escolaridade das pessoas. Porém, diferente de Comte e assim como seu colega cientista social e contemporâneo alemão Max Weber (1864–1920), Durkheim também quis construir sobre essa estrutura lógica uma teoria da vida social mais profunda, metafísica.

ÓTIMA IDEIA

Sua grandiosa teoria da sociedade era a de que:

- A moralidade individual e mesmo a consciência são criadas a partir da vida social e da consciência coletiva.
- A vida social é criada de um vasto simbolismo.

Além disso, diferente da teoria do conflito de classes de Marx, Durkheim quis tentar encontrar uma forma de alcançar um novo consenso social sem perder os benefícios da emancipação e liberdade individuais.

Regras e sociedade

Durkheim centra sua receita para uma sociedade justa no que ele chama de *consciência coletiva* e na noção de *fatos sociais*. Estas são "formas de agir, pensar e sentir, externas ao indivíduos" — como costumes e práticas institucionais, regras morais e leis de qualquer sociedade.

Embora essas regras existam nas mentes dos indivíduos, Durkheim diz que suas verdadeiras formas podem ser encontradas apenas quando o comportamento do todo — da própria sociedade — é considerado. Aqui, não pela última vez, ele está ecoando as palavras de Platão e Sócrates 2.000 anos antes. Como Platão, Durkheim considerava a sociedade essencialmente um fenômeno moral, criada dentro de uma estrutura de valores eternos predominantes. E, como Platão, ele rejeitava os esforços para construir estruturas sociais a partir de átomos humanos, dizendo que a sociedade cria caracteres individuais — não o contrário. Em seu livro *A Divisão Social do Trabalho* (1893), ele lembra ao leitor que, nas palavras de Comte, "a cooperação, longe de ter produzido a sociedade, necessariamente pressupõe, como preâmbulo, sua existência espontânea", e, então, continua:

> *A vida coletiva não nasce da vida individual, mas é, ao contrário, a segunda que nasce da primeira... Cooperação é... O fato primário da vida social e moral.*

Por essa razão, Durkheim rejeita a velha visão obtusa de Thomas Hobbes, do mundo em estado natural (onde a vida é "sórdida, embrutecida e curta"), dizendo que, se a sociedade fosse realmente baseada, por exemplo, unicamente em cálculos egoístas de interesses e contratos sociais, então, a relação social essencial seria a econômica, "desprovida de toda regulamentação e resultando de iniciativa inteiramente livre das partes". A sociedade seria simplesmente a situação "onde indivíduos trocariam os produtos de seu trabalho, sem qualquer ação propriamente social vindo para regulamentar essa troca. Se fosse assim, nós poderíamos, com justiça, duvidar de sua estabilidade. Pois, se o interesse próprio é o que relaciona os homens, nunca é por mais que alguns poucos momentos", dizendo com isso, que as pessoas, pensando em seus interesses próprios, fazem aliados volúveis. Tomando o estilo literário de Hobbes também, Durkheim prossegue:

> *...Onde o interesse é a única força regulamentadora, cada indivíduo vê-se em um estado de guerra com todos os outros, visto que nada vem para amolecer os egos e qualquer trégua nesse eterno antagonismo não seria de longa duração. Não há nada menos constante que o interesse. Hoje em dia, ele une você a mim: amanhã, ele me tornará seu inimigo.*

A conclusão de Durkheim é que devemos procurar em outro lugar por uma explicação para a solidariedade da sociedade. Ele recomenda o que chama de abordagem orgânica. Vista dessa forma, pode-se, então, explicar a divisão de trabalho apenas como algo que evolui no meio de uma sociedade preexistente. Como Durkheim explica:

> *...Pensa-se, é verdade, que tudo acontece por meio de convenções particulares livremente discutidas. Assim, parece que toda ação social é ausente. Mas isso é esquecer que todo os contratos são possíveis apenas onde uma regulamentação jurídica e, consequentemente, uma sociedade já existam. Por conseguinte, a alegação, às vezes, decorre de que na divisão de trabalho encontra-se o fato fundamental de que toda vida social é errada.*
>
> *O trabalho não é dividido entre indivíduos independentes e já diferenciados que, unindo-se e associando-se, reúnem diferentes aptidões. Pois seria um milagre se as diferenças, assim nascidas por meras circunstâncias, pudessem unir-se tão perfeitamente de modo a formar um todo coerente. Longe de preceder a vida coletiva, elas são derivadas dela. Podem ser produzidas em meio a uma sociedade e sob a pressão de sentimentos sociais e necessidades sociais. É isso que as torna essencialmente harmoniosas.*

ÓTIMA IDEIA

O que Durkheim quer dizer é que as sociedades são construídas a partir de crenças e sentimentos compartilhados, e a divisão de trabalho emerge da estrutura criada. Porque, ele lembra aos leitores, sua própria ciência, sua consciência, não é um fenômeno individual, mas social. Considere coisas práticas, como bandeiras nacionais e outros símbolos compartilhados, ou códigos morais, como as noções de direitos básicos e até mesmo crenças não escritas geralmente aceitas, como a ideia de que se deve dar brinquedos para crianças pequenas brincarem ou que nadar no mar deve ser gratuito. São esses tipos de coisas compartilhadas, regras escritas e não escritas, "representações coletivas", que, juntas, criam uma consciência coletiva.

Ou pense no crime e na reação da sociedade se, por exemplo, alguém arromba uma casa e rouba a TV ou o porta-retratos do vovô. Coisas assim são erradas não por causa da afronta, a ofensa ao dono da casa, mas por conta da afronta ao *próprio consciente coletivo*. Visto dessa forma, segue-se que, mais geralmente, o interesse próprio ou mesmo considerações dos interesses da maioria não podem produzir um comportamento moral. Ao contrário, é a consciência coletiva que funciona como um tipo de cão de guarda de seu próprio bem-estar e força uma posição baseada em certos princípios. Durkheim diz:

> *Frequentemente foi observado que a civilização tem uma tendência a tornar-se mais racional e mais lógica. A causa agora é evidente. Somente é racional o que é universal. O que desconcerta o entendimento é o particular e o concreto... Quanto mais próxima a consciência comum estiver de coisas particulares, mais carregarão suas impressões, mais ininteligíveis serão.*

Para Émile Durkheim, a essência e a chave para a vida social é o simbolismo. É através de símbolos que indivíduos se comunicam mais efetivamente, e seus valores sociais são preservados e corporificados nos símbolos sagrados.

Sociedades simples e complexas

Durkheim faz uma distinção especial entre dois tipos de sociedade possíveis:

- **Sociedades simples:** Estas se mantêm unidas pelas tradições que operam uniformemente nos vários membros, que são como pequenos átomos sem nenhuma diferença entre si e totalmente intercambiáveis.
- **Sociedades orgânicas:** Esta forma de organização de sociedade é mais complexa. Envolve uma gama de instituições e tradições paralelas, com os indivíduos enquadrando-se em subgrupos cada vez mais distintos, cada um com suas próprias tradições e normas sociais. Dentro de cada agrupamento os indivíduos podem se especializar e preencher uma função particular no todo social. Durkheim vê a divisão de trabalho (que Marx almejava abolir, vendo como criadora de desigualdade) como aspecto desejável dessa evolução.

Mas existe uma doença particular de sociedades complexas. Durkheim chama essa doença de *anomia*. Esse é o senso de futilidade e alienação. Em *Suicídio: um Estudo da Sociologia*, Durkheim toma a descoberta de que a autodestruição é mais prevalente entre certos grupos religiosos — protestantes — do que entre outros, notoriamente os católicos. Nesse estudo mais célebre (por falta de uma palavra melhor), Durkheim verificou o número de pessoas que cometeram suicídio e descobriu que não era apenas uma atividade individual (tragédia), mas uma ação diretamente ligada e refletida de um colapso geral na coesão social.

Sendo Burocrático com Weber

Como Durkheim, Max Weber (1864–1920) também encontra ligações importantes entre crenças religiosas e aspectos aparentemente não relacionados da vida social. Mas seu insight em particular, exposto em sua obra mais conhecida *A Ética Protestante e o Espírito do Capitalismo*, tem a ver com economia.

Segundo Weber, a Revolução Industrial na Europa estava ligada à rejeição das práticas religiosas católicas tradicionais e elaboradas em favor de uma ideologia protestante, que enfatizava a virtude de uma vida passada trabalhando arduamente sem uma meta maior que servir a Deus. Ser rico era *bom*.

Isso foi um grande contraste à visão estabelecida da época. Afinal, na Bíblia, São Mateus não alerta especificamente,de que "não se pode servir a Deus e ao dinheiro"? Os católicos certamente sabiam disso. Entretanto, a nova abordagem fez com que ganhar dinheiro fosse certo. Sem esquecer que isso também, muito convenientemente, justificou a redução do pagamento dos trabalhadores ao mínimo absoluto necessário para que eles sobrevivessem, de forma a maximizar aqueles sagrados e virtuosos lucros.

Weber argumentou, em particular, que o desenvolvimento do capitalismo ocorreu, de todas as sociedades do mundo, primeiro na Holanda e na Inglaterra porque esses dois países eram potências protestantes. Todas as mudanças econômicas e descobertas científicas associadas à época fluíram desse fato preexistente, ao invés do contrário.

Sua ideia é de que não é suficiente explicar a atividade em termos de causas e mecanismos — deve existir um propósito e burocracias. Weber tem predileção por um governo de acordo com as regras, em vez de mera autoridade. O governo é o melhor guardião da vida social, porque opera nos interesses da racionalidade. Mas o que exatamente é isso?

Para Weber, a melhor forma de *racionalidade* é quando as escolhas de meios e fins:

- Concordam com os cânones da lógica, os procedimentos da ciência ou do comportamento econômico de sucesso.
- Constituem uma forma de alcançar certos fins, quando os meios escolhidos para conquistá-los estão de acordo com conhecimento fatual e teórico.

De outra forma, se os fins forem motivados pelos valores, sejam religiosos, morais ou estéticos, ou se os valores influenciarem ou determinarem os meios empregados, então o comportamento é "valor-racional". Esse tipo de comportamento, para Weber, não é tão bom.

Às vezes, a tradição pode decidir os fins. Tradição é outro tipo de valor e, novamente, Weber acha que este obsta o caminho para o progresso econômico. O pior de tudo: às vezes, as emoções e as paixões afetam o comportamento. A isso ele chama "ação afetiva" e, é claro, opõe-se ao comportamento racional.

Com efeito, Weber diz que se deve buscar ser objetivo racional (ele chama isso de *zweckrational*), que é, propriamente, lógico. Por exemplo, se alguém deseja comprar um relógio de ouro, perceberá (se for objetivo racional) que precisa começar a fazer hora extra no trabalho para juntar dinheiro para a compra. Weber acha que o capitalismo é muito racional, sendo feito de várias pequenas decisões como esta.

Tratando Pessoas como Entidades Econômicas

Embora os economistas gostem de retratar seu estudo como um tipo preciso de ciência matemática, ela permanece firmemente enraizada à psicologia social e individual, como moldada por instituições e normas políticas. No cerne da economia, encontra-se a noção da racionalidade e escolha humanas, e, como nas teorias da ética utilitarista, os economistas arbitrariamente consideram os julgamentos como sendo de igual mérito: não importa por que alguém compra uma lata de feijão, mas somente que a compre. Contudo, a economia está inexoravelmente entrelaçada a julgamentos de valor. Ela tanto influencia como é influenciada pela ética.

Porém, essa visão de economia é uma concepção muito diferente da insaciável sede por novos bens — produtos — endossada em economias modernas. Em vez disso, os antigos acreditavam que a natureza coloca um limite natural na extensão de riquezas necessárias. Aristóteles distingue a aquisição natural da que ele enxerga como o desejo perverso e antinatural de perseguir a riqueza como um fim em si. Ele teria sido influenciado pelo filósofo grego muito antigo Xenofonte (que viveu por volta de 430–350 a.C. e conheceu Sócrates), que escreveu um livro sobre economia (apropriadamente chamado *Economia*), que inclui um relato das visões de Sócrates sobre tais assuntos:

> *...Pois as artes mecânicas, assim chamadas, ganharam uma má reputação; e mais, são malvistas pelas comunidades civilizadas, e não sem razão; vendo que são a ruína dos corpos de todos aqueles envolvidos com elas, os trabalhadores, assim como os supervisores, que são forçados a permanecer sentados na mesma posição e a agarrarem o tear ou se agacharem por dias de frente para a fornalha. De mãos dadas com a debilitação física caminha o enfraquecimento da alma: pois a demanda de tempo que essas artes mecânicas exigem daqueles que delas se empregam não permite o ócio para se dedicar aos clamores da amizade e do estado.*

Foi apenas quase dois mil anos depois que o travesso inglês John Locke preparou-se para defender a aquisição ilimitada contra os ensinamentos dos antigos, nesse caso, baseado em sua concepção da teoria do valor do trabalho. Seguindo os passos de Thomas Hobbes, em seu *Segundo Tratado Sobre o Governo*, Locke diz que os seres humanos possuem um direito inalienável ao seu corpo, e isso garante a cada um o direito de tomar posse de propriedades nas quais investiram seu trabalho:

> *O labor de seu corpo e o trabalho de suas mãos, podemos dizer, são propriamente dele. Então, tudo que ele tira do estado que a natureza proveu e deixou, com o que ele uniu seu trabalho, e juntou a isso algo que era dele mesmo, e dessa forma tornou-o sua propriedade.*

Em vez de entender a riqueza como uma ferramenta para conquistar um conjunto definido e limitado de fins, Locke reconhece a capacidade do dinheiro para superar os limites da natureza. O fazendeiro só pode lucrar com a produção excedente de seu acúmulo se impedir que se estrague. Se ele trocar esse excedente por dinheiro, pode ganhar sem precisar preocupar-se novamente com estrago. O corpo morre, mas a riqueza segue viva.

Dentro dessa estrutura, a ação humana é cada vez mais determinada por cálculos simples de custos e benefícios antecipados — sem considerar quaisquer consequências éticas. Não é de se espantar que Locke e seu patrão investiram tanto dinheiro e esforços no comércio de escravos!

Sentindo a mão invisível de Adam Smith

Escrevendo um século depois de Locke (veja a seção anterior), o filósofo escocês Adam Smith permite que a sociedade seja determinada por uma força completamente maior, não humana — a economia. Ele diz que é o interesse próprio que faz o mundo girar.

Como notoriamente explica em seu livro político *A Riqueza das Nações* — publicado no mesmo ano da Declaração da Independência dos Estados Unidos (1776) e leitura ainda popular entre políticos de direita (um dos livros mais vendidos de todos os tempos) —, não é da benevolência do açougueiro ou do padeiro que você deve esperar sua refeição, mas de sua noção esclarecida de interesse próprio. As pessoas não passam de engrenagens em uma máquina de fazer dinheiro funcionando lindamente. Smith diz:

> *As rodas do relógio são admiravelmente ajustadas ao fim para o qual foram feitas, indicar a hora. Todos os seus vários movimentos atuam da melhor forma para produzir esse efeito. Se elas fossem dotadas de desejo e intenção de produzi-lo, não o fariam melhor. Contudo, nós nunca atribuímos qualquer intenção ou desejo a elas, mas ao relojoeiro, e sabemos que elas são postas em movimento por uma mola, que pretende o efeito que produz tão pouco quanto elas.*

Embora o nome Adam Smith seja sinônimo da economia do *laissez faire* (deixe fazer!), em que o negócio de conduzir a sociedade é deixado para a "mão invisível" do mercado, isso não se dá pela falta de consideração pelos mais fracos na sociedade, porém, por uma convicção de que esse é, simplesmente, o melhor arranjo possível para todos. O próprio Smith viveu de forma muito simples e deu a maior parte de sua riqueza à caridade.

Como Freud, Smith vê o comportamento moral como construído na mente pela influência de pais, professores, colegas de escola e da sociedade em geral. A consciência age como um tipo de "espectador imparcial", observando e julgando você. Enquanto Freud admitia que o inconsciente ainda o desviasse do caminho, Smith faz dele um espectador imparcial, semelhante ao papel do superego freudiano e bem capaz de conduzi-lo à luz. Em seu livro *Teoria dos Sentimentos Morais*, ele diz:

> *...É principalmente dessa consideração dos sentimentos da humanidade que nós perseguimos riquezas e evitamos a pobreza. Pois para qual propósito é todo o trabalho e pressa do mundo? Qual é a finalidade da avareza e da ambição, da perseguição da riqueza, do poder, da preeminência? ... Ser observado, ser assistido, ser notado com simpatia, complacência e aprovação são todas as vantagens que podemos propor vir disso. É a vaidade, não a tranquilidade ou o prazer, que nos interessa.*

Smith prossegue: "Julgar seu próprio comportamento exige que você — pelo menos por um momento — se divida em duas pessoas, sendo uma a espectadora das ações da outra. A natureza dotou cada um de nós com um desejo de não só ser aprovado, como "com um desejo de ser o que deve ser aprovado" (o que é bem mais difícil).

Quatro fatores determinam o respeito das pessoas por outras: qualidades pessoais, idade, fortuna e nascimento. A primeira é aberta a debate, então, a idade é um parâmetro melhor. A fortuna ou riqueza é, Smith observa, de certa forma, uma fonte surpreendente de respeito. Pessoas ricas são admiradas e beneficiam-se em termos de estima social apenas por sua riqueza, e, igualmente, os pobres perdem das duas formas.

Desacreditando o herói capitalista de Ayn Rand

Ayn Rand (1905–1982) nasceu, Alisa Zinov'yevna Rosenbaum, em São Petersburgo, Rússia. Lá estudou ciências sociais, mas, longe de se tornar uma hábil pesquisadora ou professora, preferiu ser roteirista, uma carreira que, quase inevitavelmente, a levou a Hollywood. Aí ela trabalhou por muitos anos, inclusive fazendo uma ponta no filme de Cecil B. DeMille, *O Rei dos Reis*.

A fundadora do objetivismo

A fama de Rand não é por conta somente de seu trabalho no cinema, por mais impressionante que seja. Hoje em dia, ela é celebrada como a fundadora do movimento quase filosófico chamado *objetivismo*. O que é isso, então? Tem algo a ver com ser objetivo e racional, talvez — como Max Weber recomenda? Algo assim, certamente. Se há algo mais na teoria, então, ninguém sabe o que é.

A contribuição sociológica de Ayn Rand é defender uma ética particular do interesse próprio racional e do capitalismo independente e libertário. A ética de trabalho de Weber tem a ver com a crença entre protestantes de que ser rico é um sinal público de que Deus o ama. Bem, a ética de Rand é também muito pessoal e realista sobra as vantagens do trabalho duro (ou qualquer trabalho) que enriquece.

Admiradores descrevem Rand como filósofa, mas, muito certamente, ela não é. Ainda que seu livro exponha uma certa filosofia de vida, não o faz oferecendo quaisquer argumentos (que é a marca da filosofia), mas somente por meio de uma grande quantidade de afirmações. Essas afirmações se estendem livremente, procurando alvos para criticar, como os homossexuais, que ela considerava "nojentos". Apesar de tudo isso, ou talvez por causa disso, algumas escolas dos EUA e pelo menos 30 faculdades norte-americanas hoje em dia estudam o objetivismo.

E, para esses sérios estudantes, Rand expõe a filosofia objetivista em sua terceira novela, *A Nascente*, que apareceu em 1943 e rapidamente encontrou um mercado de massa e, atualmente, afirma-se que vendeu 6 milhões de cópias.

A visão de pesadelo de Rand sobre um mundo sem grandes negócios

Então, o livro de Rand atingiu um ponto caracteristicamente americano, aquele do "empreendedor como herói", e esse também foi o tema desenvolvido no momento devido por seu trabalho literário mais conhecido, *A Revolta de Atlas* (1957). A trama envolve um EUA distópico, no qual os industrialistas e outros indivíduos criativos decidem entrar em greve e retirarem-se para um esconderijo na montanha, onde construíram uma economia independente, livre.

Naturalmente, o país dedicado à busca da riqueza aceitou-o com entusiasmo. Após o sucesso de público de *A Revolta de Atlas*, Rand deu início a um informativo dedicado a atualizações sobre o objetivismo e um livro sobre a origem da "Filosofia", *Léxico de Ayn Rand: Objetivismo de A a Z*. Ele diz:

> *A filosofia de Aristóteles foi a Declaração da Independência do intelecto. Aristóteles, o pai da lógica, deveria receber o título de primeiro intelectual do mundo, no sentido mais puro e nobre da palavra. Não importa quanto do platonismo remanescesse no sistema de Aristóteles, sua conquista incomparável está no fato de que ele definiu os princípios básicos de uma visão racional da existência e da consciência do homem: de que há somente uma realidade, aquela que o homem percebe — que existe como absoluto objetivo (que significa: independentemente da consciência, dos desejos ou dos sentimentos de quem percebe) — que a tarefa da*

> *consciência do homem é perceber, não criar, a realidade — que as abstrações são o método do homem para integrar seu material sensorial — que a mente do homem é sua única ferramenta de conhecimento — que A é A. Se considerarmos o fato de que até hoje tudo nos torna seres civilizados, cada valor racional que possuímos — inclusive o nascimento da ciência, a Revolução Industrial, a criação dos Estados Unidos, até mesmo da estrutura de nossa linguagem — é resultado da influência de Aristóteles, do grau ao qual, explícita ou implicitamente, os homens aceitaram seus princípios epistemológicos, nós teríamos que dizer: nunca tantas pessoas deveram tanto a um homem.*

Isso é, certamente, bobagem. Mas uma bobagem esplendidamente lucrativa! Do mesmo modo, seu livro *A Revolta de Atlas* oferece um pouquinho de conteúdo filosófico, construído em torno do discurso de seu herói, John Galt. Galt ecoa o desdém de Nietzsche pelas virtudes cristãs de sacrifício, dizendo que esta "é uma era de crise moral, criada pela doutrina do sacrifício" e reclamando de que "a essência de códigos morais anteriores é exigir que você sujeite sua mente e sua vida aos caprichos de Deus ou da sociedade".

No lugar disso, Rand oferece um argumento enraizado em um primeiro princípio de egoísmo: "se você deve agir em benefício de outros, por que é aceitável que outros aceitem tais benefícios? Porque eles não os conquistaram". Muito melhor, Rand acha, aqui seguindo Adam Smith, é deixar o livre mercado arranjar as coisas:

> *Em uma sociedade de comércio, não há conflito de interesses entre os homens em diferentes níveis da pirâmide de habilidade. As pessoas mais talentosas, que fazem descobertas e inventam produtos e tecnologias, contribuem o máximo para as outras; enquanto aqueles na base, que estão envolvidos com trabalho meramente braçal, beneficiam-se ao máximo.*

O discurso, que, como o livro, é muito longo, estendendo-se por aproximadamente 50 páginas, em algum momento revela a ideia-chave na "filosofia" do objetivismo. Eu vou estragar a trama se contar agora? Bom, então vou contar. Aqui está. John Galt diz:

> *Você vencerá quando estiver pronto para proclamar este juramento: "Eu juro — por minha vida e meu amor a ela — que nunca viverei pelo bem de outro homem, nem pedirei que outro homem viva pelo meu.*

A Revolta de Atlas foi resenhado pela *National Review* em 1957. Chamaram o livro de "infantil" e "notavelmente tolo", e disseram que "pode ser chamado de um romance apenas no sentido pejorativo do termo".

Descobrindo mercados e a teoria do caos

Você já olhou os gráficos mostrando os movimentos de títulos e ações? Eles invariavelmente sobem e descem. E, em qualquer momento em particular, é impossível prever se estão prestes a subir ou cair bruscamente. Você certamente, terá notado se já investiu dinheiro na compra de títulos e ações.

Os economistas presumem que, enquanto o burburinho de mudanças aleatórias de curto prazo acontece nos títulos e ações, as tendências de longo prazo são determinadas por fatores delicados, macroeconômicos (isto é, de larga escala), como mudanças tecnológicas, produtividade, guerras ou invenções. A teoria econômica tradicionalmente supõe que os preços mudam suavemente, ao invés de em saltos abruptos — uma suposição tomada da física dos movimentos. Contudo, de fato os preços saltam em resposta a novos rumores.

Em uma época, pensava-se que o sol, a lua e as estrelas eram tipos de divindades, controlando as vidas humanas. De fato, ainda há pessoas (que aborrecem muito os tipos de filósofos de hoje) que levam a astrologia e afins muito a sério. Porém, claramente, desde Newton, as pessoas puderam não só prever os movimentos do sol e da lua, das estrelas e dos planetas, como também os movimentos de maçãs em queda e diversos pesos de chumbo. Porque, desde Newton, as pessoas sabem que o mundo natural obedece a leis.

Apenas, na verdade não, ou, pelo menos, apenas quando quer (que dá praticamente,no mesmo). Com efeito, os movimentos de objetos celestiais continuam inerentemente imprevisíveis, devido não meramente à vasta complexidade das forças que os influencia, mas, também, à inter-relação dessas forças. Os astrônomos só podem dar uma estimativa aproximada de onde a lua estará amanhã. Eles podem muito bem errar (por algumas polegadas).

Em muitas situações da vida real, fatores minúsculos se multiplicam, causando mudanças profundas. No tempo geológico, os cientistas sabem que os polos magnéticos da Terra se inverteram, alterando com um golpe o tempo e o clima de seus sistemas. Apesar disso, nada mais do que uma fagulha elétrica pode detonar uma mudança maciça. Efeitos colossais causados por minúsculas mudanças são a essência do que os matemáticos e físicos chamam de *teoria do caos*.

Nos dias de hoje, computadores impressionantemente poderosos recebem vastas quantias de dados, programados com uma gama de regras para interpretá-los, e podem lidar com números incompreensivelmente grandes de cálculos antes de retornar previsões do futuro. Eles tentam representar a visão do filósofo francês Pierre Laplace (1749–1827), que previu com muita firmeza que um dia (pelo menos em teoria) uma grande inteligência (um super-super-supercomputador, como você pode dizer hoje em dia), capaz de calcular os movimentos de tudo no universo, conseguiria prever o futuro:

> *Tal inteligência seria capaz de abranger na mesma fórmula os movimentos dos maiores corpos do universo e daqueles menores átomos, disso, nada seria incerto e o futuro, como o passado, estaria presente diante dos olhos.*

É típica do pessoal dos supercomputadores a tarefa de prever o aquecimento global. Eles tomam milhões sobre milhões de medições da temperatura do ar, do mar e do solo, velocidade do vento, marés, níveis de poeira, padrões das manchas solares, ocorrência de chuva e assim por diante. Então, o computador aplica as regras, que os especialistas climáticos grandiosamente declaram ser (como as de Newton) descrições precisas de como o mundo funciona.

Mas o tempo, de fato, o clima, não é dominado tão facilmente. Ele é a epítome de um complexo sistema que não pode ser atribuído a ninguém. Isso se dá porque, de fato, a matemática é menos organizada do que os não matemáticos sabem. Pegue aquele complicado tipo de matemática que se usa para medir mudanças.

O *cálculo* é um triunfo, mas não se pode resolver a maioria das equações diferenciais de jeito nenhum, porque a maioria das coisas varia de forma imprevisível, de forma não linear (desenhe um gráfico e não conseguirá fazer com que os pontos se encaixem em uma linha). Entretanto, é da natureza humana sempre procurar padrões, tanto cientistas como investidores dos mercados de títulos o fazem igualmente, mesmo que o padrão possa não estar lá.

Na ciência social, os modelos teóricos e matemáticos tentam explicar a forma como as sociedades funcionam. Por "modelo" quer se dizer uma construção matemática, um conjunto de regras matemáticas que devem capturar precisamente a forma como as coisas são retransmitidas em um mundo que, com a adição de certas interpretações verbais, descreve os fenômenos observados. A justificativa de tal construção matemática é única e precisamente que se espera que funcione, como o respeitado matemático do século XX John von Neumann falou uma vez.

E, embora nas ciências naturais você imagine que os modelos realmente correspondam à realidade, elas são, igualmente, apenas teorias abstratas, sem mais justificativa senão aquela de que elas parecem funcionar. Estas são as três regras tradicionais da ciência em que as pessoas costumam acreditar universalmente:

- Sistemas simples comportam-se de formas simples.
- Comportamento complexo deve ter uma causa complexa.
- Diferentes sistemas seguem diferentes regras.

A teoria do caos lembra às pessoas de que a verdade é o oposto:

- Sistemas simples podem comportar-se de formas complexas.
- Comportamento complexo pode surgir em sistemas simples.
- Diferentes sistemas podem seguir as mesmas regras.

É por isso que a teoria do caos pode ser aplicada à biologia, ao clima ou até mesmo aos mercados de títulos.

Capítulo 15

Explorando a Verdade Científica e as Tendências Científicas

Neste Capítulo

- Esmiuçando a ciência para ver como ela funciona
- Encontrando alguns problemas filosóficos bem grandes dentro da ciência
- Questionando os mistérios que, supostamente, foram solucionados há muito tempo

> *Continue perseguindo essa investigação e verá que a ciência, agora, tornou-se tão opressiva quanto as ideologias que teve de combater. Não se deixe enganar pelo fato de que, hoje em dia, quase ninguém é morto por unir-se a uma heresia científica... Os hereges na ciência ainda são submetidos a sofrimentos das sanções mais severas que esta civilização relativamente tolerante tem a oferecer. [Parece que] A ciência tornou-se rígida, que deixou de ser um instrumento de mudança e libertação.*
>
> — Paul Feyerabend

Quantos de nós já fomos apresentados a uma imagem organizada e eminentemente satisfatória da ciência como uma progressão regular de suposições cruas para um conhecimento cada vez mais sofisticado, impulsionado por técnicas e maquinário engenhosos? É como se a ciência, como as ondas do oceano se aproximando da praia, movesse-se apenas em uma direção, e como se as tolas tentativas humanas de impedir o fluxo do progresso fossem apenas uma questão de tempo até que suas obstruções sejam varridas para o canto e a grande onda da descoberta siga fluindo.

Este capítulo aborda a origem da ciência como uma forma particular de compreender o mundo à nossa volta, como os cientistas dizem que trabalham — e como eles realmente parecem operar, que acaba se mostrando bem diferente.

Montando o Cenário: Razão e Ciência

As maiores figuras da filosofia ocidental admitem a progressão regular da ciência. Descartes, considerado por muitos o pivô no desenvolvimento do pensamento moderno e racional, afirmou firmemente que apenas aqueles capazes e desejosos de deixar falsas crenças de lado (e notar o que era deixado para trás clara e distintamente) poderiam identificar precisamente o conhecimento. Sua ideia era de que, desde que os filósofos se certificassem de basear sua teoria em um fundamento firme logo de início, eles, então, poderiam desenvolver o resto dela sem precisar se preocupar com que uma ou outra informação acrescentada posteriormente fosse falha. O fundamento firme permitiria que partes questionáveis fossem substituídas sem que houvesse um grande impacto negativo. Essa visão de ciência como basicamente muito sólida, tendo apenas um ou outro detalhe precisando de refinamento, é psicologicamente muito atraente. E é a forma como a maioria de nós a vê. Mas os filósofos da ciência alertam que não é bem verdade.

Ptolomeu e as esferas

Antigos filósofos-matemáticos, como Ptolomeu, demonstraram que é possível realizar cálculos poderosos desde que se comece de princípios claros (ou *axiomas*) e, então, que não se permita que nada mais se intrometa nesses cálculos (ou teoria), a menos que se possa fazer logicamente uma dedução desses axiomas. Que ótimo modelo para a ciência! Não importa que o sistema astronômico de Ptolomeu tenha fixado a Terra, imóvel, no centro do universo, enquanto as estrelas giravam em torno de esferas de cristal, executando a música divina enquanto isso — porque, embora isso pareça sem sentido hoje, o sistema de Ptolomeu compôs um ótimo fundamento para outras teorias, tanto científicas como filosóficas.

Desde Ptolomeu, os ideais matemáticos guiam filósofos e cientistas firmemente em direção a grandes esquemas baseados em princípios simples e distantes das complexidades e inconsistências da vida real.

Kant: Razão e o Irracional

As preocupações originais de Kant eram todas científicas. Embora muitos se lembrem dele por suas regras lógicas derivadas de suas atividades como filósofo puro e árido, em sua vida, ele também fez muitas deduções estranhas de suas pesquisas "científicas". Por exemplo, ele diz que todos os planetas do sistema solar têm vida (com a inteligência da vida aumentando em proporção à distância do Sol) e que as pessoas possuem apenas uma quantidade fixada de sono no nascimento (e morrem cedo se a gastarem deitadas na cama por muito tempo; meu pai ainda acredita nisso!).

Ou pegue o caso de Gottfried Leibniz, o filósofo e inventor que deduziu que o universo é composto de apenas uma substância sem partes, que ele chamou de *mônadas*. Como Descartes, Platão e muitos cientistas antes e desde então, Leibniz preferia encaixar o universo em sua teoria a permitir que o universo estragasse suas teorias. Então, por exemplo, Leibniz explica que, embora essas coisinhas tipo mônadas não apareçam para os sentidos ("elas são incolores", ele diz, mas *invisíveis* é uma forma melhor de colocar e é isso que ele quer dizer), ainda é possível deduzir a existência delas — na verdade, temos que deduzir — de forma a explicar a realidade. Os físicos quânticos da atualidade fazem basicamente o mesmo, colocando suas partículas invisíveis e misteriosas como conscientes umas das outras, capazes de se comunicarem instantaneamente através de toda a extensão do universo, e geralmente ignorando alegremente todas as regras da mecânica clássica mostradas nos livros de física.

De fato, seja lá o que você goste de pensar, os cientistas frequentemente iniciam, como Jean Jacques Rousseau aconselhou as pessoas a fazerem, "deixando os fatos de lado, visto que eles não afetarão a questão". Parece esquisito? Porém, na prática, na ciência, as experiências não levam a novas teorias, porque todas as teorias historicamente significativas (e algumas bem insignificantes também) concordam com os fatos. Em oposição, como todos os políticos e relações-públicas sabem, existem muitos fatos, e você pode escolher o certo para apoiar sua teoria. Os cientistas são animais políticos, e seus métodos não são diferentes. *Ainda que eles achem que seus métodos se diferenciem.*

Causando Problemas à Ciência com o Problema da Causa

Não são apenas os filósofos que procuram causas para explicar mistérios, os cientistas também o fazem. Saber o que acontecerá se você fizer algo é útil, mas saber o que fez com que isso acontecesse é melhor. O grego antigo, Demócrito (460–370 a.C.), certa vez, disse que preferiria descobrir uma "causa verdadeira" a conquistar o reino da Pérsia, com o que ele quis dizer que compreender o que realmente causa algo é um conhecimento poderoso.

Compreendendo causa e efeito

Dentro da filosofia, a noção de *causa e efeito* é central a teorias de percepção, tomada de decisão, conhecimento e como a mente funciona. De fato, Samuel Alexander (1859–1938) uma vez sugeriu que a causação era a *essência* da própria *existência*. Ele achava que é a capacidade de fazer com que coisas aconteçam que separa fato de ficção, o mundo real do imaginário.

Ou, tome os debates filosóficos a respeito do livre-arbítrio. Esses debates sempre têm como ponto de partida a questão de como se pode ser livre se algo mais, talvez bioquímico ou elétrico, provoca seus pensamentos e desejos? Debates acerca da metafísica da mente frequentemente giram em torno do problema de que a própria mente deve ser, em algum sentido, física, para que possa influenciar — causa — eventos físicos.

Sendo desafiado por Hume

Tudo isso exige uma explicação do que exatamente os filósofos querem dizer quando falam de algo *causando* outro algo — que tipo de palavra é essa? A estrutura para a filosofia da causação começa realmente com David Hume. Hume foi um grande iconoclasta — com isso quero dizer que ele é o tipo de pessoa que tinha grande prazer em demolir as teorias preferidas de todo mundo. Apesar de ter sido criado por pais devotamente religiosos, ele mesmo era ateu e possuía teorias para apoiar isso (seu livro descrevendo-as, *Diálogos Sobre a Religião Natural*, contudo, não foi publicado até muitos anos depois de sua morte, porque ele temia que fosse muito controverso!).

Quando Hume examinou a noção de causa e efeito, que Descartes havia classificado como *verdade necessária* (isto é, era verdade não por peso do fato, mas como algo que simplesmente *não poderia* ser de outra forma), ele concluiu que ela poderia gerar apenas conhecimento provável. Ele percebeu que, quando se vê um evento constantemente se seguindo a outro, só se pode inferir (supor) que o primeiro causou o segundo. Entretanto, Hume diz, "nós não podemos penetrar na razão da conjunção". Por exemplo, se você comer uma maçã e ela tiver gosto de, digamos, banana, consideraria isso anômalo. Minha maçã virou banana! Porém, Hume diz que essa reação é um pensamento desleixado: "A suposição de que o futuro se assemelha ao passado não é fundamentada em argumentos de qualquer tipo, mas deriva-se inteiramente do hábito".

Do exemplo da maçã/banana, você pode concluir que todo conhecimento é falho e que não se pode acreditar em nada. Hume viu isso, mas, à maneira de um filósofo cavalheiro que era, sugeriu que o descuido e a desatenção oferecem um remédio — recomendando que você deve ignorar as falhas em seus argumentos e continuar a usar uma razão questionável sempre que achar adequado!

A tendência prática de Hume significava que ele achava que a única evidência que valia a pena ter sobre como as causas e os efeitos se relacionam deve ser, definitivamente, a boa e velha evidência mensurável dos sentidos. Mas você não pode sentir ou vivenciar diretamente as relações causais; em vez disso, você sempre as deduz da observação de um evento que se segue a outro. São eventos ligados no tempo e no espaço. Você aperta um botão na frente da TV e, após um breve atraso, a tela ilumina-se e você presume que fez com que a tela ligasse. Porém, o botão *poderia* estar quebrado e seu filho de dois anos *poderia* ter mexido no controle remoto atrás do sofá. Você nunca saberia a diferença! Contudo, a diferença existe e é fundamental.

A expectativa organizada e conveniente das pessoas de que as coisas, na verdade, têm causas simples que sempre produzem os mesmos efeitos é simplesmente um coproduto das memórias da sucessão regular e previsível de eventos no passado. Mas lembre-se do que aconteceu com a galinha de Bertrand Russell no Capítulo 1!

De acordo com a estima de algumas pessoas, Hume é o maior filósofo britânico. Contudo, ele nunca conseguiu trabalho em uma universidade lá, parcialmente devido à controvérsia levantada por seu desmascaramento da religião.

Deixando Cisnes Negros Destruírem Teorias Caras

Karl Popper (1902–1994) é relacionado como um dos filósofos essenciais da ciência do século XX. Entretanto, ele nunca foi bem-vindo na cidadela acadêmica, nunca foi muito bem-aceito nos círculos acadêmicos mais sofisticados. Ele se descrevia como *racionalista crítico*, sendo os *racionalistas* pensadores como Descartes, Leibniz e, sobretudo, Immanuel Kant, com suas regras e imperativos categóricos que achava que o caminho para o conhecimento era o cuidadoso racionalismo crítico. Popper escolheu o termo para sinalizar sua rejeição ao *empirismo clássico* ou as tentativas de descobrir coisas sobre o mundo por meio de investigações práticas e experimentos que os positivistas lógicos do chamado Círculo de

Viena, nos anos 1930, estavam revisando e refinando à época. E ele não era um seguidor simplório de tendência também — contrário a todos os entusiastas do método científico, Popper argumentou que não há observações livres de teoria, infalíveis, como os empiristas propõe, mas, ao contrário, que toda observação depende de teoria e envolve enxergar o mundo por meio de um vidro que distorce a imagem (e um filtro) de pressuposições conceituais existentes.

Karl Popper também foi um filósofo social e político, advogando pelo que ele chamava de *sociedade aberta* (onde os governos não tenham nenhum segredo e os indivíduos tomem decisões importantes por conta própria), e um implacável opositor do *autoritarismo,* ou o que é, atualmente, às vezes chamado de governo grande e centralizado. Tendo fugido da Áustria na década de 1930 para evitar os nazistas, era particularmente defensor ferrenho da democracia liberal. Seus argumentos contra a visão convencional da metodologia científica, baseada no *raciocínio indutivo* (tirando conclusões gerais de um número limitado de casos), junto com sua defesa do princípio de falsificacionismo como forma de distinguir ciência real da falsa, não científica, influenciaram grandemente o modo como o público em geral enxerga os cientistas — ainda que muitos especialistas no assunto de examinar como a ciência realmente funciona rejeitem a obra de Popper como simplista.

Convencionalmente falando, as pessoas supõem que, quando experimentos são conduzidos para testar teorias na realidade e os resultados não estão de acordo com aqueles antecipados, a teoria é refutada. Karl Popper preferiu o termo *falsificada* em seu *A Pobreza do Historicismo*, diretamente entrando em questão com Descartes, que achava que bastava estar muito satisfeito com sua teoria.

É claro que se pode contornar um resultado inconveniente de muitas maneiras — notoriamente, amassando os achados e jogando-os no cesto de lixo; e a história da ciência está cheia de cientistas fazendo isso. Por exemplo, Galileu, que leva o crédito de ter "provado" que a Terra gira em torno do Sol e não o contrário, e Louis Pasteur, aclamado por ter descoberto que germes minúsculos estão por toda parte (assim, abrindo caminho para as formas de evitá-los), recusaram-se a ter suas teorias falseadas por experimentos que chegassem a resultados contrários a essas teorias.

Mudando de Paradigmas e Causando Revoluções Científicas

Em seus escritos (notoriamente, em *A Lógica da Descoberta Científica*, 1935), Karl Popper aceita uma aliança com o grande cético do século XVII, David Hume, para desafiar toda a base da ciência. Isso é o que é conhecido como o princípio de indução, em oposição à dedução, que é o que filósofos e Sherlock Holmes devem, pelo menos no mito, fazer. A *dedução* pode ser lógica e confiável. O oposto, a *indução*, só pode ser ilógica e não confiável.

Contudo, embora seja logicamente impossível provar uma afirmação universal, inferir leis gerais de casos particulares é a base do método científico. Pegue uma alegação como "todos os cisnes são brancos", por exemplo. Os cientistas podem encontrar um monte de evidências para apoiar a teoria — um cisne branco no lago no parque de Regent, um cisne branco no zoológico de Londres, um par de belos cisnes brancos no lago Pells, em Lewes —, mas nada disso, na realidade, prova a teoria *universalmente*, o que significa em todos os lugares e por todos os tempos. Porque, não importa o que você saiba hoje, o futuro pode ser diferente. A ciência pode encontrar cisnes negros vivendo em algum lugar. E, de fato, foi exatamente isso que aconteceu em 1697 na Austrália, onde alguns exploradores encontraram uma variedade de cisne negro até então inesperada. Até aquele momento, os europeus tinham certeza de que todos os cisnes eram brancos.

Entretanto, visto que todas as teorias científicas são como o exemplo do cisne negro, vulneráveis ao próximo caso que surja apesar de fazer alegações universais para sua verdade, elas definitivamente apoiam-se somente em fé. "Eu acredito na gravidade e nas leis da termodinâmica!"

Contudo, Karl Popper difere de David Hume, que, de certa forma, era mais radical, porque ele se apega à crença de que todo contraexemplo *é* decisivo. A teoria de que a Terra era plana foi demolida depois que alguém navegou em volta da Terra de forma bem-sucedida, a ideia de que todos os cisnes eram brancos foi demolida pela descoberta de cisnes negros. Essa é a pedra sobre a qual Popper propõe reconstruir as estruturas da ciência.

O próprio Hume concluiu que a ciência, assim como a filosofia, repousava menos sobre uma rocha — menos ainda a rocha da lógica e do método — que sobre as areias móveis da tendência científica e preferências estéticas. E o filósofo americano do século XX Thomas Kuhn assumiu a visão de Hume, em vez daquela do Sr. Popper.

Lembra-se daquelas antigas teorias gregas de como os corpos celestes deveriam estar em esferas de cristal? Talvez seja o exemplo paradigmático de como a falsificação não parece ocorrer, menos ainda decidir a sobrevivência ou outra coisa de uma teoria. À medida que evidências contra as esferas de cristal se amontoavam, os antigos, simplesmente, aumentavam o número de esferas cada vez que um novo problema surgia. Porém, então, um dia, a velha teoria repentinamente saiu de moda e a nova ortodoxia ocupou seu lugar. É esse processo que o filósofo americano da ciência, Thomas Kuhn, chamou de *mudança de paradigma*. Uma vez criado, o termo logo se espalhou, como um vírus, das ciências físicas às sociais e até as artes e cursos de administração! Ele tornou-se tão popular que as pessoas começaram a descrever a própria ideia como uma mudança de paradigma.

Analisando como os cientistas realmente trabalham: Thomas Kuhn

Em seu livro de 1962, *A Estrutura das Revoluções Científicas*, Thomas Kuhn ofereceu uma forma de enxergar por trás de uma imponente e inexpugnável fortaleza do consenso científico — revelando-o como uma fachada mutante. Kuhn escreve que "a comunidade científica não pode praticar seu trabalho sem algum conjunto de crenças recebidas" e que essas crenças formam a base da "iniciação educacional que prepara e autoriza o aluno à prática profissional". A natureza da preparação rigorosa e rígida garante que essas crenças recebidas exerçam uma forte influência na mente de cada novo membro da comunidade.

O que as pessoas consideram ciência normal, Kuhn diz, é construído sobre a suposição de que a comunidade científica sabe como é o mundo e cientistas responsáveis esforçam-se muito para defender essa suposição. Deve-se suprimir novas ideias, novos paradigmas/teorias, "porque são necessariamente subversivos" dos compromissos básicos. Fazer de outra forma exige que se reconstruam suposições existentes e se reavaliem fatos aceitos. Isso seria uma tarefa enorme: possivelmente perigosa, possivelmente impraticável, certamente consumiria muito tempo. Além disso, membros sensíveis da comunidade científica estabelecida podem firmemente resistir às novas ideias. Como Kuhn coloca, na ciência, a novidade só emerge com dificuldade, manifestada pela resistência.

Os cientistas também não podem trabalhar sem um conjunto de crenças, pois um paradigma é essencial à investigação científica. Kuhn diz que "nenhuma história natural pode ser interpretada na ausência de, pelo menos, algum corpo implícito de crença teórica e metodológica intrínseca que permita a seleção, a avaliação e a crítica".

Ele também diz que apenas a evidência não pode decidir teorias. Observa que os filósofos da ciência repetidamente demonstraram que se pode colocar mais do que uma construção teórica sobre um certo conjunto de dados. Dizendo de outra forma, você frequentemente pode rearranjar fatos para chegar a explicações bem diferentes. Ainda que problemas e fraquezas com uma teoria comecem a se acumular, ele diz, é frequentemente mais fácil para a instituição, seja científica, religiosa ou política, modificar a ideia original ou suprimir a informação conflitante, do que abandonar suas ortodoxias estabelecidas.

Outra forma de olhar isso, Kuhn sugere, é associar uma mudança de paradigma a uma revolução política. Depois disso, todas as velhas regras, todas as velhas certezas mudaram.